国家社会科学基金项目（16BJY107）最终成果

PPP 视阈下农业基础设施有效投资机制研究

何平均　著

中国农业出版社
北　京

图书在版编目（CIP）数据

PPP视阈下农业基础设施有效投资机制研究 / 何平均著. —北京：中国农业出版社，2024.1
ISBN 978-7-109-31689-8

Ⅰ.①P… Ⅱ.①何… Ⅲ.①政府投资—合作—社会资本—应用—农村—基础设施—投资—研究—中国 Ⅳ.①F323.9

中国国家版本馆CIP数据核字（2024）第033370号

PPP视阈下农业基础设施有效投资机制研究
PPP SHIYU XIA NONGYE JICHU SHESHI YOUXIAO TOUZI JIZHI YANJIU

中国农业出版社出版
地址：北京市朝阳区麦子店街18号楼
邮编：100125
责任编辑：胡晓纯
版式设计：杨 婧 责任校对：张雯婷
印刷：北京中兴印刷有限公司
版次：2024年1月第1版
印次：2024年1月北京第1次印刷
发行：新华书店北京发行所
开本：720mm×960mm 1/16
印张：17.5
字数：268千字
定价：88.00元

致　　谢

感谢国家社会科学基金项目“PPP视阈下增加农业基础设施有效投资的机制研究”的资助（项目编号：16BJY107）。

感谢国家一流培育学科（农林经济管理）的资助。

前言
PREFACE

农业基础设施作为全面建成小康社会、实现农业现代化和乡村振兴的重要基础和支撑，近年来得到了快速发展，表现为数量增加、质量提高。政府与社会资本合作模式（PPP 模式）的广泛推广和应用，在缓解融资约束的同时，引导和促进了农业基础设施投资。加快建设农业强国，确保中国粮食安全，力争到 2035 年乡村振兴取得决定性进展和农业农村现代化基本实现，到 2050 年乡村全面振兴和农业强、农村美、农民富全面实现等目标，对农业基础设施建设提出了更高更快的要求。新时代新发展阶段，农业基础设施投资呈现需求扩大化、对象现代化、主体合作化、模式多元化等特征，PPP 模式经过探索试点、快速发展、规范整顿进入稳步发展阶段，在农业基础设施领域应用日益广泛，运作方式日臻成熟，数量和规模大幅增长，取得了一定成效，但也面临一些困境，例如，PPP 模式与农业现代化快速发展要求存在差距，投资有效性还存在较大提升空间等。因此，推广 PPP 模式，加强农业基础设施建设，优化体制机制，促进有效投资，既是保障国家粮食安全，促进农业持续稳定发展的现实需要，又是化解农业基础设施投资低效与资金刚性支出矛盾的着力点与突破口，也是全面推进乡村振兴，加快农业农村现代化的必要举措。

本书紧紧围绕如何增加农业基础设施有效投资这一主题，在对农业基础设施 PPP 投资进行理论和实践分析的基础上，从宏观和微观视角对农业基础设施 PPP 投资的有效性进行实证分析，然后提出增加农业基础设施PPP有效投资的机制构建及优化思路。本书主要特色体现在：首先，以理论创新为研究基础，交叉融合经济学、管理学、投资学、社会学等多种学科理论，构建了PPP视阈下增加农业基础设施有效投资机制的分析框架，解构了PPP模式促进农业基础设施有效投资的内在机制，拓展了有效投资的内涵和外延——基于公、私两类投资主体，以追求PPP项目"4E"目标的个体有效为基础，实现农业基础设施PPP投资的整体有效。其次，以问题导向为研究目标，结合农业基础设施多样化、多元化发展与PPP模式多特点、多功能发挥的需要，从宏观的动态和静态视角、微观的案例视角评估农业基础设施PPP有效投资，发现不足，通过风险防范、利益补偿、协同治理来预测和解决运行中存在的深层次矛盾和问题。再次，以实证分析为学理逻辑，采取宏观与微观、静态与动态、定性与定量、实地调研与统计数据分析相结合等视角和方法，实证研究农业基础设施PPP投资有效性评价、风险评估及机制构建、协同治理及实现路径。最后，以实际国情为行动定位，立足我国农业基础设施以及PPP项目发展实际，特别是新时代背景下农业基础设施PPP投资面临的战略环境，为解决我国农业基础设施PPP投资有效性不高等问题提供行动方案。

增加农业基础设施PPP有效投资是一个系统工程，其实现机制涵盖项目选择、投资运行、投资管理等诸多方面，且各种机制并不是单独存在和运行的。本书基于PPP模式的三大基本特征即风险分担、利益共享、伙伴关系，以风险防范为关键、利益补偿为核心、协同治理为基础和保障，构建和优化了实现机制。目前，在农业基础设施PPP投资建设过程中，一方面需要加强各机制之间的协调和配合，另一方面需要深入开展相关机制研究为农业基础设施PPP项目可持续发展提供支撑。此外，由于地理位置、资源禀赋、约束条件各不相同，不同发展阶段各类农业基础设施PPP项目的区别较大，加强异质性研究和比较研究，因类施策、因地施策显得尤为重要。

本书是在国家社会科学基金项目（项目编号：16BJY107）研究成果的基础上撰写而成的，在此特向课题组成员表示感谢，向在开展课题研究和结项评审过程中提出宝贵意见和建议的专家、学者表示感谢，向在课题调研过程中提供便利、接受访谈的女士们和先生们表示感谢，向在书稿出版过程中辛勤付出的编辑表示感谢。由于笔者水平有限，书中难免存在不足之处，恳请广大读者批评指正。

何平均

2023 年 8 月

目录

CONTENTS

第一章　导　　论

第一节　选题背景、研究意义和研究目标

一、选题背景

农业是国民经济的基础，农业基础设施是助推农业经济和农村社会发展的“先行资本”，是全面建成小康社会、实现农业现代化和乡村振兴的重要支撑。自 2004 年以来，中央连续颁布 21 个涉农 1 号文件，出台了一系列刺激农业农村经济发展的举措，农业基础设施水平有了明显提高。但我国农业基础设施投入总量仍然不足，投资绩效不高，投资主体结构较单一，政府对民间资本投资激励不够。从现有调查来看，农户满意度不高。总之，有效投资不足，农业基础设施仍较脆弱，成为农业“十三五”发展面临的十大挑战之一（赖金生，2015）。“十三五”规划提出创新公共基础设施投融资体制，推广 PPP 模式。2016 年中央 1 号文件多次提到鼓励社会资本进入农业，引入 PPP 模式，以缓解融资约束。切实加强农业基础设施建设，保障农业持续稳定发展成为政府部门和专家学者共同关注的焦点。随着新型城镇化和农业现代化进程的深入，我国已全面建成小康社会，乡村振兴战略亦全面推进。2021 年中央 1 号文件提出全面推进乡村振兴，加快农业农村现代化。2022 年中央 1 号文件进一步提出推动乡村振兴取得新进展，农业农村现代化迈出新步伐。这一系列精神对现代农业基础设施提出更高要求。创新农业基础设施投融资机制，优化投资资源配置，实现农业基础设施供需两端数量、结构、层次的总体匹配，促进有效投资，具有现实性和紧迫性。新时期农业基础设施 PPP 投资的有效性

如何以及增加有效投资的实现机制等问题都亟须给予理论回答和实证研究。

二、研究意义

（一）理论意义

在目前的战略导向、策略要求、政策指向和现实背景下，结合我国农业现代化的阶段性特点，在农业供给侧结构性改革和乡村振兴的大背景下，探寻增加农业基础设施有效投资的途径，切实解决财政资金紧约束条件下“政府失灵”与“市场失灵”的双重困境，实现投融资体制创新以及农业基础设施投资水平与效率同步，就必须在理论上和实践上解决好如下问题：①什么是有效投资？农业基础设施有效投资的标准是什么？②为何要增加农业基础设施有效投资？PPP视阈下农业基础设施投资的现状与现实需求是什么？③PPP模式增加农业基础设施有效投资的内在机制及效应是什么？④农业基础设施PPP投资的有效性如何？⑤PPP视阈下增加农业基础设施有效投资的实现机制是什么？这些问题都亟待通过研究作出科学回答，为农业基础设施建设提供新的分析框架与研究思路，为公共政策的制定提供准确而可靠的理论依据。

（二）实践意义

PPP模式作为一种新型的投融资模式，是引导和深化农业基础设施有效投资的关键。目前我国正处于农业现代化发展的新阶段，农业基础设施投资出现新的特征和趋势，PPP模式在农业基础设施领域出现了广泛运用，取得了一定成效，但也面临困境，有效投资还存在较大提升空间。基于此，本书试图通过对上述问题的科学回答，寻找PPP视阈下增加农业基础设施有效投资的机制及实现对策，为增加和改善农业基础设施有效投资提供理论依据，为相关部门提供决策参考。

三、研究目标

本书紧紧围绕如何增加农业基础设施有效投资这一主题，在对农业基础设施 PPP 投资进行理论和实践分析的基础上，从宏观和微观视角对农业基础设施有效投资进行实证分析，然后提出增加农业基础设施 PPP 有效投资的机制构建及优化建议。细分目标包括：①全面调查和了解我国农业基础设施 PPP 投资的战略环境、发展进程、现状和阶段性特征，把握其与农业基础设施有效投资标准的现实差距。②揭示 PPP 模式促进农业基础设施有效投资的理论依据以及投资增效的内在机制。③从宏观视角了解我国农业基础设施 PPP 有效投资的现状及其影响因素，从微观视角探究我国农业基础设施 PPP 项目有效投资的评价标准、指标体系及其权重，并对典型项目进行有效投资评价。④探寻 PPP 视阈下增加农业基础设施有效投资的实现机制，如风险防范机制、利益补偿机制和协同治理机制等，并提出相应政策建议。

第二节 国内外研究动态

一、关于 PPP 及农业基础设施有效投资内涵的研究

（一）关于 PPP 内涵的研究

PPP 是 Public-Private-Partnerships 的缩写，直译为“公私合作伙伴关系”（Saves，2002），被认为是公共部门与私人部门长期合作的一种安排，在中国被译作“政府与社会资本合作”（贾康，2009）。目前全球对 PPP 并没有形成统一的定义，世界银行（2000）认为 PPP 是政府与私人部门之间就公共品的提供而签订的长期合同，欧盟委员会认为 PPP 是公共部门和私人部门之间的一种伙伴关系。李秀辉和张世英（2002）将 PPP 视为一种项目融资模式，刘晓凯和张明（2015）在综合国内外 PPP 内涵、模式、实践的基础上将 PPP 定义为“政府和私人部门之间就公共产品的提供而建立的风险共担的长期伙伴关系”。不管从哪个方面定义，PPP 模式的内涵包括公私合作、提供公共产品或服务、利益共享、风险共担四个要点（Grimsey，2004；Siemiatycki，2011；陈志敏等，2015）。购买服务（外包）如委托运营（OM）、管理合同（MC），特许经营如转让—运营—移交（TOT）、改建—

运营—移交（ROT）、建设—运营—移交（BOT）、民间主动融资（PFI），股权合作（私有化）如建设—拥有—运营（BOO）是PPP的三种主要方式（IMF，2004；Edward，2011；杨卫华等，2014）。

（二）关于农业基础设施及有效投资内涵的研究

目前国内外许多学者对农业基础设施的定义进行了阐述。基础设施是发挥社会经济各部门各功能必不可少的基本条件（Jochimsem，1982），包括物质性、制度体制和人力资本基础设施。农业基础设施是基础设施在农业领域的延伸和重要内容。Wharton（1967）、陈文科（2000）、郎永建（2004）认为农业基础设施作为基础产业部门，是农业生产的物质和社会条件。曾福生和李飞（2017）、何平均（2013）、张学昌（2016）认为农业基础设施是农业生产必需的公共基础条件。王定祥和刘娟（2019）认为农业基础设施是乡村振兴中构建现代农业产业体系、生产体系、经营体系的基础支撑和多层次设施系统。杨开遇（2018）、白新华和李启明（2019）认为农业基础设施是为农业生产服务的生产性、功能性和支持性设施，是发展规模化、现代化高效农业的先行保障。大多数学者的研究集中于物质性农业基础设施，主要包括农田水利、农业交通、农业能源等（郭君平，2013；周晓时等，2017；曾福生，2018；李涵等，2020）。

关于什么是有效投资，什么是农业基础设施有效投资，目前学界还没有统一的定义和标准。大多数学者认为投资作为一种生产性行为，有效投资理应具有生产性，经济有效是投资有效的最重要体现（厉以宁，1982；林仁文，杨熠，2013），其代理变量也存在差异（Holz，2006；Chow，2006；张军，2003）。有效投资首先是合理投资，与名义投资、实际投资既有联系又有区别（余功斌，1989；Lee et al.，2014）。Fitzgerald（2008）、赵洪祝（2012）认为能够促进部门经济发展，提高社会福利的投资是有效的。周学东和戴国海（2016）、刘战国和刘艺娃（2017）、Olmstead等（2020）认为能够补短板、稳增长的投资是有效的，投资从供需两侧促进转型升级，培育发展新动能，驱动经济增长。邵潇（2019）、陈龙（2019）认为有效投资包括投资质量和效益两大方面，投资结构优化、投资新动能向好、拉动经济增长是有效投资的重要体现。从以上研究可以看出，关于有效投资虽然没有统一的定义，但学者们大多是从促进经济增长的角度来理解有效投资，有效投资更多地体现为经济效益。有效投资的社会效益主要就其改善社会福利，提高整个基础设施水平及其外部性而言。

二、关于 PPP 模式在农业基础设施中的应用及影响研究

（一）关于 PPP 模式在农业基础设施中的应用研究

PPP 模式作为一种新型的项目融资方式，近年来在基础设施及公共服务领域得到了很快发展（Dixit，1999；IMF，2006；严成栋，龚六堂，2014），同时在农业农村基础设施投资中逐步得到运用（Bjärstig，Sandström，2017；胡静林，周法兴，2006；肖海翔，2007；Warner et al.，2008；王春福，2008）。PPP 模式在农业基础设施投资中的运用受多重因素的影响，如农业生产力水平、农业人口、贷款利率、法律法规、不完全契约等（Hammami，2006；Bettigies，2009；亓霞等，2009）。郭鹰（2015）认为并非所有项目都适合 PPP 模式，只有能够通过物有所值评价的项目才能够实现真正的双赢。韩美贵和蔡向阳（2016）在农村基础设施的传统功能分类基础上为不同类型的农村基础设施建设匹配合适的 PPP 管理模式。就联合国粮食及农业组织资助促进农业发展的 PPP 项目来看，这些 PPP 项目主要是针对道路建设、灌溉基础设施、大型农产品交易市场、农田耕种设备以及信息和通信技术设施等农业基础设施建设（FAO，2013）。我国 PPP 模式在农业基础设施建设进程中应用范围有限，主要涉及农村水利基础设施、农业综合开发、高标准农田建设等（郑春梅等，2009；戴学珍，2012；李虹，项玉娇，2013；曹博，赵芝俊，2017），近年在农村土地整治、农业研发领域、农业田园综合体等方面的推广逐渐增加（何楠，2013；汪文雄，2013；胡向东等，2018；韩美贵，蔡向阳，2016；李敬锁，2018），农产品批发市场、基层动物防疫体系、农业研发领域等也在不断探索（包月红等，2017），特别是与乡村振兴有关的农业基础设施 PPP 建设正在不断发展和探索之中（曹慧，2019；王振军等，2020；严华东，丰景春，2020）。

（二）关于 PPP 模式对农业基础设施投资的影响研究

PPP 模式对农业基础设施投资的影响，主要体现在促进方面。围绕 PPP 模式的特点及 PPP 模式项目投资产生的效果，专门针对农业基础设施这一特定领域或项目范畴的研究不多。PPP 模式结合了政府公共部门和私营部门各自的优点，有效解决了“政府失灵”和“市场失灵”问题，易形成公共部门、社会资本以及社会三赢的局面（Maskin，2008；Ferron，Castle，2011；刘天军等，2012；蔡东方，2019）。Davies（2006）、张斌和李海燕（2017）认为农业基础设施领域 PPP 模式的运用对提高农业基础设施建设效率起到重要作用。一方面，PPP 模式有利于鼓励投资主体多元化，缓解公共财政投入不足问题，减少政府财政压力（Kirchsteiger，Cable，2000；Patrick，2014；贾康，孙洁，2013）。另一方面，PPP 模式中的社会资本能得到充分激励，增加投资渠道和收益来源，进而保障私人投资者获得稳定收益。在吸引外资、农业经济宏观调控方面，PPP 模式比常规生产合作模式更加高效（Daube，2005；蔡临申，2006）。在基础设施建设中，PPP 模式有利于提升基础设施供给的质量和效率（Hodge，Greve，2007），但也可能由于较高的沟通、合作和资金成本增加费用，从而导致社会整体福利水平下降（Wang et al.，2018）。此外，廉超（2017）强调贫困地区的基础设施服务既属于纯公共产品，又具有准公共服务性，提出将 PPP 模式引入贫困地区，从而利于政府简政放权和加快政府职能转变。邓新星（2017）、倪筱楠等（2019）认为在农业基础设施建设中推广运用 PPP 模式，可有效解决农业基础设施建设资金严重不足的问题，促进农业经济水平提高、缓解融资约束。詹卉（2020）认为农业基础设施有效的 PPP 一定是在农户自组织基础上的 PPP，即“PPP＋自组织”，实现农户收益是农业基础设施 PPP 的重要目标之一。

三、关于农业基础设施 PPP 有效投资评价及其影响因素的研究

（一）关于农业基础设施 PPP 有效投资评价的研究

国内外大量学者围绕农业基础设施有效投资评价进行了大量研究，认为

农业基础设施投资在促进农业经济增长、提高农民收入方面作用明显，为农业基础设施 PPP 有效投资评价提供了很好的借鉴。在促进农业经济增长方面，Aschauer（1989）、Binswanger（1993）、Mamatzakis（2003）、Issah 等（2005）、Fan 和 Hazell（2006）、史明霞和陆迁（2007）、马林靖（2008）、曾福生等（2015）、李谷成等（2015）认为基础设施对农业生产率的提高和农业增长具有显著贡献，能够提高农业经济绩效，促进农业经济增长。Fan 等（2006）、Narayanamoorthy（2008）、郑宏运（2020）发现农村公路、电力和水利等基础设施具有较强溢出作用，且贫穷落后农村地区的投资边际收益明显高于发达农村地区。在提高农民收入方面，Cast（2000）、Gibson 和 Olivia（2010）、Olagunju（2012）、骆永民和樊丽明（2012）、张光南和宋冉（2013）、郝二虎等（2015）、张利召等（2016）认为农业基础设施的改善有利于增加农民非农就业机会，提高农民收入。张勋和万广华（2016）研究发现农村基础设施投资可以改善农村内部的收入不均等。且不同农业基础设施投资的增收减贫效应不同（陈银娥等，2012；秦小迪，2019）。

关于 PPP 有效投资评价，国内外研究主要是从宏观投资效率和 PPP 项目绩效的角度展开，其中针对农业基础设施的研究较少。乔虹（2017）、刘穷志和彭彦辰（2017）、杜亚灵等（2019）、汪立鑫等（2019）对我国 PPP 项目投资效率进行了评价，发现我国各地区 PPP 模式推进情况存在差异。Storto（2013）对意大利 38 个地区 PPP 项目的经营效率进行比较。Wanke（2015）对巴西 27 个海务 PPP 项目效率进行阶段性评价。于宗绪等（2020）基于层次分析法（AHP）和模糊综合评价法对城市水环境治理 PPP 项目进行绩效评价。项英辉和乌立慧（2020）对交通基础设施 PPP 项目的执行阶段开展绩效评价。Deng 等（2016）对中国 PPP 项目投资成本及影响因素进行了分析。王贤（2019）对我国 2008—2017 年农业 PPP 项目投资效率进行分析，认为我国农业 PPP 项目投资基本是有效的，投资效率整体上处于增长的状态。

（二）关于农业基础设施 PPP 有效投资影响因素的研究

相较有效性评价研究而言，关于影响因素的研究更多。制度质量、合同执行、政府监管、政府职能的转变、政府与市场的关系、法律制度环境是影响 PPP 项目结果的重要因素（Yang，2010；陈婉玲，2014；刘穷志，彭彦辰，2017；Cheung，Rowlinson，2011；王贤，2019）。地方政府对市场的干预程度越小，法律制度越完善越有利于 PPP 项目的良性发展（Djankov et al.，2006）。此外投资者合法权益的受保护程度会影响私人投资者的决定，进而影响交易成本和投资者参与积极性（Oxley，1999；肖松，2010；张颖熙等，2013），且政府不同行为、不同阶段对 PPP 项目绩效产生的影响存在较大差异（武献华，董晓伟，2018；王守清等，2020）。各地的经济发展水平以及财政承受能力是保障 PPP 项目效率的基石（刘穷志，芦越，2016），稳定的宏观经济发展能减少私人企业的经营风险，提高收入预期（Sharma，2012），而地区财政承受能力的增强会提高 PPP 项目的成功率。财政分权程度的提高会促进我国基础设施 PPP 项目的发展，有利于提高技术效率（彭彦辰，2018）。也有学者认为国内（地区）生产总值和非国有经济发展水平对 PPP 效率的影响不明显。此外，PPP 项目持续时间过长和社会资本比例过高不利于提高技术效率（王贤，2019）。就 PPP 项目本身而言，利益相关者、项目持续时间、社会资本比例、关系态度以及服务等均会影响 PPP 项目投资效率。汪文雄等（2013）通过调查研究得出农地整理 PPP 项目前期阶段效率受投资企业的影响最大，其次是村民委员会，最后是国土部门和农户。PPP 项目伙伴关系性规则、合作行为等对项目绩效发挥完全中介作用，对项目绩效产生影响（Meng，2012；胡振等，2017；张涑贤等，2020）。设施边界和服务边界失谐是影响 PPP 模式下农业节水灌溉工程退出壁垒机制效率的重要因素（何伟怡，何瑞，2016）。

四、关于 PPP 视阈下增加农业基础设施有效投资机制的研究

关于机制的研究，主要分散在对策研究之中。目前我国已逐步形成了政府、社会和农户并存的多元化投资格局（刘天军等，2012；温铁军，2014）。在农业基础设施领域引入 PPP 模式，以弥补公共财政资金投入的不足，逐渐得到了理论界的广泛认同（Gadomski et al.，1997；Cable，2000；贾康，

孙洁，2006；孙远，2014；刘薇，2015）。但是农业基础设施使用上的低效性、经营上的弱质性以及受益方的区域性和有限性，导致私人参与意愿不高，需要政府发挥引导作用，从体制、政策、资金、服务等方面提供更多的优惠政策和承担更大的责任（Hartman，1999；Tony，2003；姜爱华，2014；刘晓凯，张明，2015），提高社会资本投资意愿，促进 PPP 模式在农业基础设施中推广运用。通过建立健全风险控制与分担机制（Vanreenen，2008；钟云，2015）、定调价机制（晏强，李建华，2013）、激励约束机制（Chowdhury，2009；唐祥来，杨娟娟，2012）、政府补偿机制（Chris，2006；吴孝灵等，2013）、监督机制（李兆明，2014；孟春，王景森，2014）等，强化市场导向与政策引导，正确处理好政府与社会资本以及各利益相关者的关系，营造 PPP 发展的良好环境，增加有效投资。此外，还可以完善农业基础设施金融服务体系，创新债权、股权、资产支持计划等多种方式，支持农业 PPP 项目发展（Schelling，2001；Foster，2004；余晓军，2017；罗静怡，刘辉，2018）。在发挥市场配置资源决定性作用的同时，应在政策指引、资金引导、项目投入等方面加大政府支持力度，例如，采用政府补贴等方式引导 PPP 模式在农业领域的推广和应用，提高资源的使用效率，促进农业发展（Fox，Porea，2011；安进奎，2018），并促进投资有效性的增长（黄伟等，2015；王睦欣，庞德良，2019；郑宏运，李谷成，2020），也可以通过创新 PPP 方式，采取农业基础设施“PPP＋自组织”的方式，充分发挥 PPP 的有效性（詹卉，2020）。

五、国内外研究现状述评

现有文献在农业基础设施有效投资评价和 PPP 模式运用方面开展了大量研究，形成了一些有价值的成果，对农业基础设施领域引入 PPP 模式，以缓解融资约束，形成了比较一致的结论。但是，对 PPP 模式作用于农业基础设施的内在机制以及农业基础设施 PPP 有效投资的评价标准尚不清晰。特别是 PPP 视阈下如何增加农业基础设施有效投资的机制研究还很不充分，关于如何完善机制设计，促进机制高效运作的研究还十分零散。因此，在

PPP 视阈下探讨增加农业基础设施有效投资的实现机制，是我国经济实践对理论界提出的一项迫切要求，也是本书研究的重点。

第三节　研究思路、内容及方法

一、研究思路

本书基于提出问题、认识问题、分析问题、解决问题的思路展开研究，运用经济学、管理学、投资学、社会学的相关知识，围绕如何增加农业基础设施有效投资这一命题，在对农业基础设施 PPP 投资进行理论、实践及战略分析的基础上，从宏观和微观视角对有效投资进行实证分析，然后提出增加农业基础设施 PPP 有效投资的机制构建及优化建议。具体技术路线如图 1－1。

二、研究内容

第一章是导论。本章在介绍选题背景、研究意义、研究目标的基础上，评述国内外有关农业基础设施 PPP 模式及其有效投资的相关文献，提出研究思路、研究内容及主要研究方法，并简单阐述本书可能的创新之处、不足与进一步研究的展望。

第二章是概念界定与研究的理论基础。本章在对农业基础设施、PPP 模式及有效投资概念进行界定的基础上，从公共产品理论、全生命周期理论、利益相关者理论、战略联盟理论、协同治理理论 5 个方面梳理了农业基础设施 PPP 有效投资的相关理论依据。

第三章是 PPP 模式增加农业基础设施有效投资的机制分析。本章分析了 PPP 模式增加农业基础设施有效投资的机制，即农业基础设施本身能促进投资增收，引入 PPP 模式有利于农业基础设施提效升级。

第四章是农业基础设施 PPP 投资实践及战略分析。本章首先分析了新时代农业基础设施投资的特征与趋势，其次阐述了目前农业基础设施 PPP 投资

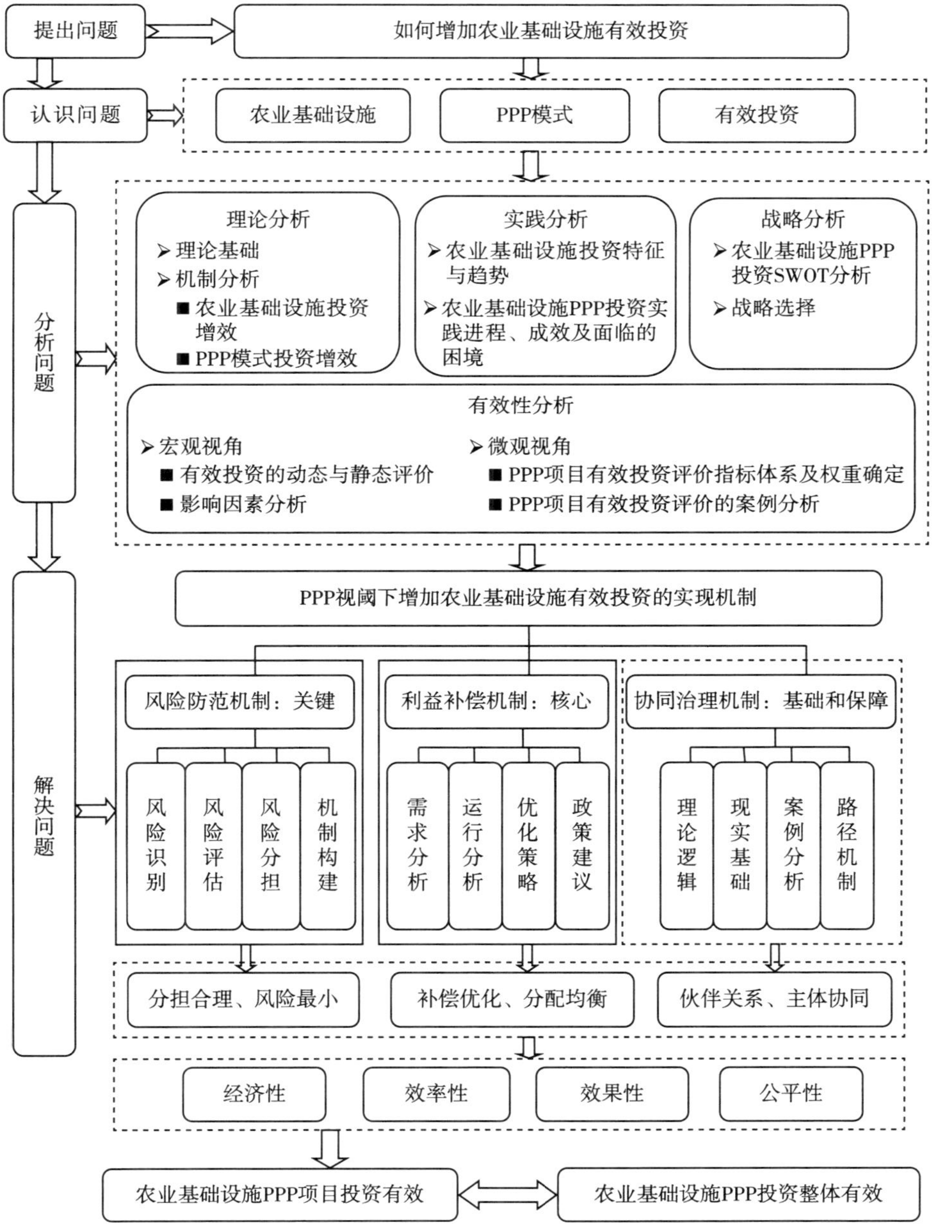
提出问题
如何增加农业基础设施有效投资
认识问题
农业基础设施
PPP模式
有效投资
分析问题
理论分析
➢理论基础
➢机制分析
■农业基础设施投资增效
■PPP模式投资增效
实践分析
➢农业基础设施投资特征与趋势
➢农业基础设施PPP投资实践进程、成效及面临的困境
战略分析
➢农业基础设施PPP投资SWOT分析
➢战略选择
有效性分析
➢宏观视角
■有效投资的动态与静态评价
■影响因素分析
➢微观视角
■PPP项目有效投资评价指标体系及权重确定
■PPP项目有效投资评价的案例分析
解决问题
PPP视阈下增加农业基础设施有效投资的实现机制
风险防范机制：关键
风险识别
风险评估
风险分担
机制构建
利益补偿机制：核心
需求分析
运行分析
优化策略
政策建议
协同治理机制：基础和保障
理论逻辑
现实基础
案例分析
路径机制
分担合理、风险最小
补偿优化、分配均衡
伙伴关系、主体协同
经济性
效率性
效果性
公平性
农业基础设施PPP项目投资有效
农业基础设施PPP投资整体有效

图 1－1　本书的技术路线

实践进程、取得的成效以及面临的困境，再次对农业基础设施PPP投资内外环境进行SWOT分析，最后提出农业基础设施PPP投资的战略选择。

第五章是基于宏观视角的农业基础设施PPP有效投资分析。本章从宏观视角，利用财政部政府和社会资本合作中心（以下简称财政部PPP中心）2015—2019年20个省份的样本数据，基于DEA-Malmquist模型从静态和动态两个方面对我国农业基础设施PPP有效投资进行评价，然后利用Tobit回归模型对我国农业基础设施PPP有效投资的影响因素进行测度。

第六章是基于微观视角的农业基础设施PPP项目有效投资分析。本章首先从有效投资评价维度提出农业基础设施PPP项目有效投资的“4E”目标。其次，构建农业基础设施PPP项目有效投资评价指标体系，根据问卷调查数据基于AHP和熵权法计算出综合权重指标。最后，以H省MS水库PPP项目为例，进行有效投资模糊综合评价。

第七章是增加农业基础设施PPP有效投资的风险防范机制研究。本章在介绍农业基础设施PPP投资风险的主要特征及防范流程的基础上，采用WBS-RBS法对农业基础设施PPP投资风险进行识别，采用AHP和风险度理论对其进行评估，然后在公私部门之间进行分担并构建增加农业基础设施PPP有效投资的风险防范机制。

第八章是增加农业基础设施PPP有效投资的利益补偿机制研究。本章在分析农业基础设施PPP投资利益补偿需求的基础上，论述了农业基础设施PPP投资利益补偿机制运行的现状和面临的问题，最后提出农业基础设施PPP投资的利益补偿机制优化的目标、原则、具体策略和政策建议。

第九章是增加农业基础设施PPP有效投资的协同治理机制研究。本章在论述农业基础设施PPP投资多元协同治理的理论逻辑与现实基础后，基于优化的SFIC模型，以Y省GJ市特色农业生态园基础设施建设项目为例，对农业基础设施PPP项目协同治理问题进行分析，然后阐述农业基础设施PPP投资协同治理的路径及机制构建。

第十章是研究结论与政策建议。本章在前九章分析的基础上得出研究结论，并根据研究结论，提出相应政策建议。

三、研究方法

（一）实地调查法

第一，通过实地调研，从需求角度了解农户对农业基础设施 PPP 项目的满意度、需求偏好及顺序；从供给角度了解农业基础设施及其 PPP 项目的投资、建设、运行和管理情况。第二，对农业基础设施 PPP 项目有效投资评价标准进行调研，获取“4E”的一手资料和信息；对农业基础设施 PPP 投资风险及其发生可能性、损失程度进行调研。第三，对国内典型农业基础设施及其 PPP 项目进行考察，了解其运作情况。

（二）规范分析法

第一，定性分析新时期农业基础设施投资的新特征和新趋势，评价农业基础设施 PPP 投资的成效与不足。第二，通过 SWOT 法分析农业基础设施 PPP 投资面临的战略环境。第三，采用 WBS - RBS 法对农业基础设施 PPP 投资风险因素进行分类和识别。第四，运用 SFIC 模型分析我国典型农业基础设施 PPP 项目面临的协同治理困境。

（三）实证分析法

运用 DEA - Malmquist 模型从静态和动态两个方面对农业基础设施 PPP 有效投资进行宏观测度，运用 Tobit 模型对其影响因素进行实证分析。运用 AHP、熵权法以及模糊综合评价法对农业基础设施有效投资评价指标权重进行研究，结合 AHP 和风险度理论对农业基础设施 PPP 项目风险进行分析。

（四）案例分析法

以农业基础设施 PPP 项目投资的现实案例（H 省 MS 水库）为载体，对典型农业基础设施 PPP 项目有效投资进行模糊综合评价。以 Y 省 GJ 市特色农业生态园基础设施建设 PPP 项目为例，进行协同治理机制分析。

第四节　可能的创新之处、不足与展望

一、可能的创新之处

（一）研究内容

第一，构建了 PPP 视阈下增加农业基础设施有效投资机制的分析框架，解构了 PPP 模式促进农业基础设施有效投资的内在机制。第二，基于公、私两类投资主体，拓展了有效投资的内涵和外延——以追求 PPP 项目“4E”目标即经济性、效率性、效果性、公平性的项目个体有效为基础，实现农业基础设施 PPP 投资的整体有效，即经济效益、社会效益和生态效益的和谐统一。第三，基于财政部 PPP 中心数据，全面梳理了 2012—2020 年农业基础设施 PPP 项目入库情况，并进行了细致分析，为农业基础设施 PPP 有效投资提供决策参考。第四，在以宏观和微观视角评估农业基础设施 PPP 有效投资的基础上，通过风险防范、利益补偿、协同治理等机制，来预测和解决农业基础设施 PPP 投资运行中存在的深层次矛盾和问题。

（二）研究方法

本书坚持宏观与微观相结合，定性与定量相结合，实地调研与统计数据分析相结合。宏观上，运用 DEA - Malmquist 模型从静态和动态两个角度对我国农业基础设施 PPP 有效投资进行评价和分析，运用 Tobit 模型对有效投资的影响因素进行分析，结合 AHP 和风险度理论对农业基础设施 PPP 投资风险进行评估。微观上，采用案例分析法，基于 AHP -熵权法-模糊综合评价法对项目有效投资进行评价。

（三）研究视角

本书围绕 PPP 模式利益共享、风险分担、伙伴关系的特点，以利益补偿机制为核心，风险防范机制为关键，协同治理机制为基础和保障，系统设计增加农业基础设施 PPP 有效投资的机制构建和优化思路，有助于实现农业基础设施 PPP 投资经济效益、社会效益、生态效益的和谐统一，政府、社会资本、公众的多方共赢。

二、研究不足与展望

（一）研究不足

第一，本书宏观上对农业基础设施 PPP 有效投资的研究，是基于财政部 PPP 中心数据，考虑到数据的连续性，最终选取 2015—2019 年 20 个省份的 780 个样本项目进行静态和动态评价。这些农业基础设施 PPP 项目占总项目的比例较低。因为农业基础设施 PPP 投资不仅包括不连续及数据不全省份的项目，还包括未入库的各个省份不同类型、不同层级的众多项目，本书所选数据的代表性可能存在不足，研究结论也可能存在片面性。此外，本书在对农业基础设施 PPP 有效投资的地区差异进行比较时，未对不同类型的农业基础设施 PPP 项目有效投资进行研究和比较。各地资源禀赋、约束条件各不相同，本书在机制分析时也未能考虑到东、中、西部的地区差异。因此，区域异质性研究有待进一步深入。

第二，在对农业基础设施 PPP 项目有效投资进行评价以及风险评估时，调查对象和统计误差等因素可能造成相关数据不全面、典型性不强，其结果可能发生偏差。且不同地区、不同类别、不同项目、不同阶段的农业基础设施 PPP 投资具有不同的特点，存在一般性和特殊性，因此，本书研究的全面性和典型性需要进一步加强。

第三，关于增加农业基础设施 PPP 有效投资的机制，本书基于 PPP 模式的三大基本特征即风险分担、利益共享、伙伴关系，从风险防范、利益补偿、协同治理三个方面进行了构建和优化。除了这三个主要机制之外，农业基础设施 PPP 投资机制还包括诸多方面，如投资运行、投资动力、项目选择机制等，且各个机制不是单独存在和运行的。因此，本书的研究有待进一步深入，加强对各机制的协调以及其他机制的研究十分必要。

（二）研究展望

第一，根据研究需要，建立农业基础设施 PPP 项目数据库，并实时补充和更新。在国家层面，及时关注和整理财政部 PPP 中心相关数据。在地方层面，及时收集各级地方政府 PPP 项目发展情况，形成较为系统、完整的数据库，宏观上增强研究的客观性和全面性。在研究内容方面，进一步对不同类型农业基础设施 PPP 项目有效投资情况进行评价和分析。

第二，对于指标评价体系及其权重的确定，需要进一步扩大调查范围，增加调查对象，增强代表性。此外，在对农业基础设施 PPP 投资风险进行整体性评估的基础上，分区域、分类别进行研究，特别是加强不同类别农业基础设施 PPP 项目中观层面的分析和比较，为社会资本抉择和政府管理提供依据。

第三，增加农业基础设施 PPP 有效投资是一个系统工程。一方面，应在风险防范、利益补偿、协同治理机制构建和优化的基础上，进一步对运行机制、项目选择机制等进行研究，并加强各个机制之间的协调和配合。其次，应加强对策研究，将分散的对策进行梳理、整合和完善，提高政策针对性、时效性，为 PPP 视阈下增加农业基础设施有效投资提供决策参考。

第二章　概念界定与研究的理论基础

第一节　基本概念界定

一、农业基础设施的概念与分类

（一）农业基础设施的概念

基础设施是一个经济体在有效配置资源的基础上，实现要素合理分配所具备的设施及条件，广义上包括经济基础设施和社会基础设施。交通运输、电力通信、供排水等经济基础设施有利于提升社会生活水平，教育、科研、文化、卫生等社会基础设施有利于提高社会文明程度。农业基础设施是保证农业生产和流通能够在适宜条件下顺利进行的各种具有公共服务职能的设施，主要包括农田水利设施、农产品流通设施以及农业教育、科研、技术推广和气象基础设施等三大类（《中国大百科全书》），有助于提高农业生产、管理水平，促进农民增产增收和提高农村地区社会福利水平。大多数学者从狭义的角度即经济基础设施的角度来考察农业基础设施，把它视作农业领域的先行资本，认为它是发展现代农业、强化农业基础的前提和保障，涵盖农田水利基础设施、农业交通运输基础设施、高标准农田建设、农业产业示范园区、农产品物流体系、农产品交易批发市场等。

根据研究需要，本书所研究的农业基础设施是狭义角度的经济基础设施，即物质性农业基础设施。

（二）农业基础设施的分类

农业基础设施根据其非排他性和非竞争性的程度，可分为纯公共产品性质、混合产品性质以及私人产品性质的农业基础设施。根据空间分布和受益范围，可分为全国性、地方性及社区性农业基础设施。根据经营性质，可分为经营性、准经营性、公益性农业基础设施。

农业基础设施的投融资方式主要是根据其经营性质来确定，且农业基础设施的经营性质对分析PPP模式以及政府和市场关系有重要价值，下面将对这种分类进行详细阐述。经营性农业基础设施盈利能力强，投资者拥有充分的所有权、使用权与收益权，更接近私人产品。但这些农业基础设施往往投资规模小，回报周期短，成为投资者或农户、农业经营主体的专有资产，不具有经济上的外溢性。公益性农业基础设施相较经营性农业基础设施而言，投资额巨大，回报周期长，且外部性明显，除经济效益外，更多具有的是社会效益和生态效益，接近纯公共产品性质，在农业农村现代化和乡村振兴中起到基础性保障作用。

准经营性农业基础设施介于经营性和公益性农业基础设施之间，具有准公共产品性质，其服务对象具有地域性，投资规模较大，回报周期较长，不仅具有一定的经济效益，还具有一定的社会效益和生态效益（表2-1）。

表2-1　农业基础设施按照经营性质分类

分类	特征	主要类型
经营性农业基础设施	具有私人产品性质，投资者拥有充分的所有权、使用权与收益权，盈利能力强	温室大棚、农业机械、小型节水设备、小型农田灌溉设施、农业专用设施、土地整治工程、农产品批发市场等
准经营性农业基础设施	具有准公共产品性质。不仅产生一定的经济效益，还有较强的社会效益和生态效益，具有一定盈利性	中小型水利工程、小流域防洪防涝设施、高标准农业示范园区、农业田园综合体、现代农业产业园等
公益性农业基础设施	具有纯公共产品性质。投资额巨大，回报周期长，且外部性明显。经济效益小甚至没有，社会效益和生态效益明显，盈利性弱或不盈利	大江大河治理、跨区域大型农田水利基础设施、农业交通运输设施、农业物联网等信息基础设施、农业基础科研及农业技术研发推广系统、全国性农产品流通基础设施、全国性农业信息化基础设施等

二、PPP 模式的内涵与特点

（一）PPP 模式的内涵

PPP 即政府与社会资本合作，又译为公私合作伙伴关系。自 20 世纪 90 年代在欧洲出现以来，PPP 模式成为推动公共事业和基础设施建设的一种重要项目运作方式。目前国内外学者、机构对于 PPP 模式有着不同的解释，其表述方式存在差异（表 2-2）。

表 2-2　国内外主要机构对 PPP 的解释

国内外机构	发布的 PPP 解释
财政部	PPP 指政府与社会资本为提供公共产品或服务而建立的全过程合作关系
美国 PPP 国家委员会	PPP 是一种公共产品提供方式，它充分利用私人资源进行设计、建设、投资、经营和维护公共基础设施，并提供相关服务以满足公共需求
欧盟委员会	PPP 是为了提供传统上由公共部门提供的公共项目或服务的一种公共和私人部门间的合作关系
世界银行	PPP 是政府部门与私人部门之间就公共品或服务的提供而签订的长期合同
亚洲开发银行	PPP 是为开展基础设施建设和提供其他服务，在公共和私营部门之间建立的一系列合作伙伴关系
英国财政部	PPP 是一种以公共和私人部门相互合作为主要特征的安排，包括各种合作执行政策、提供服务和建造基础设施的方式

不管采用哪一种表述方式，PPP 的本质都是公共部门与私人部门基于公共产品和公共服务投融资而达成的长期合同关系。PPP 模式基于公共部门与私人部门不同的目标和利益诉求，形成伙伴关系，在风险分担、利益共享的基础上，提供公共产品和服务，实现多方共赢，其具体内涵关系如图 2-1。鉴于本文在现实考察和实证研究时主要以财政部 PPP 中心数据作为研究对象，所以沿用政府与社会资本合作这一内涵表达。

PPP 模式的典型结构是社会资本与政府公共部门合作形成 PPP 项目，在政府特许下，共同组建项目公司进行运作，政府提供政策和资金支持，社会资本投资建设并负责运营管理（图 2-2）。相对于市场供给和政府采购提

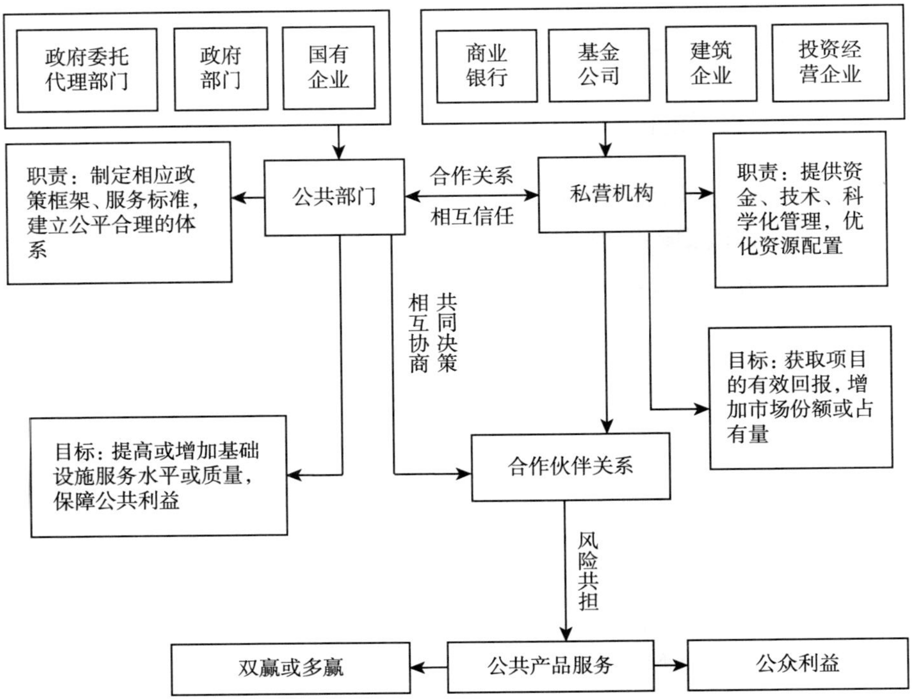

图2-1　PPP模式内涵关系

供公共产品，PPP模式具有多主体合作供给、共同对项目负责并分担风险的特点，突破了公共品产权关系的限制，既能规避垄断的风险，又能提高投资有效性。

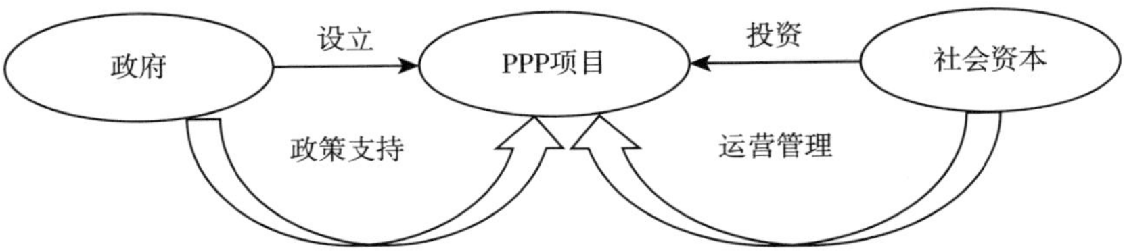

图2-2　PPP模式典型结构

（二）PPP模式的分类

根据不同的标准，PPP模式可以分成不同的类型。依据模式的实现形式，PPP 模式可以分为特许经营类、私有化类和外包类三大类型。每个类型又包括不同的 PPP 形式或具体运作方式，其中特许经营类是最广泛和影响最深的一种 PPP 模式，包括 BOT、TOT 以及其他类型等；私有化类包括完全私有化的 BOO、PUO 和部分私有化的股权转让（ET）；外包类包括模块式外包和整体式外包等，具体如图 2-3。

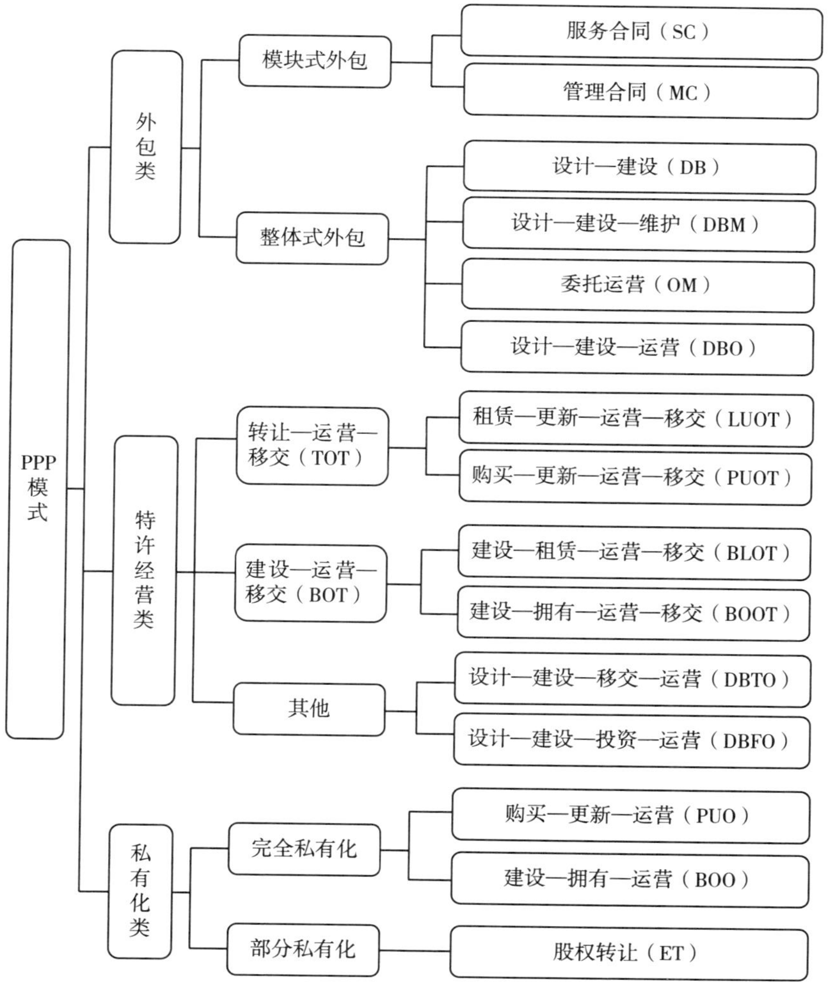

图 2-3　根据 PPP 模式的实现形式分类

按照社会资本的参与度以及社会资本的风险承担程度，可以依次列出

PPP的一些具体运作方式，委托运营（OM）、管理合同（MC）、转让—运营—移交（TOT）、改建—运营—移交（ROT）、建设—运营—移交（BOT）、建设—拥有—运营（BOO）（图2-4）。委托运营（OM）又称运营—维护，社会资本只负责运营维护，参与度相对最低，收取一定的委托运营费，不负责项目运作，几乎没有风险。管理合同（MC）模式中社会资本参与度比委托运营（OM）稍高，除了运营维护外，政府将用户服务职责也授予社会资本，并支付管理费，时间较短（一般在3年以内），社会资本参与度较低，所以风险也很小。转让—运营—移交（TOT）是政府将建设好的项目有偿转让给社会资本，由社会资本负责全面运营管理，获取投资回报，期满后移交给政府。TOT模式的运营期限一般较长，为20～30年。建设—运营—移交（BOT）相较TOT模式，社会资本参与度高，负责项目的建设、运营，合同期满后（一般20～30年）移交给政府，风险相对也较高。改建—运营—移交（ROT）是在TOT的基础上，增加改建内容，相较BOT模式社会资本参与范围小，风险也较小。建设—拥有—运营（BOO）相较BOT和ROT而言，社会资本参与度更高，建设好后，社会资本长期拥有并运营管理，因此风险也较大。

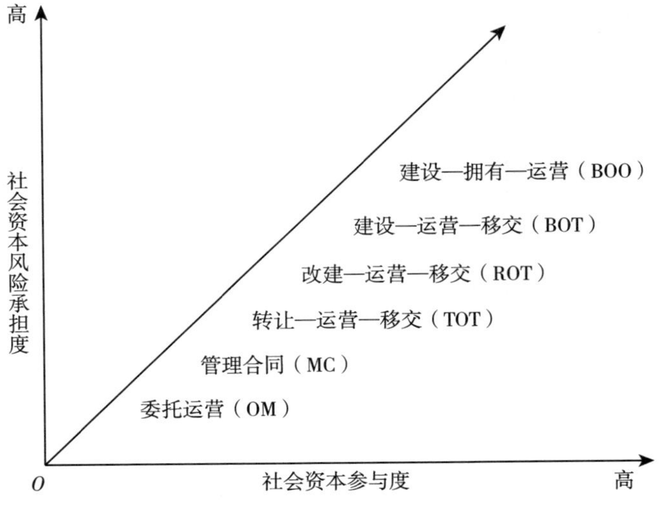

图2-4　PPP模式的具体运作方式

（三）PPP 模式的特点

1. 伙伴关系

伙伴关系是 PPP 模式的首要特征，由其内在属性决定，也是 PPP 项目的基础所在，它强调各个参与方平等协商的关系和机制，双方基于利益共享和风险分担，共同参与合作，相互信任，激励相容，最终实现项目目标一致性。不同 PPP 项目伙伴选择存在差异，不同农业基础设施 PPP 项目，其合作伙伴和伙伴职能亦不同（表 2-3）。

表 2-3　不同农业基础设施的 PPP 伙伴选择

项目种类	典型代表	合作伙伴	伙伴职能
准经营性农业基础设施	大中型农田水利基础设施 农业能源基础设施 动植物良种繁育基地 农业田园综合体	大中型企业	建设、运营全部或部分项目，提供服务
经营性农业基础设施	农业机械 小型农田水利设施	中小型企业 个体投资者	私人拥有、运营，并承担风险
公益性农业基础设施	农业交通基础设施 大江大河治理 农业基础科学研究	大型企业 农村集体	建设全部或部分项目，无偿或低价提供

2. 利益共享

利益共享是 PPP 模式的第二大特点，是 PPP 运营的纽带也是其得以维系发展的基础。PPP 项目通过建立利益共享机制，以“风险共担、利益共享、合理利润”为基准进行优化，使政府部门在实现自身合作目标的同时，确保社会资本获得合理的利润回报。由于部分农业基础设施具有垄断性特征，为了防止社会资本获取超额利润、公众为相关公共产品和服务付出过高代价，政府方在项目策划时应对定价进行充分的分析和测度。此外，部分农业基础设施项目为公益性项目，参与方不以利润最大化为项目目标，存在政府付费。不管怎样，利益共享实现的是政府降低负债、转移部分风险，社会资本获得平和稳定的长期回报，双方共享 PPP 的社会成果。

3. 风险分担

风险分担是PPP模式的第三大特点。良好的伙伴关系不仅是利益共享，更重要的是出现风险时能够共同承担。PPP项目的风险分担应更多考虑双方风险的最优应对方案和最佳分担比例，让最善于承担风险的一方应对或双方共同处理，从而使项目风险最小化。通常情况下，政府主要承担政治、政策和法律等风险，社会资本主要承担融资、建设、运营和技术等风险。

从以上表述可以看出，PPP模式作为一种公私合作伙伴关系，是政府和社会资本之间的长期合作模式，具有伙伴关系、利益共享、风险分担三个重要特征。其主要优势体现在有助于缓解财政约束，提高公共产品和公共服务质量，拓宽企业投融资渠道，促进企业加强技术创新和经营管理。但同时它也存在不足，如私人部门融资成本高，前期招投标耗时长、手续费高，加重纳税人负担；合同周期长，灵活性不足，存在失败风险和私有化质疑等。

三、PPP视阈下农业基础设施有效投资的内涵与外延

（一）投资的概念

投资是一个常用的经济概念，广义上指垫支资金或实物用于增加未来收入的资金支付活动，分为实物投资（工程项目投资、产业投资）和金融投资。实物投资形成新的固定资产和存货，金融投资形成新的金融资产（图2-5）。

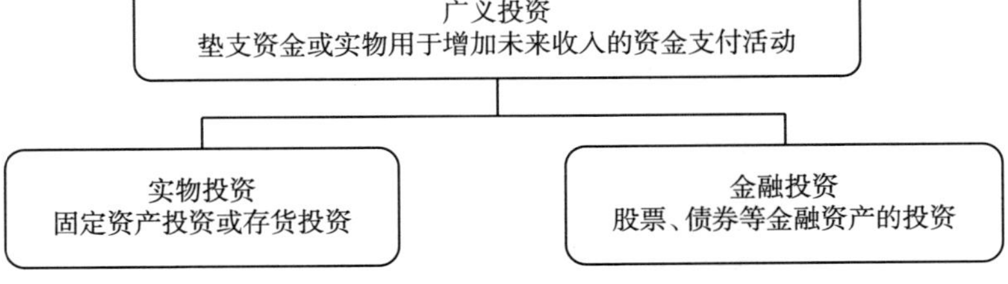

图2-5　投资的概念

经济学和统计学上的投资一般指实物投资。根据联合国等 2009 年颁布的《国民经济核算体系》（SNA2008）的解释，投资是指资本形成，包括固定资本形成、存货增加和贵重物品获得减处置。固定资本形成包括有形固定资产和无形固定资产。有形固定资产包括住宅、机械和设备等资产，无形固定资产包括矿藏勘探、计算机软件等。贵重物品获得减处置事项包括博物馆出售活动等。

实物投资即固定资产投资或存货投资，统计数据是核算固定资本形成总额的主要基础资料来源，包括建筑安装工程、土地购置费、设备购置费、建筑物购置费等。2019 年我国固定资产投资完成额总计 551 478 亿元，按构成来分，建筑安装工程的投资分量最大，为 347 657 亿元，占 63.04%，设备工器具购置占比较少，为 16.05%，仅为建筑安装工程的四分之一。按产业分类，第三产业固定资产投资占比近 70%，第二产业占比近 30%，而第一产业占比极低，仅占 2.29%（表 2-4）。农业基础设施作为主要与第一产业紧密联系的固定资产，在整个固定资产投资中的比例相对较低。

表 2-4　2019 年我国固定资产投资完成情况

分类	类别	数额（亿元）	比例（%）
按构成	建筑安装工程	347 657	63.04
	设备工器具购置	88 514	16.05
	其他费用	115 316	20.91
按产业	第一产业	12 633	2.29
	第二产业	163 070	29.57
	第三产业	375 775	68.14
总额		551 478	100

资料来源：国家统计局网站。

投资作为经济发展的三驾马车之一，是推动我国经济高质量发展的现实动力。新时期我国经济正处于转方式、优结构、转动能的攻关期，面对国内国际复杂形势，实现经济由高速增长转向高质量发展面临更多的挑战，投资稳增长、促发展的作用愈发凸显。特别是在基础设施领域，投资可优化供给结构，补齐民生短板，发挥辐射、带动作用，发挥“四两拨千斤”的效果。

（二）有效投资的内涵

关于什么是有效投资，余功斌（1989）认为有效投资首先是合理投资，与名义投资、实际投资既有联系又有区别。厉以宁（1982）认为投资有效与否取决于它能否迅速形成生产能力，增加社会总产品的供给。国家发展改革委组织编写的《合理扩大有效投资》，系统梳理了习近平新时代中国特色社会主义经济思想中关于投资的重要论述。做好投资宏观管理工作重在六个方面的坚持：必须坚持党的集中统一领导，必须坚持投资领域改革开放，必须坚持服务于国家重大战略，必须坚持服务于满足人民美好生活需要，必须正确处理好投资与环境、资源的关系，必须正确处理好政府投资与民间投资关系。发挥投资关键作用的战略定位，调动民间投资积极性是深化投融资体制改革的根本遵循和打好防范化解重大风险攻坚战的行动指南（郑征，2020）。2020年李克强总理在作政府工作报告中谈到如何扩大有效投资时强调重点支持既促消费惠民生又调结构增后劲的“两新一重”。在“两新一重”中，既有“新基建”、新型城镇化，又有“铁公基”等重要且必要的传统工程。在“新基建”领域，发展新一代信息网络，拓展5G应用，建设充电桩，推广新能源汽车，可激发新消费需求，助力产业升级。李中英（2020）认为在加大逆周期调节力度、应对不确定性、优化供给结构时，更加“有效”的投资不仅是“扩总量”“高大上”，而是更趋向“高精尖”“准而精”“小而活”。

随着经济的发展和投融资领域、方式、方法的扩充，有效投资的内涵也在不断深化。从经济增长的角度，无效投资是指投资对经济增长无任何作用（零增长）甚至产生负面或反作用；而有效投资一定是能促进经济增长的投资，对经济的发展起到至关重要的作用。从整个经济社会的可持续发展而言，有效投资不仅包括经济上的有效，即经济效益，还包括社会效益、生态效益，是经济、社会、生态有效的协同。符合这三个方面特征的投资才是有效投资，不符合这三个方面特征的投资则是无效投资。

（三）PPP视阈下农业基础设施有效投资的内涵和外延

1. PPP视阈下农业基础设施有效投资的内涵

对于PPP视阈下的农业基础设施投资而言，什么样的投资属于有效投资？什么样的项目是有效投资项目？宏观层面，社会资本方投资有回报，政府能获得所需要的农业基础设施这类公共产品和服务，社会公众满意，并促进可持续发展，实现政府、社会资本、社会公众的三方共赢，是农业基础设施运用PPP模式的初心。通过投资促进农业农村经济发展，在提高农民收入的同时，实现社会公平、农户满意、生态友好，即经济效益、社会效益、生态效益的有机结合。一是在投资结构上，遵循习近平总书记关于有效投资的重要论述，要积极扩大国内基础设施供给，满足有效需求，充分发挥投资的关键作用，以更大力度、更精准投资来补短板、强弱项。二是在投资主体上，发挥政府引导作用，吸引更多社会资本积极参与到农业基础设施建设中来，促进农业基础设施为农业农村发展、乡村振兴服务。三是在投资管理方面，投资好、运营好、管理好农业基础设施PPP项目，促进农业农村发展，助力农民增收和乡村振兴战略实施。

微观层面，考虑农业基础设施PPP项目本身，伙伴关系、风险分担、利益共享是PPP模式的三个本质特征，也是PPP项目追求的内在属性。张学昌（2015）认为PPP模式的核心是把特定风险分配给善于管理此风险的参与主体，充分注重项目参与主体的利益协调。钟云（2016）认为按照风险分配优化、风险收益对等、风险可控等原则合理分配项目风险，做好风险防范，是促进项目有效投资的关键。因此，PPP视阈下农业基础设施项目有效投资应包括伙伴关系良好、风险分担合理、利益分配均衡三个方面，只有符合这三个方面要求的PPP项目才能实现农业基础设施项目投资的经济性、效率性、效果性、公平性的和谐统一。

2. PPP视阈下农业基础设施有效投资的外延

根据以上论述，可以进一步看出，要实现农业基础设施PPP有效投资，在微观层面，要通过PPP模式的规范运用，做到伙伴关系良好、风险分担合理、利益分配均衡，以实现农业基础设施PPP项目有效投资目标，即经济性、效率性、效果性、公平性的和谐统一。在宏观层面，要通过农业基础设施PPP投资，做到投资结构优化、投资主体多元、投资管理完善，以促进农业经济发展，农民收入提高，社会福利增加，并充分考虑经济效益、社会效益、生态效益三者的有机结合。

总的来说，项目有效是农业基础设施投资整体有效的基础，对于PPP视阈下的农业基础设施有效投资而言，考察农业基础设施PPP项目本身的有效性是其重要内容。只有在追求PPP项目个体有效的基础上才能实现农业基础设施PPP投资的整体有效。

第二节　研究的理论基础

一、农业基础设施PPP投资的公共产品理论分析

（一）公共产品理论

公共产品又称公共物品，与私人物品相对应，萨缪尔森（1954）在《公共支出的纯理论》中首次正式提出“公共产品是一个人的消费不会影响其他人消费的产品”。在此基础上，理论界不断扩充对公共产品的研究和认识，但目前广泛被接受的定义是根据产品特征加以界定，即公共产品是具有非排他性和非竞争性的产品。非排他性是指产品一旦提供出来，就不能排除不付费的人从中受益，其产生的原因要么是技术上不能排他要么是排他成本太高。非竞争性是指产品一旦提供出来，一个人消费并不会影响其他人同时消费。根据非排他性和非竞争性的程度，公共产品可以分为纯公共产品和准公共产品。准公共产品又称混合产品，具有不完全的非排他性和非竞争性，如公共资源、俱乐部产品等。

对于公共产品可以从以下方面进行理解：①虽然每个人对公共产品消费的数量一致，但评价不一定相同，取决于每个人消费的效用。而且，消费者不一定真实表达其效用水平而承担相应成本，可能产生“搭便车”问题，导致公共产品提供缺乏效率。②公共产品的分类不是绝对的，取决于市场条件和技术状况，纯公共产品和准公共产品在一定条件下可以相互转换，如航海灯塔的提供等。③公共产品不一定由公共部门提供，存在某些公共产品由私

人提供的例证，如私人捐建的图书馆、教学楼、希望工程等。到底由谁提供主要取决于工资和材料的相对成本、交易成本、偏好多样性以及公平分配。④公共产品并不一定由公共部门生产。一般认为私人部门生产效率更高，但公共产品是否由私人生产需考虑不完备契约和市场环境（哈维·S. 罗森，2009）。⑤公共产品本身及其提供均具有正外部性，其收益外溢对社会产生有利影响，如教育、公共绿地、农田水利设施等。但也正因为收益外溢，往往导致投资不足，达不到社会要求的均衡产量，需要政府补贴进行激励。

（二）农业基础设施公共产品属性与 PPP 投资

农业基础设施作为公共基础设施的重要组成部分，根据非排他性和非竞争性的有无及程度，可以分为纯公共产品性质的农业基础设施、准公共产品性质的农业基础设施和私人产品性质的农业基础设施。公共产品性质的程度越高，其外部性越强。对于纯公共产品性质的农业基础设施而言，全部由政府提供是政府职责之一。对于具有一定非排他性和非竞争性的农业基础设施而言，其公共性和外溢性越明显，政府应承担的职责越多，而市场提供的意愿越小，政府需采取一些激励措施如补贴、政策支持来促进市场主体的投资，以达到均衡供给，即经济学意义上的有效投资。

大量研究表明，由于农业基础设施的公共产品属性，其投资资金主要源于政府。但财政支农资金投入不断增长，且面临财政资金紧约束，因此引入社会资本，鼓励市场主体进入农业基础设施领域，成为工商资本下乡的重要内容。PPP 模式结合了政府公共部门和社会资本的双重优势，通过公私合作、风险分担、利益共享，开展项目投资建设，在农业基础设施领域的运用具有必要性和可行性。特别是农业基础设施的正外部性特征，为政府参与投资、给予社会资本投资补贴和其他政策支持提供了依据。

二、农业基础设施 PPP 投资的全生命周期理论分析

（一）全生命周期理论

在 1957 年《新产品管理》一书中，波兹（Booz）等首次提出全生命周期

期概念（Total Life Cycle），即项目从启动、计划、执行到结束的整个过程。项目的启动阶段主要是提出项目并进行项目可行性研究分析，确定项目是否可行。项目的计划阶段主要是制定项目方案，签订项目合同，明确项目内容安排。执行阶段主要是执行项目方案，根据具体情况对项目进行监督和控制，结束阶段主要是项目的验收与评价。

项目的全生命周期理论与一般生命周期理论既有联系又有区别，生命周期理论将事物发展视作创新期—成长期—成熟期—标准化期—衰亡期五个阶段的一个不断连续的过程，每个阶段下事物的状态都不同，各个阶段也不会存在叠加与重合。项目的全生命周期虽然也具有时间性特征，呈现出不同的阶段，但各个阶段之间会产生重叠和快速跟进的现象。在项目全生命周期的过程中，项目风险随着项目进程的推进而降低。

（二）PPP 投资全生命周期流程

和传统项目的全生命周期不同，PPP 投资的全生命周期增加两个环节，一是识别项目是否适合采用 PPP 模式以及地方政府财政能否承受，二是项目合作期满，明确项目移交的责任和进行整体绩效评价。PPP 投资全生命周期包括识别、准备、采购、执行和移交五个阶段。从财政部 PPP 中心入库项目公布的数据来看，在进行行业分析和项目识别，通过物有所值和财政承受能力论证的基础上，PPP 项目即进入准备阶段，然后采购、执行，最后移交。PPP 投资每个阶段的工作内容和重点不一，具体操作流程如图 2-6 所示。

（三）农业基础设施 PPP 投资的全生命周期

全生命周期理论强调运行时间脉络，根据投资具体情况将全生命周期划分成若干个阶段，参照 PPP 项目流程，农业基础设施 PPP 投资全生命周期包括项目识别、准备、采购、执行、移交五个阶段，各个阶段的顺利运行是整个 PPP 项目成功的重要支撑和保证。因此，有效性评价应根据农业基础设施 PPP 投资各个阶段的实际运行情况进行动态跟踪。因为项目投资运行环境如宏观经济环境、政治环境、社会环境、技术环境等贯穿于整个 PPP

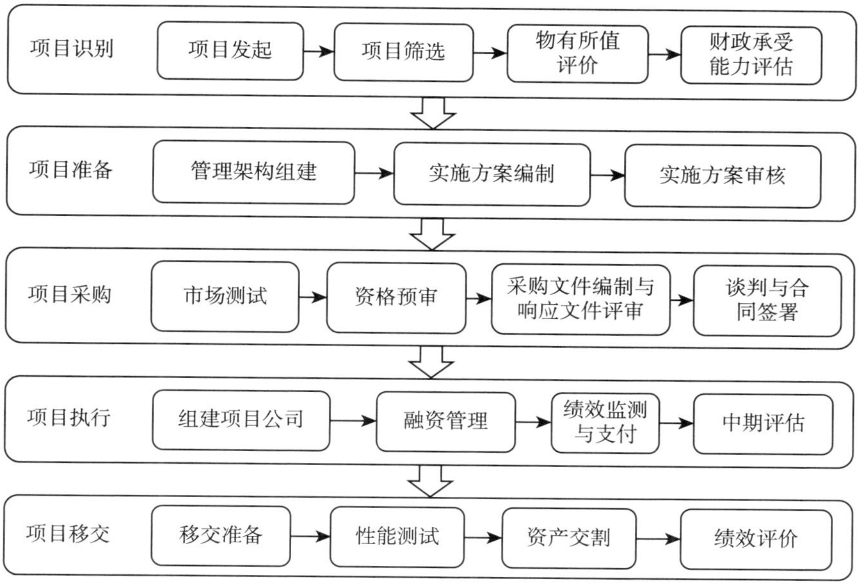

图 2－6　PPP 投资全生命周期操作流程

项目投资运行过程中，特别是在项目识别前期，对其进行行业分析特别重要，是后续评价项目投入、运行、产出、效果的基础。因此，本书基于全生命周期理论，从项目环境、项目投入、项目运行、项目产出、项目效果出发，构建有效投资评价的指标体系（图 2－7）。

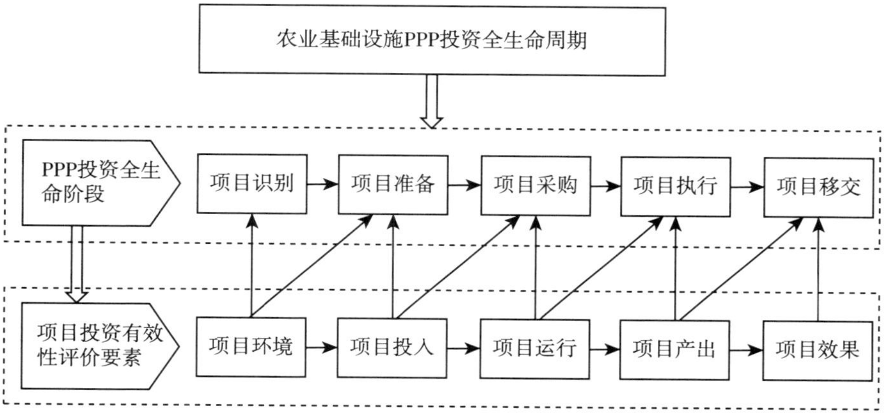

图 2－7　全生命周期视角下农业基础设施 PPP 有效投资评价

三、农业基础设施 PPP 投资的利益相关者理论分析

（一）利益相关者理论

利益相关者理论由美国学者弗里曼（1984）正式提出，他认为利益相关者是“能够影响一个组织目标的实现，或者受一个组织实现其目标过程影响的所有个体和群体”。股东、企业雇员、债权持有人、政府以及社会团体等都被认为是对企业发展有重要作用的相关方，影响企业目标的实现，即利益相关者。利益相关者首先是从企业管理的角度提出来的，其作为企业外部环境的主要构成因素，与企业的发展荣辱与共。企业的发展离不开所有利益相关者的投入与参与，同时企业追求的目标需考虑所有利益相关者的整体利益。

根据不同的分类标准，国内外专家学者从不同的角度对利益相关者进行了分类，其中代表性的分类如表 2－5。

表 2－5　利益相关者的分类

分类标准	类型	提出者
根据利益相关者所拥有的资源	所有权利益相关者、经济依赖型利益相关者	Freeman（1984）
根据利益相关者对企业产生影响的方式	直接利益相关者、间接利益相关者	Frederick（1988）
根据相关群体是否与企业存在合同关系	契约型利益相关者、公众型利益相关者	Charkham（1992）
根据合法性、权利性以及紧迫性三个特征	确定型利益相关者、预期型利益相关者、潜在型利益相关者	Mitchell 和 Wood（1997）
根据利益相关者的主动性、重要性和紧急性	核心利益相关者、蛰伏利益相关者和边缘利益相关者	陈宏辉（2003）
根据参与及影响程度	核心利益相关者、一般利益相关者和边缘利益相关者	陈菲（2008）
根据 PPP 项目建设的全过程	核心型利益相关者、战略型利益相关者、外围型利益相关者	程曦等（2014）

随着利益相关者理论的发展，近年来其在各个领域得到广泛应用。除了企业之外，政府公共部门、社会团体、家庭乃至项目主体都存在利益相关者。上述不同的主体具有不同的利益相关者，且不同阶段、不同时期利益相关者的类别和地位存在差异。

（二）PPP 投资利益相关者关系

对于 PPP 投资而言，由于其合作方多，涉及众多不同利益相关者。广义上讲，PPP 投资的利益相关者包括在项目建设和后期运营中的参与者以及在 PPP 项目完成建设之后受到影响和享受相关服务的各方（徐一元，2018）。并且一般情况下 PPP 项目是公共工程，会对公共利益产生重要影响，具有体量较大、影响范围较广的特点。乐云等（2016）从 PPP 项目阶段、任务、角色定位等角度出发，将 PPP 投资的利益相关方分为政府、社会资本、项目公司等核心利益相关方和用户、社区、金融机构、环保部门等一般利益相关方。

在不同阶段，PPP 投资各利益相关者之间存在着错综复杂的关系。在项目立项与招标阶段，关系围绕着政府公共部门与私人投资者，例如私人投资者、金融机构、设计公司、咨询公司等都会与政府部门发生联系，而私人投资者与咨询公司、金融机构、设计公司等也联系密切（图 2 - 8）。

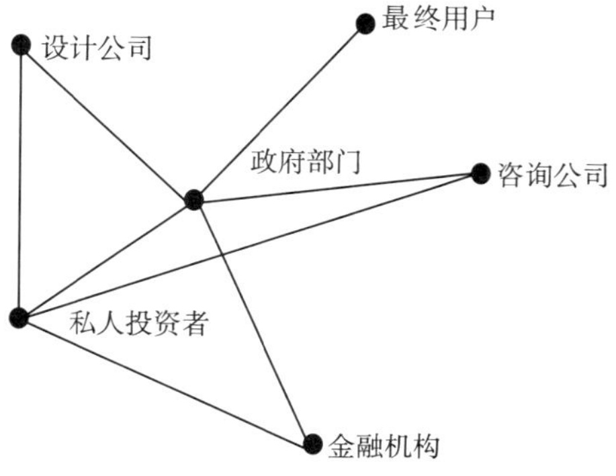

图 2 - 8　立项与招标阶段的利益相关者关系

建设阶段的利益相关者则更多，关系更复杂，关系围绕着 PPP 项目公司。

PPP项目公司与政府部门、私人投资者、供应商、保险公司、项目所在社区等发生关系，他们之间又存在着各种各样或紧密或松散的联系（图2-9）。

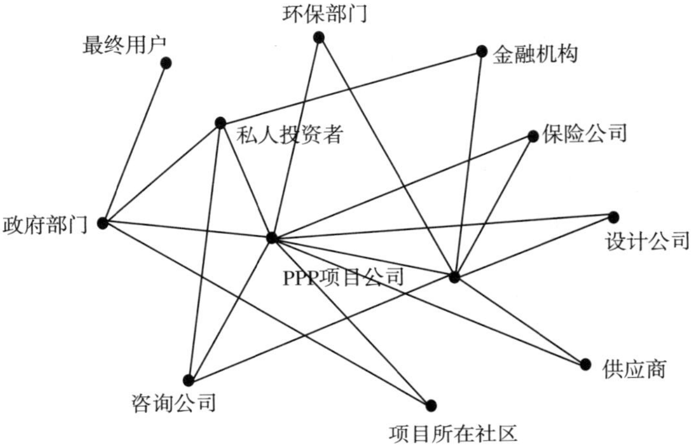

图2-9　建设阶段的利益相关者关系

在运营与移交阶段，主要关系网络也是围绕着PPP项目公司。政府部门、私人投资者与咨询公司或者金融机构之间很容易形成三角关系，同时政府部门、PPP项目公司与最终用户或者咨询公司、项目所在社区、私人投资者之间容易形成三角关系。此外，PPP项目公司与环保部门、保险公司、金融机构等关系较单一，发生直接业务联系（图2-10）。

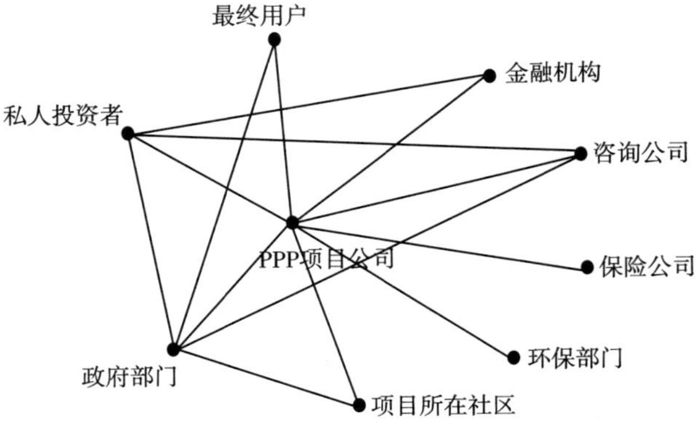

图2-10　运营与移交阶段的利益相关者关系

（三）农业基础设施 PPP 投资的利益相关者关系及其互动

对于农业基础设施 PPP 投资而言，其利益相关者兼具农业基础设施和 PPP 模式的双重特点。结合陈宏辉（2003）、陈菲（2008）、程曦等（2014）的分类，本书将农业基础设施 PPP 投资的利益相关者分为核心利益相关者、一般利益相关者和边缘利益相关者。其中，核心利益相关者包括地方政府、企业、农村社区和农户，他们与农业基础设施 PPP 投资的关系最为密切。农业基础设施 PPP 项目与地方政府之间存在特许经营、财政弥补等关系，与企业之间存在投资、收益关系，与农户之间存在资金、服务的双向互动关系，与农村社区之间存在建设管理的关系。一般利益相关者包括中央政府、政策性和商业性金融机构，它们与农业基础设施 PPP 项目的关系稍简单，因为农业基础设施一般为地方项目，由地方政府负责事前分析决策、招投标，中央政府主要负责宏观指导和调控，不参与具体事物的对接。因此，中央政府相较地方政府而言，为一般利益相关者。商业性金融机构主要负责项目公司的融资服务，提供贷款；政策性金融机构如农业发展银行、国家开发银行，为农业基础设施项目如大型水库建设提供政策性金融支持。边缘利益相关者包括社会公众、媒体，他们与农业基础设施 PPP 项目存在直接或间接的关系，例如，社会公众可能是农业基础设施项目的间接受益者和监督者，媒体对农业基础设施项目也有着监督和宣传作用。其具体关系及互动如图 2 - 11 所示。

四、农业基础设施 PPP 投资的战略联盟理论分析

（一）战略联盟理论

战略联盟的概念最早由美国数字设备公司（DEC 公司）总裁简・霍普兰德（J. Hopland）和管理学家罗杰・奈格尔（R. Nigel）提出，指由两个或两个以上有着共同战略利益的组织为了实现各自战略性目的而达成的一种优势互补或优势相长、风险共担的短期或长期合作关系。联盟伙伴为了明确的战略意图和目标采取一致或协同的行动，保持着既合作又竞争的关系。

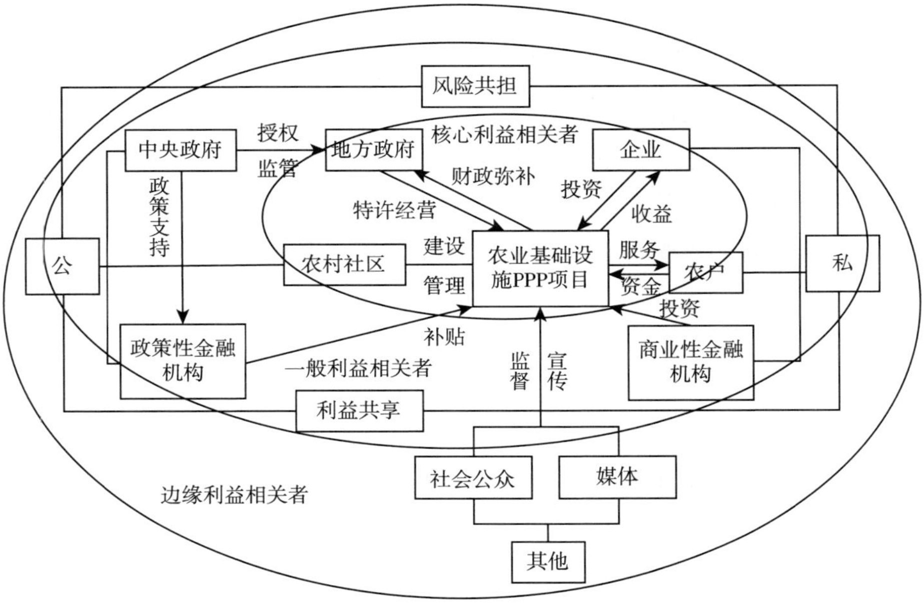

图 2-11 农业基础设施 PPP 项目利益相关者及其互动关系

自 20 世纪 80 年代以来，随着全球经济一体化和竞争多样化的快速发展，各领域的战略联盟发展也日益迅速，如稳泰尔（Wentel）联盟，苹果公司与美国电话电报公司（AT&T）之间的联盟，较好实现了收益。战略联盟形成的直接动因首先是提高企业竞争力，双方企业联合形成更强的竞争优势，其次是获得规模经济，通过形成联盟扩大规模，降低平均成本。同时战略联盟使合作的双方能够共同分担成本和风险，这与 PPP 模式的风险共担特征具有一致性。此外，战略联盟可使企业以低成本进入新市场，克服“大企业病”等。战略联盟相对于其他联合体而言，双方关系较为松散且边界模糊，没有明确的边界划分，因此具有机动灵活、动作高效等特征。战略联盟的形式包括合资、研发协议、特许经营、相互持股等方式。实行战略联盟有利于实现企业战略目标、提升企业核心竞争力、实现战略多样性、促进研究和开发、防止过度竞争等。成功的战略联盟有助于实现双方的共同目标，达到互利共赢目的，其成功的关键取决于四个重要方面：首先，根据各自比较优势订立联盟策略；其次，根据本身实际选择适合自身的对象；再次，联盟伙伴一起商议建立权利与义务对等的联盟结构以及协商管理制度；最后，从善始善终的立场出发订立终止联盟计划。

（二）农业基础设施 PPP 投资的战略联盟

PPP 模式作为一种新型融资模式，政府和社会资本双方类似于战略联盟，意味着政府公共部门和社会资本等私人部门存在着合作关系，共担风险、共享收益、相互协调、相互合作。PPP 项目战略联盟涉及稳定性、目标一致性、公平性、信息交流和信任五个维度，公私双方之间良好的联盟关系是 PPP 模式成功的关键。其中合适的联盟程度和水平对 PPP 项目绩效产生正向影响，联盟程度过高反而会带来负面影响。

在农业基础设施投资过程中，如果要形成战略联盟，必须满足：①多元化投融资主体联盟的效益大于各主体单独行动所获得的效益总和；②各主体合作所获得的效益大于它们不合作所获得的效益。也就是说，双方合作总体效益大于单独效益的加总，各自合作的效益大于不合作的效益。农业基础设施 PPP 项目建设过程中各投资主体形成战略联盟有利于提高效率，增加有效投资。

帕累托有效协同原则上要求各方利益均衡、公平分配，以保持合作的稳定性和可持续性。从合作动机而言，政府追求的是社会福利最大化，在社会效益和生态效益的基础上，兼顾经济效益，经济效益只是收益的一方面，甚至就纯公益性的农业基础设施而言，政府追求的是社会效益和生态效益。社会资本即私人投资者追求的是自身利益最大化，以利润率作为最重要的决策依据，在此基础上，考虑社会责任感带来的社会效益和生态效益。而农业基础设施投资战略联盟以合作联盟整体利益的最大化为目的，综合考虑经济效益、社会效益、生态效益以及公平性的有机结合。通过合作，形成战略联盟，增加努力系数，实现项目多元投资主体战略目标。

五、农业基础设施 PPP 投资的协同治理理论分析

（一）协同治理理论

协同治理理论是自然科学中的协同论与社会科学中的治理理论两门学科

的有机融合，对于治理效果的提高以及社会多元化协同发展极具参考意义。协同（Collaboration）体现一种价值理念，强调多元主体间协调沟通和责任分担（Keating，Keating，2013），其核心在于各个主体间的互动关系。多个参与者通过共同行动、互动及合作实现竞合共生，从而增强系统的结构性、功能性、稳定性，实现共同目标。治理（Governance）原意为控制、引导和操纵，体现行为选择和合作主义理论逻辑，强调在平等、互动、协商、规范等基础之上，以资源共享、风险共担、协商共治为理念，实现治理的多主体化与权威的多中心化。治理过程的基础不是控制，而是协调、互动与合作。

治理理论体系主要有政府管理、公民社会、合作网络三种研究途径，其分析对象、关系特征、政策手段等均存在差异。政府管理途径从政府与市场的关系角度分析运用市场机制的手段，执行政府决策。而公民社会途径认为治理是公民社会的自组织网络。合作网络这一途径整合了上述两种途径，认为私人部门、第三部门以及各种社会运动在公共事务的管理上联结起来采取集体行动，相互依存，相互合作（表2-6）。

表2-6 治理理论研究的三种途径

	政府管理途径	公民社会途径	合作网络途径
分析对象	政府与市场的关系	公民社会（第三部门）与国家的关系	多中心的公共行动体系
关系特征	掌舵与划桨	自治与认同	相互依存
行为假设	理性的、自利的	利他的、人道主义的	具有反思理性的“复杂人”
政策手段	私有化；工商业的管理手段	授权社团和公民；自我管理和自我服务	构建公共服务供给的合作网络
政策特征	运用市场机制执行政府的决策	通过公共讨论发展自己的政策	通过信息、资源和目标的互动共同规划执行政策，共同学习

协同治理可以分为不同的类型，参照田培杰（2013）的分类，本书从决策权、利益冲突和协同目标三个维度将协同治理分为公共协商平台、纠纷解

决机制和问题解决机制三个类型（表 2－7）。

表 2－7　协同治理的类型

	非公协同方的决策权	非公协同方之间的利益冲突	协同目标
公共协商平台	弱	可弱、可强	为取得共识打基础
纠纷解决机制	较高	强	以取得共识为主
问题解决机制	较高	弱	共识＋执行

协同治理理论将协同的理念加入治理理论中，更加强调协同对治理的作用，从而实现“1＋1＞2”的效果。协同治理理论具有治理主体的多元化、各子系统的协同性、规则制定的共同性等特点。各种不同性质的主体如政府组织、非政府组织（NGO）、企业、家庭、个人等都可以参与到治理中来。协同治理是集体行为，在协同治理过程中，各主体之间自愿、平等与协作。要取得良好的治理效果，信任与合作是基础。随着市场经济的发展与完善，信任与合作越来越重要，越来越受到重视，这有助于治理效果的改善和社会协同发展。

（二）农业基础设施 PPP 投资的协同治理

PPP 模式的本质是政府与社会资本合作，形成公私合作伙伴关系。政府公共部门与社会资本方通过签署特许协议，协同合作完成 PPP 项目，不仅发挥了政府公共部门决策连贯性、计划长远性、政策权威性等优点，还可以吸引作为市场主体的社会资本方弥补财政资金短缺的不足，以及利用社会资本先进的技术、项目管理方面的优势，提高项目运营质量和效率，实现合作双方的共赢。

协同治理理论为农业基础设施 PPP 模式的发展提供了更好的依据和发展方向。作为 PPP 模式的最重要参与者和核心利益相关者，政府部门和市场主体在农业基础设施项目建设、运营、维护、管理过程中，相互协同，合作共赢。社会公众（农户）作为主要的受益者在其中可以起到监督和辅助作用（图 2－12）。

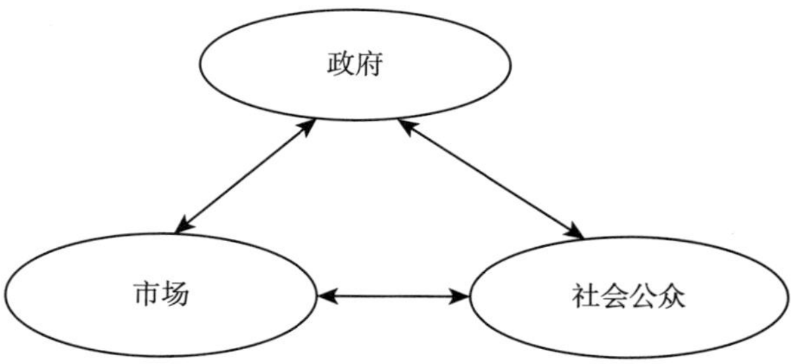

图2-12　政府、市场、社会公众关系图

第三节　本章小结

本章首先对本书研究对象农业基础设施、PPP模式以及PPP视阈下的农业基础设施有效投资的内涵和外延进行界定。本书所研究的农业基础设施是狭义角度的经济基础设施，即物质性的农业基础设施，作为农业发展的先行资本，它是发展现代农业、兴农强农富农的前提和保障。PPP模式作为政府和社会资本合作的模式，具有伙伴关系、利益共享、风险分担三个基本特征。对于PPP视阈下的农业基础设施有效投资，在宏观层面，类似于经济学意义上的投资效率，是指农业基础设施PPP投资能够促进农业经济发展，农民收入提高，社会福利增加，充分考虑经济效益、社会效益、生态效益三者的有机结合，实现帕累托最优。在微观层面，是指农业基础设施PPP项目有效，通过PPP模式实现投资绩效目标，即实现经济性、效率性、效果性、公平性的和谐统一。在追求PPP项目个体有效基础上实现农业基础设施PPP投资的整体有效，是农业基础设施PPP有效投资的应有之意。最后，本章从公共产品理论、全生命周期理论、利益相关者理论、战略联盟理论、协同治理理论五个方面论述了PPP视阈下农业基础设施有效投资机制研究的相关理论依据。

第三章　PPP模式增加农业基础设施有效投资的机制分析

在国家大力实施农业供给侧结构性改革，推进政府和社会资本合作的战略背景下，农业基础设施作为农业发展的先行资本和农业现代化进程的助推器迎来了新的发展契机。PPP模式在农业基础设施领域的运用不仅有利于破解农业基础设施投融资难题，拓宽资金来源，而且为保障国家粮食安全、促进农民增收和实现农业现代化提供了动力。PPP模式增加农业基础设施有效投资，一方面体现在农业基础设施投资本身能够促进农业经济增长、农民增收；另一方面，PPP模式的运用可以提升农业基础设施投资质量和效益，改善社会福利，优化生态环境。两者相辅相成，相互促进，协同增加农业基础设施有效投资。

第一节　农业基础设施投资增效的机制分析

大量的理论和实证研究表明，农业基础设施投资能够促进农业经济增长、增加农民收入，并带来一定的社会效应和生态效应（吴清华等，2015；曾福生，李飞，2015；Zhang，Fan，2004）。从经济效应而言，一方面，农业基础设施投资推动农业经济增长，通过重新配置生产要素，促进农业技术交流与进步，对农业产出产生影响。另一方面，农业基础设施投资促进农民收入的提高，农业基础设施的发展和现代化在直接增加农民收入的同时，有利于富余劳动力转移就业，获得非农就业收入，进而增加农民收入。总体上，农业经济增长也有利于农民增加收入，促进增收减贫。下面将侧重从农业基础设施投资有利于增收减贫的角度分析农业基础设施投资效应。

农业基础设施作为一种先行资本，在农业农村经济发展中发挥着“四两拨千斤”的作用，有利于促进农业经济增长和农民收入提高。一方面，农业基础设施通过乘数效应和成本效应等促进农业经济增长，在提高要素报酬的同时，提高农户的劳动参与率，加上政府对农户的转移支付，共同促进农民收入提高。另一方面，各种农业基础设施如农田水利基础设施、农业能源基础设施、农业交通基础设施等，有利于提高劳动生产率，从而促进农户收入增加，走向富裕（图 3 - 1）。

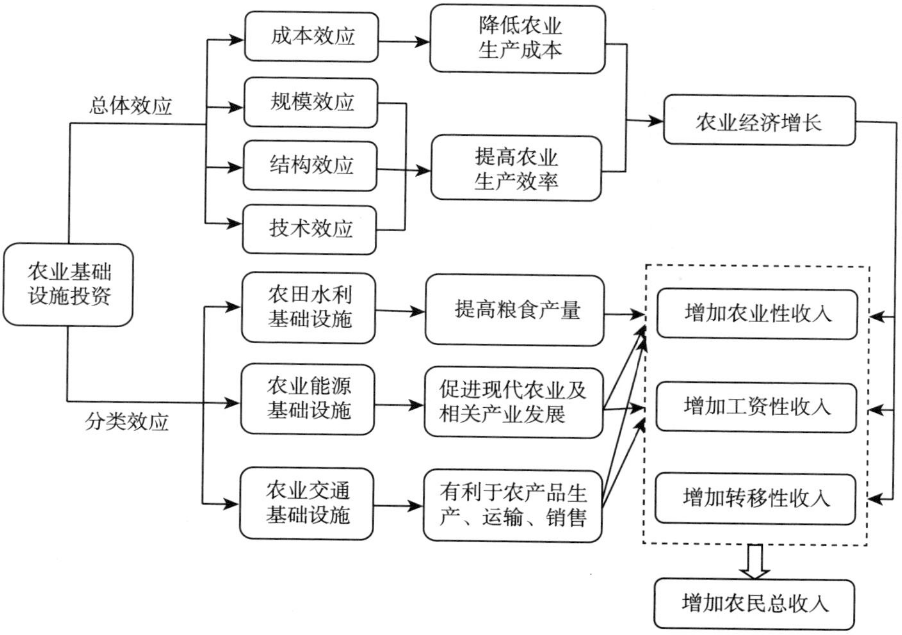

图 3 - 1　农业基础设施投资增效机制

一、农业基础设施投资增收总体效应

（一）农业基础设施投资与农业经济增长

从总体上看，农业基础设施投资促进农业经济增长，主要体现在四大效应（图 3 - 1）。

1. 成本效应

现代农业基础设施投资建设，有利于降低农产品生产成本、运输成本、销售成本等。例如，农产品冷链运输、仓储设施等现代物流体系的建设，有利于降低农产品运输成本和销售成本。高标准农田、高效节水灌溉设施有利于节约生产成本，绿色农业基础设施在降低农业生产成本的同时有利于提高农产品的质量，增加销售收入。

2. 规模效应

现代农业基础设施的投资建设有利于整合现代农业生产要素，构建现代农业产业体系，进行规模化、集约化生产。例如，现代农业示范园区、一二三产业融合示范区以及农业特色小镇的建设等。

3. 结构效应

一方面，现代农业基础设施的投资建设有助于调整农业结构，促进农业转型升级。例如，先进农业机械设备的使用在节约大量人力资本的同时，会推动适合农业机械使用的规模化种植。另一方面，不同的农业基础设施类型会对农业经济增长产生不同的影响。但总体上而言，农田水利等灌溉基础设施、农村公路等交通运输设施、电力等农业能源基础设施都会对农业经济增长产生影响，只是其程度不同而已。

4. 技术效应

农业基础设施投资如农业科技基础设施建设、农业科技示范园区建设、智慧农业工程等有利于促进农业技术进步，不仅能提高劳动生产率还能提高粮食产量和产值，获得更高的经济回报（Zhang，Fan，2004）。

（二）农业经济增长与农民收入增加

农业经济增长促进农民增收体现在三个方面。一是农业经济增长会使得农业经营主体的务农收入增加，直接增加涉农收入。二是农业经济增长会加快农村富余劳动力的转移，提高其工资性收入。三是农业经济增长有助于国家财政收入增加，可支配财力的增长使得政府涉农投资支出和转移性支出有望进一步增加，并用于“三农”投资，从而增加农民生产性收入和转移性收入。

二、农业基础设施投资增收分类效应

不同类型的农业基础设施对农民收入存在不同影响。下面阐述最传统也最具有代表性的三类农业基础设施（农田水利基础设施、农业能源基础设施、农业交通基础设施）与农民增收的关系（图3-1）。

（一）农田水利基础设施

农田水利基础设施是农业发展的基础，更是粮食安全的重要保障。农田水利基础设施建设关系到我国农业的可持续发展和粮食综合生产能力的提高（朱晶，晋乐，2016；Teruel，Kuroda，2005）。农田水利基础设施可以有效增强抗旱能力，其粮食增产效应相对于其他农业基础设施而言较为明显（蔡保忠，曾福生，2018）。农田水利基础设施不仅有利于防范自然风险特别是洪涝、干旱，降低自然灾害成灾率，同时有利于高效节水灌溉，提高水资源利用效率，提升农业综合生产能力，促进农作物增产、农民增收。

（二）农业能源基础设施

农业能源基础设施如农业电力设施、农村沼气设施等，在为农民生产、生活提供便利能源的同时，还为农业生产、粮食增产提供新动力。农业电力基础设施是其他农业基础设施发挥作用的“先行资本”，是基础设施中的基础（周绍杰等，2016）。随着科学技术的发展和先进农业机械的广泛运用，电力会逐步取代人力、畜力和热力成为农业第一动力（Zhang，Fan，2004），推动现代农业快速发展，提高农业生产效率，扩宽农民收入来源。此外，农村电网升级改造带动乡村旅游、仓储物流、休闲农业等新兴产业的发展，增加农民经营性收入和提供部分非农就业机会，提高了农民收入。

（三）农业交通基础设施

农业交通基础设施如农村公路、桥梁、码头等，作为重要的民生工程，关系着农业交通运输、农村劳动力及农产品的流动。李涵等（2020）的实证研究表明，公路基础设施通过提高农业机械化水平、促进劳动力非农转移和提升市场准入水平，促使县域农业劳动生产率每年提高约6%。一方面，完善的农业交通设施如乡道、村道甚至田间道路的修缮有利于农业生产、经营，便于农业机械化生产设备的操作、农产品运输和交易，提高农业生产效率，降低农业生产经营成本，提高农民经营性收入水平。另一方面，农村公路基础设施的不断完善，为农村人口进城务工提供便利的交通条件，增加农民非农就业收入，也可以带动周边产业发展，促进农村富余劳动力就地安置和转移，增加其工资性收入。

第二节　农业基础设施PPP投资增效的机制分析

一、农业基础设施PPP投资增效的内在逻辑

鉴于农业基础设施PPP项目的多元主体参与特征及其复杂的利益相关性，明晰它们之间的关系，了解其行为动机及其行为逻辑便具有十分重要的意义。陈婉玲和胡莹莹（2020）从主体逐利方向、契约关系类型、主体与目的的关联度等三个方面分析政府与社会资本的利益关系，包括竞争与合作关系、契约关系与非契约关系、核心利益关系。公权力与私权利的博弈容易导致竞合关系破裂，PPP契约的长期性、不完全性以及非契约的隐蔽性易导致互补关系异化为互斥，PPP项目资源的专用性以及公私部门的差异性利益诉求也易导致共生关系异化为疏离。因此，只有政府与社会资本的竞合关系、契约关系及其核心利益关系等合作关系不断优化，才能促使项目投资更有效。下面从理论视角来分析公私双方如何通过政府与社会资本合作提高农业基础设施项目投资的有效性。

（一）双重失灵下的农业基础设施投资

1. 农业基础设施投资中的政府有效性及其失灵

根据公共产品理论，公益性农业基础设施，如大江大河治理、跨区域大型农田水利基础设施、农业交通运输设施、农业基础科研及农业技术研发推

广系统等，应由政府负责投资，由政府发挥主导作用。这不仅是因为提供纯公共产品是政府的职责和义务，可以解决外部性导致的供给不足问题，而且我国目前已进入以工补农、乡村振兴的重要阶段，在财政资金充足的情况下，国家有能力按照边际社会成本等于边际收益的原则决定社会有效产量进行投资建设，满足现代农业发展的需要。

对于准经营性农业基础设施，如农产品批发市场、高标准农业示范园区等现代农业基础设施而言，一方面其所需投资额大，社会资本面临资金难题，另一方面其具有一定的外部性，这不仅为政府一定程度的介入提供了必要性与可行性，也为政府与社会资本合作提供了依据。政府部分提供准经营性农业基础设施是一种有效选择。如果全部依靠政府投资准经营性农业基础设施，在地方财政薄弱、投资能力不足的情况下，将导致供给不足或滞后，从而降低效率，阻碍农业现代化的进程。

对于经营性农业基础设施，如温室大棚、农业机械、小型节水设备、小型农田灌溉设施而言，由于其具有排他性和竞争性，由政府提供往往存在“失灵”和效率低下风险。因为信息不对称，所以政府不能完全掌握经营性农业基础设施的需求。政府对传统农户、家庭农场、农业产业化龙头企业等农业经营主体的需求了解不充分，容易造成投资不足。

图 3-2 中，AB 表示经营性农业基础设施的需求曲线，Q 代表供给数量，P 代表供给价格，根据边际成本等于边际收益即 $MC=MR$ 的原则，政府提供农业基础设施的均衡数量是 Q_1，私人提供的均衡数量是 Q_2。信息不对称，导致政府提供的边际社会成本大于边际私人成本，即 $MSC>MPC$，$Q_1<Q_2$，从而导致供给数量不足，存在 Q_2-Q_1 的缺口。因此政府在投资经营性农业基础设施时是缺乏效率的，存在政府失灵。

2. 农业基础设施投资中的市场有效性及其失灵

如前所述，政府在提供公益性农业基础设施方面能够发挥有效作用，而在提供经营性农业基础设施和准经营性农业基础设施方面存在失灵。对于社会资本而言，从理论上讲，由于经营性农业基础设施投资成本与收益边界清晰，其投资成本可通过经营、管理、服务收益进行弥补，根据 $MC=MR$ 的利润最大化原则，可以取得均衡数量，从而保障农业基础设施的有效供给。

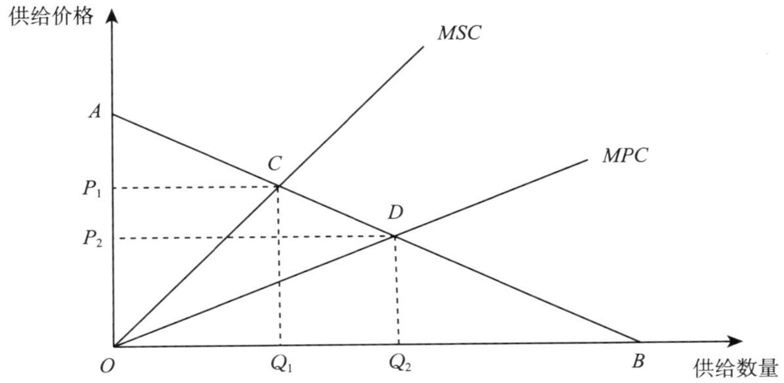

图 3-2　经营性农业基础设施政府投资失灵

对于虽然具有一定正外部性但经济效益非常明显的准经营性农业基础设施如农业田园综合体、大中型水利工程而言，市场机制也具有一定效率，社会资本可以通过收费的方式，或者政府可通过给予可行性缺口补助等形式弥补外部性从而收回成本，实现有效投资数量。

对于具有公益性的农业基础设施而言，它们有着较严格的非竞争性和非排他性。非竞争性意味着所有消费者支付的价格总和就是农业基础设施所获得的总价格，增加消费不会增加农业基础设施的成本；非排他性意味着消费者或农民都愿意“搭便车”而不愿意提供农业基础设施从而导致其供给不足。如图 3-3，公益性农业基础设施的边际私人成本（*MPC*）往往大于边际社会成本（*MSC*），根据 $MC=MR$ 的原则，社会需求的均衡数量是 Q_4，而私人愿意提供的最大化产量是 Q_3，从而存在供给缺口（Q_4-Q_3）。由此可见，市场机制即社会资本在投资公益性农业基础设施方面是缺乏效率的。对于部分经营效益不明显的准经营性农业基础设施项目而言，由于其投资额大，收益低，回收期太长，所以在缺乏政府有效政策和资金激励的情况下，私人的投资意愿低，也会存在私人投资不足，出现市场失灵。

（二）农业基础设施 PPP 模式：政府与市场机制的耦合

1. 农业基础设施投资中政府与市场的功能定位

党的十八届三中全会提出“让市场在资源配置中起决定性作用”。农业

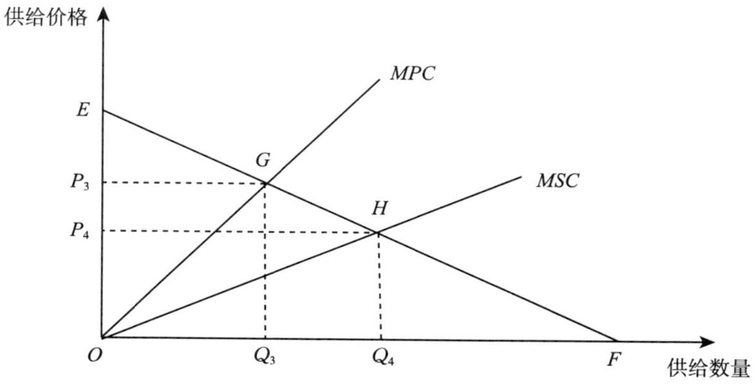

图 3-3　公益性农业基础设施市场投资失灵

基础设施 PPP 模式中的市场主体主要指企业，其功能定位为经营性农业基础设施投资的主导者，准经营性农业基础设施投资的积极参与者。市场机制是提高经营性农业基础设施投资效率的根本保证，农业机械设备购置、小型农田灌溉系统建设等产权清晰、收益明显的项目可完全由市场运作。对于中小型水利基础设施等投资规模较小，经济效益显著的项目，可以通过设计合理的收费机制，科学规划，合理投资，提高市场主体投资回报率，通过加强现代农业基础设施经营管理，保障投资者取得社会平均利润，从而满足现代农业生产经营可持续发展的现实需要。

PPP 模式中的公共部门主要指政府，包括中央政府和地方政府。在农业基础设施投资过程中，政府的功能定位为公益性和部分准经营性农业基础设施投资的主导者，部分准经营性和经营性农业基础设施投资的积极诱导者。例如，地方政府在高标准农田建设、农业园区规划、农业技术研发等方面加大财政投入，增加有效供给，也为经营性农业基础设施提供公共基础条件。此外，对于大中型农业机械、农田灌溉设施、农业物流等投入成本相对较高、专用性强的准经营性基础设施，政府可采取财政补贴、财政贴息、税收优惠等方式诱导社会资本投资，激发市场主体的积极性（表 3-1）。

表 3-1　政府、市场两大投资主体比较

主体	优点	不足	具体应用
政府	权威性、全面性、稳定性	对农业基础设施的投资效率较低；对实际情况了解不足容易导致政策失灵	对农业基础设施进行直接投资；制定相关政策吸引投资；运用推广农业基础设施
市场	相对独立性、高效性	对农业基础设施投资的动力不足；投资过程中容易产生信息不对称；若能力不足则不利于农业基础设施的可持续发展	采取承包、租赁、拍卖等形式进行农业基础设施投资；采取合作经济、股份经济、股份合作经济等形式参与投资

2. 农业基础设施 PPP 模式中政府与市场机制的耦合

在农业基础设施投资中，一方面政府效率的有限性凸显了市场机制的重要性，而市场失灵的存在也需要政府积极介入。PPP 模式通过公共部门与私人部门即社会资本的合作，形成公私合作伙伴关系，发挥政府和社会资本双方的优势——公共部门拥有关键的法律、制度和道德资产，私人部门带来资本、技术和激励结构——解决农业基础设施投资政府失灵和市场失灵的双重困境。政府与市场机制耦合，形成公私合作伙伴关系，典型模式可以分为以下三种。一是政府与社会资本共同出资，政府出资的份额以及时间可以依据农业基础设施的性质而定。这种模式适用于投资规模大，社会资本资金有限的准经营性农业基础设施项目，如中小型水利工程、智慧农业示范项目、农业合作区自产运营项目等。财政资金可以起到引领、示范作用。二是社会资本出资建设，并负责运营管理，其间，政府提供补贴或其他政策性支持，到期后交由政府管理。这种模式适用于投资规模相对较小、盈利性较好的经营性农业基础设施项目，如小型农田灌溉设施、农产品批发市场、高标准农田建设等。该模式可利用社会资本的逐利性以及经营管理的高效性提高项目运营效率。三是政府出资建设，建好后将经营权转让给社会资本，到期后收回。这种模式主要适用于投资规模相对较大，有一定盈利性但前期经济效益不明显，社会资本不愿进入的公益性农业基础设施项目，如大江大河治理、跨区域大型农田水利基础设施等。经营权转让有利于节约财政成本，并发挥社会资本的管理优势。

二、农业基础设施 PPP 投资增效分析

PPP 模式在农业基础设施投资、建设、运营、管理的全生命过程中，通过竞争效应、激励效应、协同效应，提高项目质量和效益，增加农业基础设施有效投资（图 3-4）。

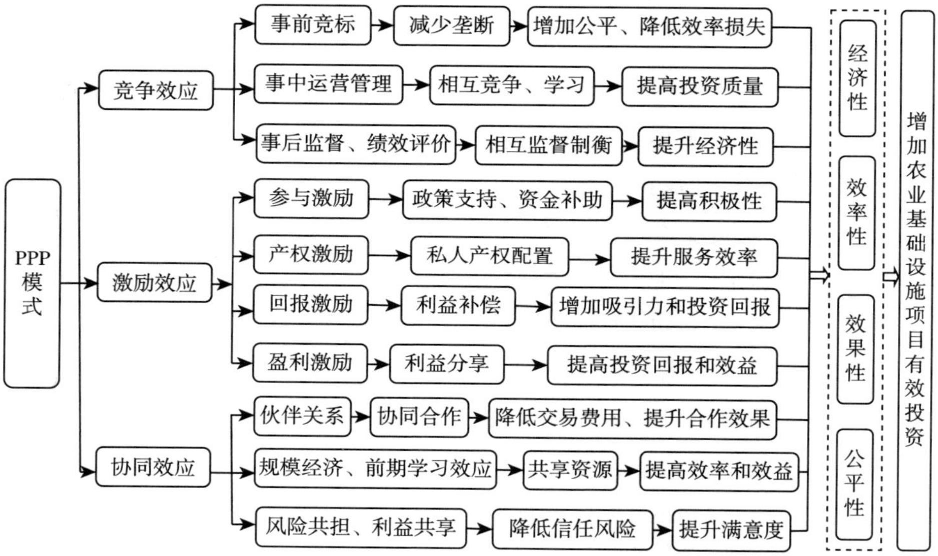

图 3-4　PPP 模式增加农业基础设施投资效应

（一）竞争效应

竞争效应贯穿农业基础设施 PPP 项目的整个过程中。PPP 实现效率提升的原因之一是政府可以通过事前竞标的市场竞争手段来获取公共产品（Chadwick，1989），并发现企业成本和真实需求信息。PPP 准备阶段的公开和采购阶段的公开竞争竞标，意味着公平性。而充分竞争的竞标机制可以减少垄断，有效控制垄断价格，降低由垄断带来的效率损失。虽然 PPP 模式各合作伙伴或者利益相关者存在的有效理性可能导致竞争标准模糊、执行不到位及竞争失灵问题（Williamson，1976），但是 PPP 蕴含的竞争效应对于提

高项目效率还是有一定效果的。对于农业基础设施投资而言，PPP模式的运用在增加事前竞争的同时，还在事中运营管理以及事后监督、绩效评价过程中，促进了不同企业经营、管理之间的竞争，提升公平性、经济性和效率性。

（二）激励效应

首先，PPP模式本身蕴含着对于社会资本参与公共产品提供的激励，如政策支持、资金补助等。一方面，根据公共产品理论，运用社会资本的市场机制在提供公共产品时比政府更具有效率，可以解决政府行为不可量化、预算软约束而缺乏提升政府生产率动力的问题。另一方面，PPP本质上是对剩余控制权和剩余索取权进行配置的一种产权机制（Hart，2003），PPP模式通过产权-投资激励即合适的产权配置提高社会资本的积极性。一般情况下，私人产权在生产效率方面更有效，而国有产权在配置效率方面更有效，PPP模式通过引入社会资本以提高服务效率或降低成本，具有强烈的投资激励效应。其次，PPP模式的回报机制特别是政府付费、可行性缺口补助为社会资本投资、运营管理提供了正向激励，对社会资本参与农业基础设施项目产生直接影响，在提升社会资本投资回报的同时，提高其参与意愿和参与程度，提升农业基础设施项目的吸引力，提高效率性。最后，PPP模式在利益共享的基础上形成一种盈利性激励，促使参与者加大经营管理和技术创新力度，提高项目质量和效率。

（三）协同效应

根据协同理论，政府与市场作为两个不同参与主体，在整个农业基础设施PPP项目建设、运营过程中，相互影响而又相互合作，为了达到各自的利益诉求和目标，并减少风险，最终会采取一种事先不一定取得过任何共识的集体行为，降低农业基础设施投资过程中的交易费用，实现“1＋1＞2”的效果。农业基础设施PPP投资实质是基于政府与市场的伙伴关系，协调好政府与市场的功能定位，发挥“政府-市场”协同作用，有效分工合作，优势互补，在加大对农业基础设施投资力度的同时，提高投资质量，实现效率提升。并且，PPP模式中凸显社会资本的规模效应和前期学习效应使社会资本以更快速度、更高效率将相关知识融入PPP项目中，也有利于政府从社会资本方获得信息资源，从而提高农业基础设施PPP项目有效投资。此外，PPP模式本身蕴含的风险共担、利益共享的特征为政府和社会资本协同合作提供了条件和动力，有利于提升利益相关方满意度，促进项目可持续发展，增强公平性和效果性。

以上分析表明PPP模式增加农业基础设施有效投资的传导机制，体现在：一方面，农业基础设施投资本身的成本效应、规模效应、结构效应、技术效应，促进农业经济增长、农民收入增加；另一方面，PPP模式具有的竞争效应、激励效应和协同效应，促进项目经济性、效率性、效果性、公平性的提高。农业基础设施投资与PPP模式两者相结合，使得两种效应相互叠加，并相互作用，促使社会资本获得适度回报，政府获得所需要的农业基础设施，促进农业经济增长、农民收入提高、社会公众满意、生态环境改善，增加农业基础设施投资有效性，最终实现经济效益、社会效益、生态效益的和谐统一，政府、社会资本、社会公众的多方共赢（图3-5）。

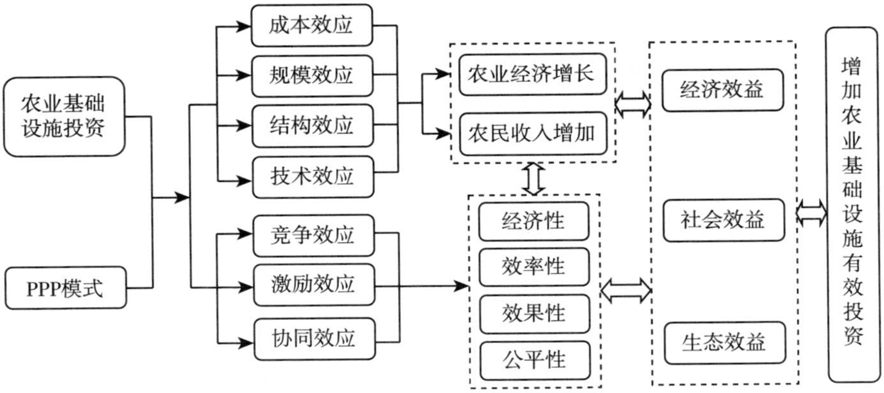

图3-5　PPP模式增加农业基础设施有效投资逻辑关系

第三节　本章小结

PPP模式增加农业基础设施有效投资，首先体现在农业基础设施本身能促进投资增收上。一方面，农业基础设施作为一种先行资本，通过成本效应、规模效应、结构效应和技术效应促进农业经济增长；另一方面，农业基础设施在农业经济增长的基础上，促进农民生产性收入、工资性收入或转移性收入增加。其次，引入 PPP 模式有利于农业基础设施提效升级。在政府与市场双重失灵的情形下，PPP 模式较好实现了政府与市场机制的耦合，通过竞争效应、激励效应、协同效应，促进项目经济性、效率性、效果性、公平性的提高。

农业基础设施与 PPP 模式相结合，使得两种效应相互叠加，并相互作用，促使社会资本获得适度回报，政府获得所需要的农业基础设施，促进农业经济增长、农民收入提高、社会公众满意、生态环境改善，增加农业基础设施投资有效性，最终实现经济效益、社会效益、生态效益的和谐统一，政府、社会资本、社会公众的多方共赢。

第四章　农业基础设施 PPP 投资实践及战略分析

习近平总书记在党的十九大报告中作出了“中国特色社会主义进入新时代”的重大政治论断，标志着我国经济、社会发展的新起点、新使命、新征程。近年来，随着社会经济的高质量发展，农业现代化快速推进，乡村振兴战略稳步实施，农业基础设施投资呈现新的特征与趋势。投融资模式多样化、投资主体多元化，为农业基础设施发展注入了新的活力。PPP 模式作为一种创新型投融资方式，21 世纪以来在各个领域得以逐渐推广和运用，在缓解融资约束，助力农业基础设施发展方面取得了较好的成效，但也面临一些困境。农业基础设施由于其领域和地域的特殊性以及公共产品性质，外部性强，收益性较低，并容易受到自然风险影响，与其他领域相比，在农业基础设施领域运用 PPP 模式存在不少挑战。近年来国家的大力支持为农业基础设施 PPP 投资提供了更多机遇。根据自身实际情况，选择合适的投资战略，有助于 PPP 模式在农业基础设施领域的运用和可持续发展，为农业基础设施有效投资奠定良好基础。

第一节　农业基础设施投资的特征与趋势

一、农业基础设施投资的特征

（一）投资规模不断扩大

受家庭承包经营的影响，我国农业发展一直强调自给自足，相较其他行业，政府部门对农业发展的投入不够，这在一定程度上影响了我国农业综合生产能力的提高。随着农业发展进入新时代，财政部门开始加大对“三农”领域建设的资金投入，财政支农支出在整个财政支出中的比重不断上升，连续 21 个关于“三农”的中央 1 号文件体现了国家对“三农”工作的重视。

2008—2019 年，国家财政用于农业的支出从 2 000 多亿元增加到 6 000 多亿元，增长 1.88 倍，年均增长 15.67%。农业综合开发支出方面，2008—2018 年增长 324 亿元，年均增长 11.71%（图 4-1）。近年来，农业农村基础设施持续改善，投资规模不断扩大，力度不断增加，2019 年我国农村公路达到 420.05 万千米，同比增长 3.4%，投资额达 4 663 亿元，同比增长 6.5%。水库、防洪排涝、水系治理等农田水利基础设施，农村道路、桥梁隧道等农业交通运输基础设施持续改善。2020 年中央 1 号文件明确指出，现代农业设施投资是农业农村投资的“先手棋”，在加快实现农业现代化中发挥关键性作用。未来将谋划实施一批现代农业投资重大项目，这将更加有利于农业基础设施的快速发展。

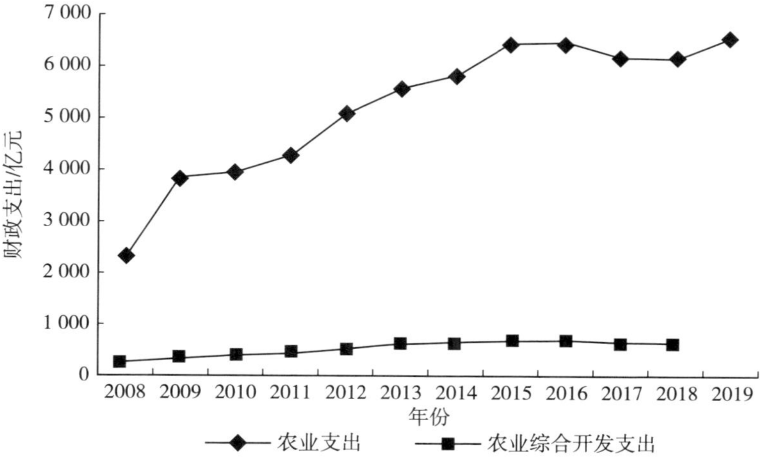

图 4-1　2008—2019 年国家财政用于农业支出和农业综合开发支出情况

数据来源：《2020 中国农村统计年鉴》。

下面简要阐述最常见的三类农业生产性基础设施。农村公路是农业交通运输基础设施的最主要组成部分，从 1989 年到 2018 年的 30 年间，农村公路里程数增长了3.31倍，特别是三、四级公路的里程数增长幅度特别大，2018年在1989年的基础上增长了4.65倍（表4-1）。2006年，农村公路里程数从2005年的160万千米增长到310.37万千米，翻了近一番，2007年之后开始相对平稳增长。这与2006年我国开始取消农业税，国家加大对农业基础设施的投资有关。

表4-1 我国1989—2018年农村公路里程数

单位：万千米

年份	三、四级公路	等级外公路	总计	年份	三、四级公路	等级外公路	总计
1989	67.54	29.84	97.38	2004	121.63	35.48	157.11
1990	69.46	28.72	98.18	2005	126.60	33.88	160.48
1991	71.35	27.65	99.00	2006	192.96	117.41	310.37
1992	72.78	26.98	99.76	2007	215.50	104.83	320.33
1993	75.31	26.13	101.44	2008	237.88	95.16	333.04
1994	78.11	25.64	103.75	2009	263.10	80.46	343.56
1995	81.42	24.63	106.05	2010	285.75	70.35	356.10
1996	83.59	23.94	107.53	2011	298.01	65.28	363.29
1997	86.65	22.89	109.54	2012	310.76	62.79	373.55
1998	92.00	20.92	112.92	2013	323.12	60.07	383.19
1999	98.74	19.50	118.24	2014	335.51	56.31	391.82
2000	112.68	18.67	131.35	2015	347.14	53.10	400.24
2001	110.93	36.20	147.13	2016	362.52	46.97	409.49
2002	113.32	38.23	151.55	2017	371.65	43.49	415.14
2003	116.72	37.11	153.83	2018	381.81	38.07	419.88

注：在我国的公路体系建设中，公路分为高速公路、一级公路、二级公路、三级公路、四级公路以及等级外公路。农村公路包括三级、四级和等级外公路。

在农业水利基础设施方面，水库、水综合治理、防洪排涝等基础设施得到了明显改善，农田有效灌溉面积呈现较大幅度增长，从1989年的4 491.72万公顷增长至2018年的6 827.16万公顷，30年间增长了51.99%。特别是2008年后增长速度加快，这与国家为了减少洪涝灾害发生，增强灌溉和排涝能力，重视农田水利建设有关（图4-2）。

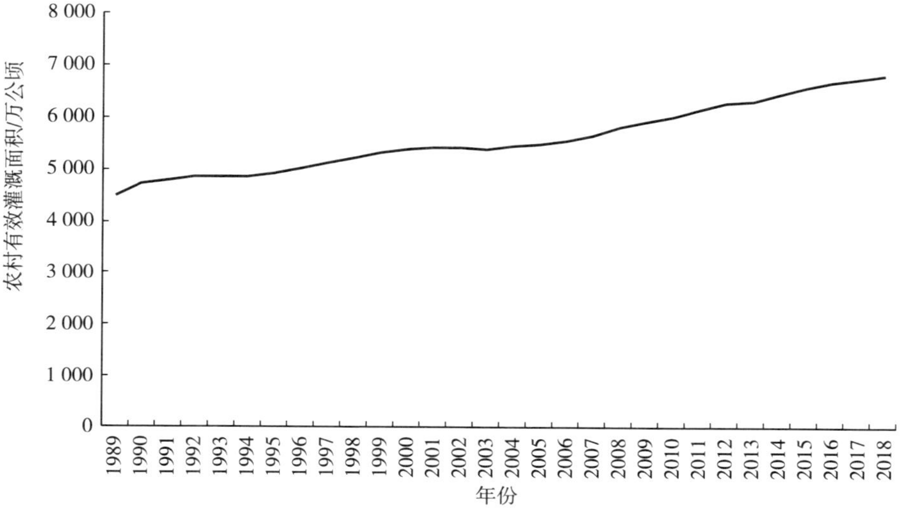

图 4－2　我国 1989—2018 年农村有效灌溉面积

在农业能源基础设施方面，农村电力基础设施如农村电网建设和改造工程解决了农村地区电力供给薄弱的问题，为改善农民生产生活条件、促进农业经济发展提供了重要的物质基础。我国农村用电量从 2000 年之后急剧增长，截至 2018 年年底达到 9 358.54 亿千瓦时（图 4－3）。

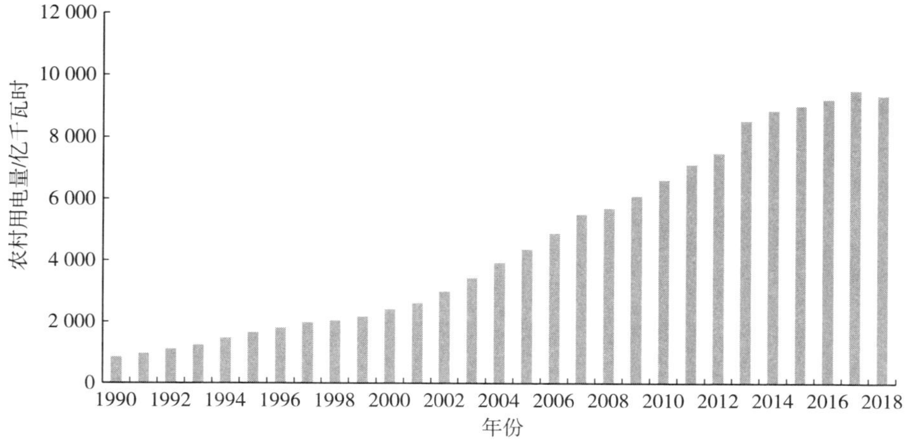

图 4－3　我国 1990—2018 年农村用电量

此外，农业机械作为农业现代化生产的必备条件，近年来投资规模也不断扩大。我国农业机械总动力从20世纪末开始，出现了快速增长，2015年达到最高值为111 728.07万千瓦，其后增速有所放缓，2018年为100 371.74万千瓦，为1989年的3.58倍，农业机械的广泛使用大大提升了农业生产效率（图4-4）。

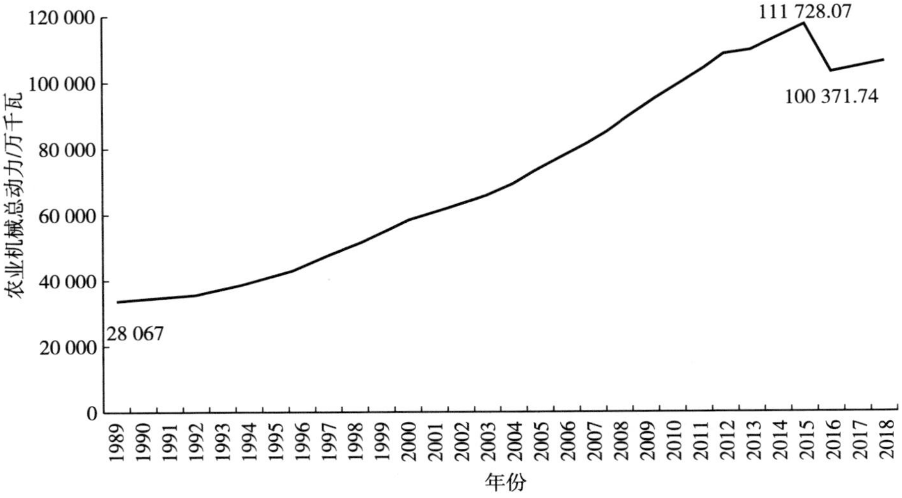

图4-4　我国1989—2018年农业机械总动力

（二）投资结构逐渐改善

随着农业现代化的加速发展和乡村振兴战略的全面推进，农业基础设施投资结构不断改善。近年来国家从农业农村的发展实际出发，从农业发展和农民需要着手建设农业基础设施。首先，加大对传统型农业基础设施的建设和改造，如水库、水渠等农田水利基础设施，“四好农村路”等农业交通运输设施，农村电网改造等农业能源设施。其次，加大对现代农业基础设施的投入，包括与现代农业密切相关的高标准农田建设、现代农业示范园区建设、农业科技园区建设以及与数字农业密切相关的农村通信基础设施建设、智慧农业示范园区建设等。最后，加大一二三产业融合的农业基础设施建设，如农产品加工和仓储设施、农产品物流基础设施、农产品电商平台等基础设施的投资和建设。加快推动我国传统农业向现代农业、智慧农业的转型，助力乡村振兴战略实施。

（三）投资模式日渐丰富

农业基础设施作为我国农业农村经济发展的重要基础和保障，由于其具有较强的公益性、正外部性，且经营性较低，绝大部分都是由政府投资，市场参与程度较低。近年来，随着市场经济的进一步发展和完善以及投融资模式的创新，农业基础设施投融资主体日渐多元，投融资模式日渐丰富。一是 PPP 模式在农业基础设施领域得到推广和运用，BOT 模式成为主要的运作方式。通过 PPP 模式，社会资本进入农业基础设施领域，市场主体的参与改变了农业基础设施融资难的局面。政府通过向社会资本购买服务、签署长期特许经营等形式，引导 PPP 项目合同的投资方案设计、利益分配和各方投资比例，拓宽了农业基础设施建设的融资渠道。二是众筹、社会捐资等投资模式在中小型农业基础设施建设中得到推广，如农村乡间道路的建设得到改善。三是社会资本的参与度提高，市场主体主动参与经营性农业基础设施投资，丰富了农业基础设施投资主体。

（四）投资管理日趋规范

随着农业基础设施的快速发展，其投资管理日趋规范、合理。以往由政府投资、建设、运营、管理的高度集中的投资管理体制逐渐被打破。政府所有、政府垄断经营的农业基础设施运营管理体制可能造成农业基础设施无法有效运营。项目建设前期由于不合理规划，农业基础设施建设中常常会出现重复投资现象，以至于资金浪费严重。项目建成后，由于缺乏后续维护与管理，很多农业基础设施年久失修，且存在各单位、各部门权责不清、越位缺位现象。随着农业现代化进程的加快，各级政府部门也开始重视农业基础设施的投资管理。政府在农业基础设施建设中进行统一规划，避免重复投资建设和资金浪费，提高政府的服务效率，对各地区实施差异化的资金分配标准，减少了项目审批程序，提高了资金的投资效率。另外随着社会资本进入农业基础设施投资领域，农业基础设施建设的资金来源得到扩宽，也培养了一批专业、高素质的基础设施项目管理人才，农业基础设施项目的投后管理更加合理，项目的运营效率也极大提高。

（五）投资效益日益显现

农业基础设施在推进农业现代化发展、促进乡村振兴方面发挥着重要作用，在农业经济增长、农民收入提高、农村社会发展等方面取得了良好的经济效益和社会效益，特别是对于粮食安全和生态环境保护等方面的社会效益明显。大量的理论和实证研究表明，农业基础设施投资对农业生产效率有显著的促进作用（Mamatzakis，2003；Teruel，Kuroda，2005；吴清华等，2015），有利于推动农业产出增长（Fan et al.，2004；王红林等，2002），但各项投资的边际影响存在地区差异（姜涛，2012；李谷成等，2015），且不同类型农业基础设施如农电设施、公路设施、农业科研、农村教育、灌溉设施等的影响不同（李宗璋，2013；蔡保忠，曾福生，2018；李涵等，2020）。此外，农业基础设施有利于降低农业生产成本（Kumbhakar et al.，2000；曾福生，李飞，2015；朱晶，晋乐，2016），促进农业生产要素的优化配置（吴清华等，2014），推动农业产业结构升级（江艳军，黄英，2018），对粮食生产具有长期稳定的促进作用（Fan et al.，1997；谢小蓉，李雪，2014）。

二、农业基础设施投资的趋势

（一）投资需求扩大化

农业现代化的快速发展和乡村振兴战略的紧密部署，对农业基础设施的数量和质量提出了更高要求。2019 年以来，特别是 2020 年受非洲猪瘟疫情和新冠疫情的影响，国际农产品贸易面临新形势，对国内农业发展提出了新挑战。现代农业设施投资项目需求增加，重大水利工程和配套设施、农业示范园区、农业基础科研和推广体系、农业信息基础设施等将成为下一阶段农业基础设施建设的重点。

此外，从我国农业发展实际情况来看，农业基础设施建设还存在相当大的空缺，供给与需求数量不匹配，主要表现在农田水利基础设施、农业信息基础设施、农产品仓储设施等方面。从第三次全国农业普查数据来看，农田水利设施特别是农业灌溉基础设施还存在相当大的需求，且东、中、西部差异明显（表 4－2）。

表 4－2　2016 年全国农田水利设施和农田灌溉情况

项目	东部	中部	西部	东北	全国
能正常使用的机电井数量（万眼）	206	208	152	92	659
排灌站数量（万个）	18	16	7	1	42
能灌溉用的水塘和水库（万个）	43	224	78	4	349
灌溉耕地面积（千公顷）	16 044	20 064	18 633	7 148	61 890
有喷灌、滴灌、渗灌设施的耕地面积（千公顷）	1 655	1 899	5 079	1 385	10 018
灌溉用水主要水源（%）					
地下水	36.9	35.7	12.1	59.3	30.5
地表水	63.1	64.3	87.9	40.7	69.5

数据来源：《第三次全国农业普查公报》。

（二）投资对象现代化

改革开放以来，我国农业基础设施建设取得了长足进步，特别是近年来农业基础设施不断完善、优化、升级，农业生产条件大幅改善。根据 2021 年中央 1 号文件精神，到 2025 年，农业基础设施现代化迈上新台阶，到 2035 年我国要基本实现农业农村现代化。农业基础设施作为农业现代化的重要内容和保障，投资对象现代化是趋势也是必然要求。随着农业现代化推进和社会经济的发展，农业基础设施投资重点将适应时代发展变化。以往，我国农业基础设施投资主要集中在农田水利、道路、桥梁、码头、仓库、水库、水渠等传统基础设施，随着农业发展进入新时代，在新的理念、新的思想以及新兴技术的引领下，在农业基础设施领域广泛应用物联网、大数据、区块链、人工智能、智慧气象等现代信息技术将成为趋势，现代农业产业园、田园综合体、农业示范园区、国家数字乡村的投资建设将更加现代化。

（三）投资主体合作化

随着农业基础设施投资需求的多元化、投资对象的现代化、投资规模的扩大化，投资主体合作意愿和程度将日渐提高。PPP 作为政府与社会资本合作模式，在农业基础设施领域的成功试点和推广，为农业基础设施投资主体合作提供了很好的借鉴。市场主体发挥企业自身资金优势及管理优势，而政府则从公共服务的提供者、生产者、监督者三者合一的主体转变为了公共服务的提供者和监督者两位一体，减轻了自身财政负担。农户作为受益者、参与者、监督者，以土地入股或者转让经营权给社会资本，社会资本进行一揽子土地修复、生产经营、基础设施建设，实现规模化经营，有利于激活农户参与农业基础设施 PPP 投资建设的积极性与主观能动性。投资主体之间取长补短，发挥各自优势，有利于实现投资协同效应，满足各方利益诉求，提高有效投资。

（四）投融资模式多元化

农业基础设施因为建设资金需求大、项目周期长、投入产出见效慢，所以主要由政府投资建设，资金来源多为财政拨款，民间资本介入很少。随着近年来国家对农业基础设施投资的重视，一批基础性、公益性的农业基础设施如农村道路、大型农田水利等已基本建设到位。PPP 模式在农业基础设施领域的成功推广和广泛应用也体现了农业基础设施投融资模式多元化的必要性和可行性。根据财政部 PPP 中心数据，2020 年农业基础设施领域主要涵盖了 5 种典型的 PPP 运作模式，包括 BOT、ROT、TOT、BOT＋TOT、BOO。其中，BOT 模式占比 78.59%，加上 BOT 与 TOT 模式的结合，占比超过 80%，ROT 和 TOT 运作模式占比接近 10%，BOO 模式的占比最小，仅约 1%。随着金融体制机制的不断创新，将有更多模式出现，如资产证券化（ABS）、“PPP＋自组织”模式、政府产业基金、“股权投资＋施工总承包”模式、“设计—采购—施工总承包＋融资”（EPC＋F）模式等，农业基础设施的投融资模式将更加多元化。

第二节　农业基础设施 PPP 投资的实践进程及现状

一、农业基础设施 PPP 投资的实践进程

（一）探索试点期（1984—2002 年）

PPP 模式的雏形最早源于 19 世纪欧洲的英国，当时它作为一种新兴的伙伴关系在公共基础设施领域加以运用，其后在全世界范围内逐渐探索和推广，PPP 模式主要应用于城市基础设施领域，农业基础设施领域则极少涉及。我国自改革开放之后开始对 PPP 模式进行探索，首先在能源和市政建设领域试点。我国最早运用 PPP 模式的是 1984 年开始建设的深圳沙角 B 电厂特许经营项目，其后广西来宾 B 电厂项目、成都第六水厂项目等 5 个 BOT 项目成功试点。在农业基础设施领域，PPP 模式的应用可以追溯至 20 世纪 90 年代初，地方政府采取股份合作、参股、租赁、BOT 等方式进行农业基础设施建设。20 世纪 90 年代重庆永川的“百里优质水果长廊”项目和重庆皇田农业股份有限公司与重庆市政府合作建设的农业先进科技示范基地项目都是政府与社会资本合作的早期探索。

（二）缓慢发展期（2003—2013 年）

21 世纪以来，PPP 模式在我国逐渐推广运用，特别是党的十六大以来，非公有资本市场准入限制放宽，民营企业资金开始参与公共部门项目建设。在政策推动下，社会资本开始进入农业领域进行基础设施建设与投资。但是受 2008 年全球金融危机的影响，PPP 项目建设速度有所减缓。2010 年国务院相继出台相关政策，鼓励民间资本进入基础设施、市政等领域。同时，随着工商资本进入农村、农业领域积极性的提高，民间资本也逐渐加大对农业基础设施领域 PPP 项目的关注和投资，但是相对于其他领域如交通、市政来说，项目数量少、规模有限、发展速度缓慢。根据财政部 PPP 中心数据，2012—2013 年全国只有 4 个农业基础设施 PPP 项目入库，项目规模不足

100 亿元。例如，葫芦岛市青山水库工程，项目金额 30 亿元，运用 TOT 方式进行建设。

（三）快速发展期（2014—2016 年）

2014 年是我国 PPP 发展元年，一系列 PPP 项目爆发式增长。财政部发布的《政府和社会资本合作模式操作指南（试行）》以及国家发展改革委发布的《关于开展政府和社会资本合作的指导意见》，成为推动 PPP 项目快速发展的指导性文件，我国 PPP 项目进入快速发展时期。

在这一时期，国家相关部门针对农业及基础设施运用 PPP 项目出台相关政策，加大对农业基础设施 PPP 项目的支持力度。2015 年中共中央、国务院出台《关于加大改革创新力度加快农业现代化建设的若干意见》，引导和鼓励社会资本投向农村建设，引导企业和社会组织参与建设、运营。2016 年国家发展改革委、农业部发布《关于推进农业领域政府和社会资本合作的指导意见》，促进了农产品交易中心、现代农业产业园、农业科技园、农业示范园、农村基础设施提升等 PPP 项目快速发展。河北省定州市规模化生物天然气示范项目一期工程 PPP 项目、呼伦贝尔农垦集团新建高标准基本农田建设项目、江西省智慧农业建设 PPP 项目等，都是这一时期农业基础设施 PPP 项目实践的成果。

（四）规范整顿期（2017—2018 年）

2017—2018 年，全国 PPP 项目发展进入规范整顿期，农业基础设施领域 PPP 项目在不断发展的同时，也开始变得更加规范、有序。

2018 年 4 月 24 日，财政部印发《关于进一步加强政府和社会资本合作（PPP）示范项目规范管理的通知》，8 月 14 日发布《关于做好地方政府专项债券发行工作的意见》，加快地方政府专项债券发行和使用进度。截至 2018 年年底，项目收益专项债共发行 564 只，总规模达 1.3 万亿元，涉及农业领域的有土地储备、水资源配置、乡村振兴专项债券等。虽然在这一时期，规范整顿是 PPP 项目发展的主旋律，但是农业基础设施 PPP 项目也取得了一定发展。例如，2017 年江苏省盐城市大丰区斗龙港国家一级渔港综合开发项目、2017年江西赣州蓉江新区迳背田园综合体PPP项目、2018年安徽省黄山市歙县蓝田桃源田园综合体PPP项目都取得了良好的经济效益和社会效益。

（五）稳步发展期（2019年至今）

2019年是“十三五”规划的收官之年，又是决胜全面建成小康社会的关键之年。2019年，从国家方针而言，我国PPP项目在防范化解重大风险、精准扶贫、污染防治三大攻坚战，防范政府债务风险尤其是隐性负债之下有序开展，其核心是“稳”字，在稳定的前提下，发展突破。这一时期，《关于开展2020年国家现代农业产业园创建工作的通知》的颁布，以及2020年中央1号文件提出“谋划实施一批现代农业投资重大项目，支持项目及早落地，有效扩大农业投资”，为乡村振兴、现代农业示范园PPP项目的发展提供了机遇。内蒙古呼伦贝尔现代农牧业产业园基础设施建设工程PPP项目、云南省昆明市安宁市现代农业示范园区PPP项目、广西玉林（福绵）车陂江流域生态乡村振兴建设PPP项目等是这一时期的代表成果。总体上，这一时期的农业基础设施PPP项目经过前两年的规范整顿进入稳步发展时期，突出当前农业农村经济发展特点，更加注重项目质量和效益。表4-3为历年来涉及农业基础设施领域PPP模式的文件汇总。

表4-3 涉及农业基础设施领域PPP模式的文件汇总

阶段	年份	文件名	内容要点
探索试点期	1986	《国务院关于鼓励外商投资的规定》	鼓励外商来华投资
缓慢发展期	2005	《国务院关于鼓励支持和引导个体私营等非公有制经济发展的若干意见》	鼓励支持农村非公有制经济发展
	2010	《国务院关于鼓励和引导民间投资健康发展的若干意见》	鼓励民间资本投资农业基础设施
快速发展期	2014	《国务院关于创新重点领域投融资机制鼓励社会投资的指导意见》	农田水利和水土保持设施、节水供水重大水利工程

（续）

阶段	年份	文件名	内容要点
快速发展期	2015	《中共中央　国务院关于加大改革创新力度加快农业现代化建设的若干意见》	农业科技创新、农业生态治理、加大农村基础设施建设
	2015	《关于鼓励和引导社会资本参与重大水利工程建设运营的实施意见》	重大水利工程
	2015	《关于积极开发农业多种功能大力促进休闲农业发展的通知》	休闲农业
	2016	《关于推进农业领域政府和社会资本合作的指导意见》	高标准农田、种子工程、现代渔港、农产品质量安全检测等
	2016	《关于开展农业综合开发高标准农田建设模式创新试点的通知》	高标准农田建设
	2016	《中央财政水利发展资金使用管理办法》	农田水利建设
规范整顿期	2017	《关于深入推进农业领域政府和社会资本合作的实施意见》	推进农业领域PPP发展
	2017	《关于开展田园综合体建设试点工作的通知》	开展田园综合体建设
	2018	《关于推进农业高新技术产业示范区建设发展的指导意见》	推进农业高新技术产业发展
	2018	《关于实施绿色循环优质高效特色农业促进项目的通知》	发展绿色循环农业项目
	2018	《财政部贯彻落实实施乡村振兴战略的意见》	乡村振兴
稳步发展期	2019	《关于开展2019年国家现代农业产业园创建工作的通知》	创建国家农业现代产业园
	2019	《国务院办公厅关于有效发挥政府性融资担保基金作用切实支持小微企业和“三农”发展的指导意见》	支持小微企业、“三农”发展
	2020	《中共中央　国务院关于抓好“三农”领域重点工作确保如期实现全面小康的意见》	扩大农业现代基础设施投资
	2020	《关于开展2020年国家现代农业产业园创建工作的通知》	加快现代农业产业园建设

二、农业基础设施[①] PPP 投资取得的成效

（一）数量与规模大幅度增长，促进农业经济发展

财政部 PPP 中心项目管理库资料显示，截至 2020 年 12 月，全国 PPP 项目管理库在库项目总计 9 923 个，投资额约 15.2 万亿元，涵盖全国 31 个省（自治区、直辖市）、19 类项目。其中涉及农业基础设施领域的 PPP 项目 780 个，涉及金额 8 205.61 亿元。

如图 4－5 所示，总体来看，2012—2020 年，全国农业基础设施 PPP 项目数量和规模不断增长。2012—2013 年入库项目仅 4 个，每年 2 个，投资规模分别为 67.21 亿元和 27.30 亿元。2014 年入库项目为 7 个，投资规模超过 75 亿元。2015 年农业基础设施 PPP 项目开始发力，入库项目呈现爆发式增长，新入库项目 98 个，这主要是由于 2014 年大量 PPP 项目经过识别后，被批准进入项目库，处于准备、采购甚至执行阶段。2015—2017 年，项目增速持续加快，共新增项目 559 个，其中 2017 年达到 280 个，投资金额达 2 657.97 亿元。2018 年之后，项目增速持续放缓，2018—2020 年共新增入库项目 210 个，投资金额 2 653.88 亿元。这主要是由于 2017 年全国 PPP 项目进入规范整顿阶段，整个 PPP 领域得以规范和审慎发展，这一情况也在 2018 年及后续年份的入库项目数量和投资规模中有所体现。

自 2012 年农业基础设施 PPP 项目入库实现突破以来，农业基础建设、农业水利基础设施以及农业交通运输基础设施均取得了较好成效。这体现了政府部门和社会资本应用 PPP 模式的意愿，政府部门也在促进农业基础设

① 目前财政部 PPP 中心项目管理库 19 个项目类别中，还没有专门的农业基础设施 PPP 项目类别，本书在进行有关农业基础设施 PPP 项目的成效、困境和实证分析时，根据农业基础设施的定义和分类，分别从农业、水利建设、交通运输三个类别中，选取与农业基础设施密切相关的农业基础建设项目、农业水利基础设施项目以及农业交通运输基础设施项目。其中，农业基础建设项目为所属行业“农业”项目中与基础设施有关的项目。农业水利基础设施项目为所属行业“水利建设”中与农业基础设施有关的防洪、水库、灌溉项目等。农业交通运输基础设施项目为所属行业“交通运输”中涉及“农村公路、乡村公路、农村路网以及经过村、镇的道路项目”。此外，“其他”项目中与农业基础设施有关的项目分别归入以上三大类别中。

施 PPP 项目发展中发挥了重要作用。

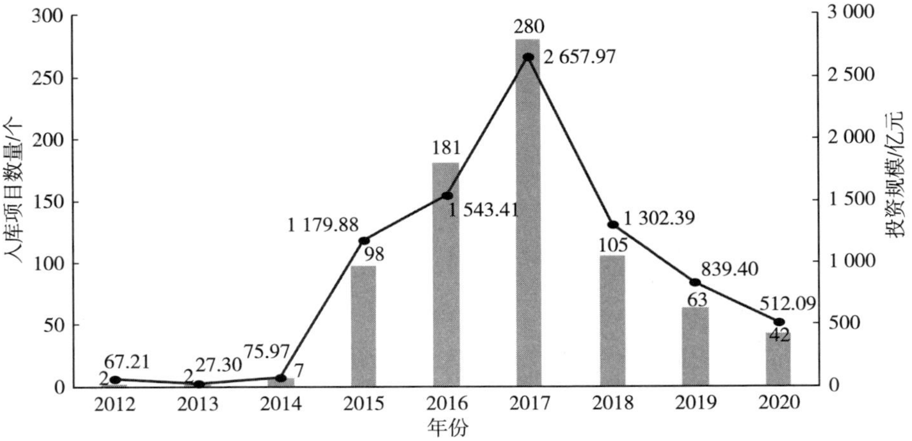

图 4-5　2012—2020 年全国农业基础设施 PPP 项目入库数量及投资规模

资料来源：根据财政部 PPP 中心数据整理得出。

（二）应用领域日益广泛，加速农业现代化进程

随着经济社会发展和 PPP 模式的日益成熟，PPP 模式在各个领域得到了广泛运用。就农业基础设施而言，涉及农业水利基础设施、农业交通运输基础设施、农业基础建设三大方面。

农业水利基础设施除水库、防洪防涝、农田水利建设外，在水环境治理、节水灌溉、智慧灌溉、水系连通等方面均有项目涉及。河北省邢台市巨鹿县现代农业“田田通”智慧节水灌溉 PPP 项目，总投资为 17.15 亿元，采用“BOT＋总承包”的方式，充分利用计算机模拟仿真、地理信息系统（GIS）技术、最新水文模型技术等农业灌溉信息化技术，对全县 66.6 万亩*耕地实施高效节水灌溉工程建设。威县“建管服一体化”智慧节水灌溉与水权交易 PPP 项目，建设规模为 17.61 万亩，总投资为 6.52 亿元，采用 BOT 方式，把“资本、水力设施、农业科技、种植模式、水资源保护（水

* 亩为非法定计量单位，1 亩≈666.67 米^2。余后同。——编者注

权交易)、无污染农业、互联网”等要素注入“农田”，使“生地”变成科技生产要素齐全的“熟地”，打造现代“智慧农场”，努力开创“农联网＋”新模式。

在农业交通运输基础设施方面，除了农村公路的升级、改造外，为加快乡村振兴行动，建设好美丽乡村，大量“四好农村路”、乡村振兴道路 PPP 项目以及桥梁、隧道等建设工程加快推进，为农业运输、农业机械化生产创造了良好条件，有利于加速农业农村现代化进程。

在农业基础建设方面，PPP 项目涉及基础领域、产业领域、环保领域和跨领域（表 4－4）。高标准农田、现代农业产业园、智慧农业园、农业信息化基础设施建设为农业现代化发展奠定了坚实的物质基础和保障。

表 4－4　农业基础建设 PPP 项目涉及领域

涉及领域	主要内容
基础领域	高标准农田、现代渔港、育种基地、农业信息化基础设施建设
产业领域	现代农业产业园、农业综合服务平台、农业科技园、农业生态园、农产品批发市场、农业示范园、农产品加工园、农产品交易中心、批发市场、智慧农业园
环保领域	污水处理、禽粪处理、垃圾处理与转运、土壤修复、农业废弃物利用、土地综合治理
跨领域	田园综合体、乡村休闲旅游、特色村镇

自 2015 年起，农业基础建设 PPP 项目不再局限于农产品交易中心和粮油物资储备中心两个领域，开始在农产品物流、高标准农田建设、现代农业展馆、田园综合体、特色农产品、绿色农业等众多领域布局，特别是农业科技园、现代农业产业园、智慧农业、农业综合服务平台等项目逐渐启动。山东省昌邑市柳疃现代农业产业园建设 PPP 项目，总投资为 1.08 亿元，采用 BOO 模式，集规模化经营、高标准农田建设、智慧农业引领、水肥一体化应用、新型农业经营主体支撑、三产融合六个方面于一体，致力于打造耕、种、管、收、销全程社会化服务，构建现代农业产业体系。

全方位、多领域的农业基础设施 PPP 项目为农业现代化发展奠定了深厚的物质基础，对于推动农业供给侧结构性改革，打造特色农业产业链，加速农业现代化进程起到十分重要的作用。

（三）地区集中度较高，推动农业供给侧结构性改革

农业基础设施PPP项目的分布较为集中，呈现出较高的区域性。根据财政部PPP中心数据，截止到2020年12月31日，西南地区和华东地区的项目数量最多，占项目总数量的50%左右，其次为华北地区，占17.11%。西北、华中地区的项目数持平，均占10%左右。东北地区作为老工业基地仅占6.75%。由此可见，农业基础设施PPP项目集中在西南、华东、华北地区，这三地的农业基础设施PPP项目占总数的70%左右。

在西南地区，云南省入库项目最多，有91个，在全国排名中也位居第一，其中大多数为水库项目。云南省水力资源丰富，山高谷深，地势落差较大，很适合水库项目的落地实施，进而助力当地农业的发展。在华北地区，占据主导地位的是河南省、山西省和山东省。河南省和山东省作为我国传统农业大省，农业基础设施PPP项目数量众多，分别居第二位和第四位。山西省虽然由于水资源匮乏制约了其农业的发展，但是众多“四好农村路”PPP项目的实施与落地也加快了现代化农村的建设，为因地制宜发展农业，进行农业供给侧结构性改革作出了示范（表4-5）。总的来说，农业基础设施PPP项目紧扣“因地制宜”这一原则，根据不同地区的具体情况差异化发展，有利于全力推动农业供给侧结构性改革。

表4-5　2012—2020年入库农业基础设施PPP项目省域分布情况

省份	项目个数	项目金额（万元）	省份	项目个数	项目金额（万元）
云南	91	5 777 083.74	广东	36	3 994 619.42
河南	58	7 275 119.44	河北	27	2 396 274.44
山西	55	3 142 940.34	湖南	26	3 300 970.51
山东	48	3 516 435.75	贵州	26	3 259 272.68
新疆	44	4 738 213.39	辽宁	25	2 833 100.76
四川	44	3 769 729.66	广西	22	5 632 542.77
浙江	41	4 201 748.33	黑龙江	22	1 155 221.00
安徽	41	4 229 589.71	内蒙古	21	2 290 804.00
江西	40	2 490 085.35	江苏	20	3 253 534.00

（续）

省份	项目个数	项目金额（万元）	省份	项目个数	项目金额（万元）
福建	19	2 274 569.00	宁夏	4	309 972.00
陕西	17	2 423 420.00	重庆	4	1 219 093.00
吉林	16	813 943.20	青海	3	923 717.80
甘肃	14	3 874 570.00	海南	2	389 922.10
湖北	8	758 575.80	北京	1	51 165.00
天津	5	1 759 910.00			

资料来源：根据财政部 PPP 中心数据整理得出。

（四）运作方式日益成熟，增强示范引领作用

财政部 PPP 中心数据显示，截止到 2020 年 12 月 31 日，入库农业基础设施 PPP 项目主要涵盖 BOT、ROT、TOT、BOT＋TOT、BOO 等 5 种典型的运作模式及其结合（图 4－6）。其中 BOT、ROT、TOT、BOT＋TOT 属于特许经营类项目，BOO 属于私有化类项目。具体而言，BOT 模式是农业基础设施 PPP 项目的最主要运作方式，占比 78.59％，加上 BOT 与 TOT 模式的结合，占比超过 80％。这一特点不仅在农业基础设施 PPP 项目中非常明显，在其他行业 PPP 项目的运作中也十分突出，主要由 BOT 模式的成熟度以及各参与者对此模式的熟悉程度与综合考量所决定。其余方式占比不足 20％，其中 ROT 和 TOT 运作模式接近，各自不足 5％，BOO 模式占比最小，仅 1.03％（图 4－6）。河南省信阳市固始县大别山农产品（果品）批发市场建设 PPP 项目、山东省聊城市莘县金正绿色循环农业产业园 PPP 项目采用 BOO 模式，但由于这种模式私有化程度高，社会资本风险相对很大，所以较少运用。

BOT 模式已经成为农业基础设施 PPP 项目的主导模式，这不仅标志着我国农业基础设施 PPP 项目运作方式逐渐走向成熟，也标志着它的示范引领作用进一步加强。

（五）项目执行稳步推进，助力乡村振兴战略实施

农业基础设施 PPP 项目按其生命周期可分为识别、准备、采购、执行

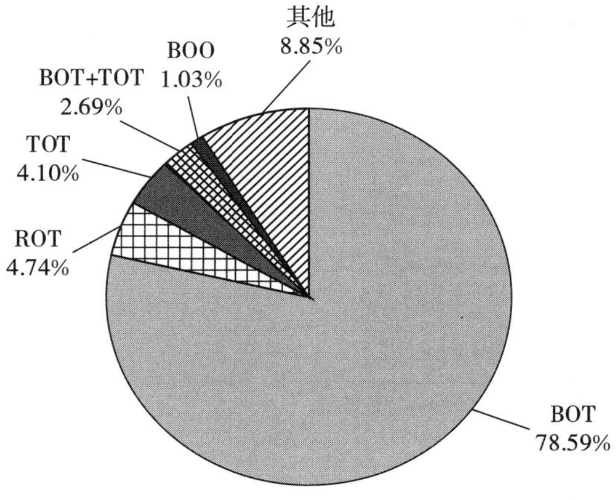

图 4-6　2012—2020 年入库农业基础设施 PPP 项目运作方式构成

资料来源：根据财政部 PPP 中心数据整理得出。

和移交五个阶段，只有经过识别阶段的项目才能进入项目库，也就是说进入项目库的项目至少处于准备阶段。如果一个项目被社会资本采购后就进入执行阶段，即项目已落地。执行阶段项目数与总项目数的比值，称为落地率，能较好反映 PPP 项目的完成度。

分类别来看，农业交通运输基础设施项目的落地率最高，达 73.13%，农业水利基础设施项目的落地率为 60.06%，农业基础建设项目的落地率最低，为 57.48%。如果将采购阶段也纳入考虑的话，农业基础建设项目、农业水利基础设施项目、农业交通运输基础设施项目的"采购且落地率"分别为 81.10%、86.16%、91.34%，处于准备阶段的项目分别只占 18.90%、13.84%、8.66%。

分年份来看，随着市场经济的发展以及国家对 PPP 项目的支持力度与监督力度日益加大，PPP 项目进入稳步发展阶段，2017 年之前的项目绝大部分已经落地，其中 2012—2013 年入库项目落地率达到 100%，2014—2016 年接近 90%。虽然近几年入库项目落地率较低，但采购执行率高，这可能与很多项目经过充分准备正进入采购阶段，需要较长时间进入执行阶段有关。

农业基础设施 PPP 项目的落地率提高，意味着各地农业基础设施建设步伐加快（图 4－7）。一系列针对农业农村现代化的重要举措，特别是有关乡村振兴 PPP 项目的实施、落地，对乡村振兴起到了很好的推动作用，有利于乡村全面振兴，农业强、农民富、农村美的全面实现。

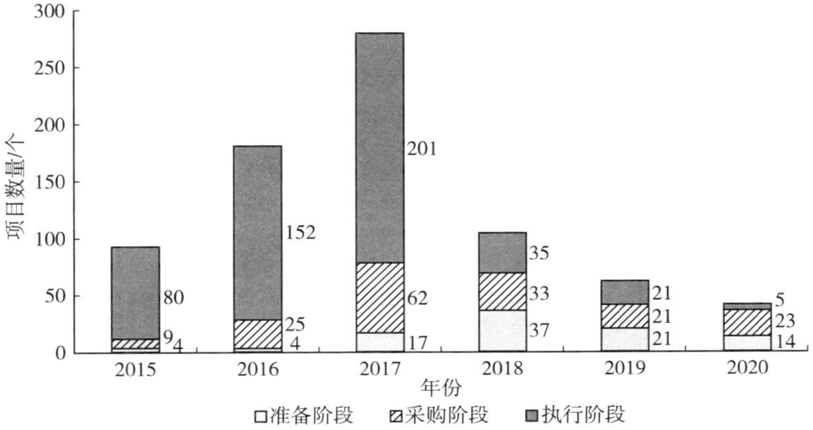

图 4－7　2015—2020 年入库农业基础设施 PPP 项目执行情况

资料来源：根据财政部 PPP 中心数据整理得出。

三、农业基础设施 PPP 投资面临的困境

（一）数量和规模（金额）总体偏少，投资强度较低

截至 2020 年 12 月，财政部 PPP 中心项目管理库中共有 PPP 项目 9 923 个，涉及投资金额 152 129 亿元。其中，农业基础设施 PPP 项目为 780 个，仅占管理库所有项目的 7.86%。从投资规模上，农业基础设施 PPP 项目的投资总金额为 8 205.61 亿元，仅占总投资金额的 5.39%。市政工程 PPP 项目占总项目数的 40.74%，居于第一位，其后依次为交通运输、生态建设和环境保护、城镇开发项目。农业 PPP 项目占比很低，只占总项目数的 0.77%，投资额仅为 953.48 亿元，农业 PPP 项目中有关农业基础建设的项目则更少。虽然交通运输、水利建设中有部分关于农业基础设施的项目，但总的来说农业基础设施 PPP 项目不论在数量上，还是投资规模上，都只占 PPP 项目库中极小一部分。

相较其他领域的PPP项目而言，农业基础设施PPP项目具有弱质性、长期性、收益低、受自然风险影响较大等特点，项目选择范围较窄，社会资本参与意愿和参与度相对较低，投资强度即农业基础设施PPP项目投资总额占全国PPP项目投资总额的比重不高，虽然近年来有所增长，但也只维持在5%左右。

（二）投资结构不够优化，与农业现代化发展步伐适应度低

由财政部PPP中心数据可知，自2012年出现第一个入库农业基础设施PPP项目开始，2014—2018年农业基础设施PPP项目出现了大规模的增长，近年来增速虽然有所放缓，但每年都有新的项目涌现，整体规模不断扩大。在推进农业现代化和实施乡村振兴战略的大背景下，国家加大了对高标准农田建设、现代农业示范园区建设的支持力度，农产品物流园、农业科技园、特色渔港、现代农业展馆、田园综合体等均有涉及，但项目数量和投资金额仍然较小，规模不大，与农业现代化快速发展不匹配，投资结构仍需进一步优化。特别是随着现代农业发展，为了构建高效、优质、绿色的现代化农业体系，加快建设现代化农业强国，应将生物农业、数字农业作为PPP项目的投资重点，加大投资力度。

（三）项目运行质量区域差异大，且数量与投资额不匹配

农业基础设施PPP项目地区集中度高。由于各地资源禀赋、约束条件各不相同，各省份农业基础设施PPP项目发展差异较大，运行质量也存在差异。目前排名前三的省份为云南、河南、山西，入库项目数分别为91个、58个、55个，占入库农业基础设施PPP总项目数的11.67%、7.44%、7.05%，而排在后五位的北京、海南、青海、重庆、宁夏项目数均在5个以内。分项目类型来看，农业水利项目在云南最为集中，占农业水利项目总数的20.13%，福建、湖南、江西、四川、贵州水利项目数在10个左右，而农业大省湖北仅有2个水利项目；农业交通运输项目的区域差异更加显著，北京、海南、宁夏、青海的农业交通运输项目数为0，而四川、河南、安徽、山西的农业交通运输项目数均在30个左右（表4-6）。

表 4-6　2012—2020 年农业基础设施 PPP 项目各省份分布

所属地区	农业水利基础设施		农业交通运输基础设施		农业基础建设	
东部	北京	1	北京	0	北京	0
	海南	2	海南	0	海南	0
	天津	1	天津	4	天津	0
	福建	11	福建	5	福建	0
	广东	16	广东	17	广东	0
	广西	4	广西	16	广西	0
	河北	8	河北	15	河北	0
	辽宁	19	辽宁	4	辽宁	0
	江苏	6	江苏	8	江苏	0
	山东	17	山东	18	山东	13
	浙江	24	浙江	13	浙江	4
中部	湖北	2	湖北	3	湖北	3
	安徽	5	安徽	30	安徽	6
	河南	15	河南	32	河南	11
	黑龙江	2	黑龙江	20	黑龙江	0
	湖南	12	湖南	9	湖南	5
	吉林	5	吉林	8	吉林	3
	江西	10	江西	9	江西	21
	内蒙古	6	内蒙古	8	内蒙古	7
	山西	20	山西	29	山西	6
西部	宁夏	1	宁夏	0	宁夏	3
	青海	3	青海	0	青海	0
	重庆	3	重庆	1	重庆	0
	甘肃	7	甘肃	7	甘肃	0
	陕西	8	陕西	8	陕西	1
	新疆	23	新疆	17	新疆	4
	四川	11	四川	31	四川	2
	云南	64	云南	16	云南	11
	贵州	12	贵州	7	贵州	7
	总计	318	总计	335	总计	127

资料来源：根据财政部 PPP 中心数据整理得出。

此外，农业基础设施PPP投资项目数量和投资金额并不完全匹配。东、中、西部项目数量差异不大，但投资金额差异明显。东部地区和西部地区的项目数量略低于中部地区，但是东部、西部两个地区的投资金额均高于中部地区，尤其是东部地区比西部地区少1个项目，但投资金额反而高出400.87亿元（图4-8）。

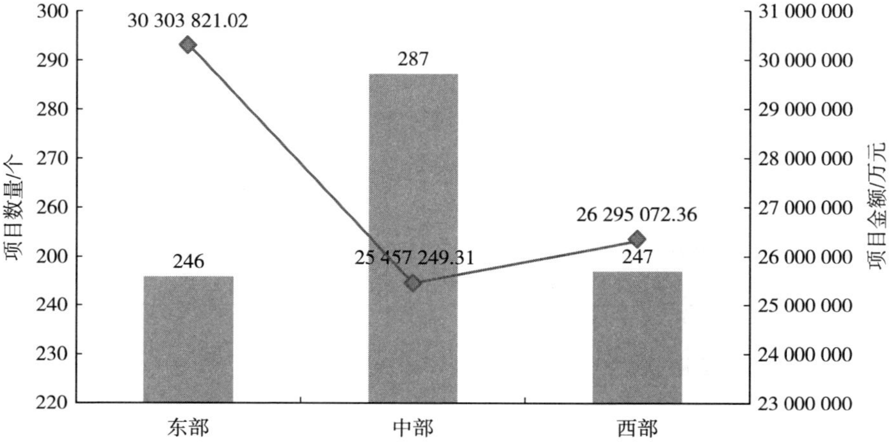

图4-8　2012—2020年农业基础设施PPP项目地区分布

资料来源：根据财政部PPP中心数据整理得出。

（四）运作方式较单一，对存量资产项目运用不足

农业基础设施PPP项目主要采用BOT这一运作方式，占到总项目数的近80%。一方面，BOT模式的广泛运用标志着项目运作方式的成熟以及示范引领作用的加强；另一方面，也意味着其他运作方式使用较少，PPP模式运用缺乏多样性，特别是在存量资产项目运作方面存在不足。存量资产项目有利于化解地方政府债务，拓宽建设资金来源，提高公共服务供给效率。PPP项目正处于存量与增量共同增长的新阶段，但是目前缺乏关于存量项目的具体操作指引，尽管一个存量项目已经建成，但其在前置审批、边界条件、操作流程、利益相关等方面都和新建项目存在巨大差别，并且现有PPP操作指引并没有严格区分存量项目和新建项目，因此存量项目推进难度很

大，对存量资产的运用稍显不足。

农业基础设施 PPP 项目在广泛运用 BOT 方式的前提下，也应结合农业基础设施项目的具体特点，灵活运用其他方式或将 BOT 与其他方式相结合，提高项目运作效率。例如，委托运营（OM）、管理合同（MC）这两种运作方式具有私人部门参与性弱、项目资产所有权归属于政府的特点，农村电力建设、水资源开发和供水、农业综合开发等项目较适用于此运作模式；建设—移交（BT）、设计—建设—维护（DBM）这两种运作方式由私人部门自行负责项目设计和建设，项目经营权和所有权归属于政府，比较适用于农村道路、农业信息服务、中小型农田水利等项目；建设—拥有—运营—移交（BOOT）、设计—建设—运营/维护（DBFO/M）具有私人部门以特许权进行融资获得合理收益的特点，农业产业化经营、农产品批发和加工、农业种植养殖基地等项目较为适用。

（五）使用者付费项目少，回报机制市场化程度低

目前我国 PPP 项目的主要回报机制包括使用者付费、政府付费和可行性缺口补助三类。从数量来看，采用政府付费和可行性缺口补助的项目数相近，分别为 371 个和 351 个，占 47.56%和 45.13%，而使用者付费项目很少，只有 57 个，占比仅为 7.31%。使用者付费项目包括会宁县贫困村水利基础设施建设项目、云南省红河州个旧市特色农业生态园基础设施建设项目、宁夏银川市贺兰县现代化生态灌区建设工程（投建管服一体化）PPP 项目等。这主要是由农业基础设施的公共产品性质和低收益性所决定的，如果采取使用者付费，社会资本方就会最大限度开展经营性项目，与农业基础设施的公共产品性质相背离。

从金额来看，政府付费项目数量占比接近一半，但总金额只有 2 950.18 亿元，占入库项目总金额的 35.95%，这一部分项目主要为具有纯公共产品性质的农业基础设施项目。使用者付费项目金额只占 10.55%，可行性缺口补助项目金额占比 53.50%，略超出使用者付费和政府付费项目总金额之和（表 4-7）。

表 4-7　截至 2020 年 12 月全国农业基础设施 PPP 入库项目回报机制

回报机制	项目个数	个数占比（%）	项目金额（万元）	金额占比（%）
使用者付费	57	7.31	8 655 583.79	10.55
可行性缺口补助	352	45.13	43 898 725.68	53.50
政府付费	371	47.56	29 501 833.22	35.95
总计	780	100.00	82 056 142.69	100.00

资料来源：根据财政部 PPP 中心数据整理得出。

第三节　农业基础设施 PPP 投资环境及战略

投资环境包括宏观、中观、微观三个层次，内部和外部两个方面。Weihrich（1982）首次将 SWOT 分析法运用于分析企业发展战略，结合其内部资源［优势（Strengths）与劣势（Weakness）］和外部环境［机遇（Opportunity）与威胁（Threats）］，提出 4 种组合战略模式（S-O、S-T、W-O、W-T），科学制定战略规划，具有系统、全面的特点。农业基础设施项目进行 PPP 投资具有一定的优势和劣势，也面临着一系列机会和挑战。通过 SWOT 分析，能够准确把握目前农业基础设施 PPP 投资环境和建设发展的全局，进而提高农业基础设施 PPP 投资的成功率和有效性。

一、农业基础设施 PPP 投资的优势分析

（一）有效缓解农业基础设施融资约束

农业基础设施建设是我国农业现代化和乡村振兴战略的重要支撑和推进器。由于农业基础设施公共产品的属性和较强的外部性、较低的收益性，其建设资金主要来自政府财政资金的投入。虽然国家财政支农资金不断增加，但是农业基础设施建设需要巨额资金，随着资金需求量的增加，国家财政资金压力进一步加大。PPP 模式作为一种新型的融资方式，丰富了农业基础设施的融资渠道和融资主体。PPP 模式通过吸引社会资本的加入，利用企业的

资金优势、技术优势和管理优势，可以有效缓解投资预算不足的问题。

（二）提高农业基础设施供给效率

传统的农业基础设施投资以政府为主体，政府负责投资、建设、运营、管理。一般而言，市场主体更具有效率。农业基础设施投资建设过程中运用 PPP 模式，政府和社会资本相互合作，形成伙伴关系，政府公共部门在信用、资源、政策等方面具有优势，而社会资本在资金、管理、技术方面具有优势，两者相互协同，产生“1＋1＞2”的效果。此外，社会资本和政府签署特许经营合同，成立项目公司开展运营，有利于发挥其积极性、主动性，有利于提高运行效率。而且 PPP 项目运行过程中一系列制度安排如激励机制、收益分配机制、风险共担机制、监管机制等，有利于在提高各方积极性的同时激励相容，降低 PPP 项目运营成本，促使农业基础设施的供给效率得到改善。并且作为 PPP 项目投资主体之一，社会资本为追求长期稳定的项目收益，会更加积极发展农业基础设施的功能领域。

（三）降低投资经营管理风险

农业基础设施项目由于收益低、受自然灾害影响大等原因，相较其他基础设施而言风险更大。农业基础设施建设与管理中需投入大量资金、人力、物力，在引入 PPP 模式之前，一旦在项目建设与管理中出现问题，农业基础设施建设与管理中的风险将完全由政府单方面承担。同样，如果农业基础设施项目全部由市场主体承担建设、运营，其风险也将全部落在市场主体身上，这也是私人不愿意承担农业基础设施项目的重要原因之一。运用 PPP 模式，可在政府和社会资本之间建立起合理的风险分担机制，根据双方特点来分配风险，而且 PPP 模式引入绩效评价机制和监督机制，可以更好监测项目建设、运行中的风险，实现对风险的有效防控。

（四）延伸农业基础设施投资主体范围

在 PPP 模式下，农业基础设施的投资主体范围逐渐拓展。农业基础设施在引入社会资本的基础上，逐步将金融机构、私人企业、农村集体经济组织和农户引入农业基础设施的投资建设中，拓宽了农业基础设施投资主体的范围。良好的 PPP 运营模式，也为社会资本找到了更好的投资渠道，获取投资收益。

（五）激发农业基础设施市场活力

农业基础设施作为农业农村领域的重要基础条件和保障，是农业农村现代化的重要固定资产投资。传统农业基础设施主要包括水、电、路等方面，随着现代农业的发展和美丽乡村的建设，新兴的现代农业基础设施将不断出现，如现代农业示范园、现代农业展馆、智慧农业、田园综合体、农业科技园等也日益增加，农业基础设施的功能和优势将进一步显现，迸发新的市场活力。此外，新型农业基础设施一般为具有一定收益性的准公共产品，是社会资本愿意进入的领域，可采取 BT、BOT、BOOT 等方式达成合作共赢。此外，可以吸引农户以土地入股的方式参与进来，获取收益，社会资本投资建设运营，政府部门提供一定的补贴支持，三方共同完成项目，实现各自的目标。

二、农业基础设施 PPP 投资的劣势分析

（一）农业基础设施项目吸引力相对不足

农业基础设施项目相对于市政工程、旅游、能源、医疗卫生等项目，其自身吸引力相对不足。这与农业基础设施本身的特性有关。一方面，农业基础设施的本质是为农业生产、经营、管理等服务的，农业的自然属性决定了其具有弱质性、高风险性，受自然气候、地理因素的影响较大。另一方面，根据非排他性与非竞争性的程度，农业基础设施绝大多数是具有正外部性的准公共产品，存在较大的社会效益和生态效益，而且存在着“搭便车”的现象，所以收益难以保证，如果有收益也相对较低。此外，大型农业基础设施项目资金需求量大，涉及范围较广，投资回收期大多在十年以上，所以很难对私人资本投资产生足够的吸引力。短期内也很难给私人资本带来较多的收

益，降低了社会资本参与农业基础设施建设的积极性。

（二）农业基础设施 PPP 项目专业技术和高素质人才缺乏

自 2014 年以来，PPP 模式在我国快速发展，且不断规范，特别是在市政工程、水利建设、交通运输等方面项目规模和数量增长较快，为其他行业提供了经验借鉴。PPP 模式在农业基础设施领域运用规模相对较小，项目数量相对较少，很多地方政府没有农业基础设施 PPP 项目运行、管理的经验，PPP 项目方面的管理人才较少，缺乏完整的人才培养机制。PPP 项目实践经验的缺乏、专业化高级管理人才的短缺在一定程度上会影响农业基础设施 PPP 项目的健康运行。

（三）农业基础设施 PPP 项目投资效率相对低下

农业基础设施 PPP 项目投资效率相对低下，这主要与两个方面的因素有关：一是农业基础设施本身的属性，二是政府与社会资本在合作过程中的作为和关系协调。政府与社会资本在合作过程中时常会出现两者权责不明晰的情况。地方政府在农业基础设施 PPP 项目的建设、管理过程中可能因无法提供社会资本需要的条件及服务，而影响项目进程，甚至有的地方政府会出现利用自身的行政权力干涉社会资本投资的行为，严重影响农业基础设施 PPP 项目的运营效率和管理效率。相应地，社会资本的行为也会影响农业基础设施 PPP 项目的正常运行。

（四）农业基础设施 PPP 项目可选择性受限

农业基础设施领域相对于其他领域如市政工程、交通运输、能源等领域来说，不仅收益率低，且可供选择的项目类型较少。农业基础设施 PPP 项目目前主要集中在农业中与基础建设有关的项目，如高标准农田建设、现代农业示范园区建设；水利建设中与农业、农田水利有关的项目，如灌区工程、水库；交通运输中与农业、农村有关的项目，如乡村道路、“四好农村路”等。由于投资领域相对较窄，可选择的高收益项目缺乏，目前农业基础设施 PPP 项目还无法对社会资本产生足够的吸引力。并且农业基础设施

PPP模式起步较晚，项目运作还不够成熟，仍有很多地方需要去探索、研究。

三、农业基础设施PPP投资的机遇分析

（一）政策支持力度不断加大

在2014年PPP发展元年之后，国家高度重视农业领域基础设施建设，先后出台了《关于推进农业领域政府和社会资本合作的指导意见》《中共中央 国务院关于实施乡村振兴战略的意见》等文件。2021年中央1号文件提出全面推进乡村振兴加快农业农村现代化，进一步强调强化农业农村优先发展投入保障，多渠道筹集建设资金，加大粮食主产区高标准农田建设投入，强化现代农业科技和物质装备支撑等。近年来，各级政府特别重视乡村基础设施建设，鼓励采取"市场＋政府"的模式促进城乡融合，全面提升水电路气及冷链物流等基础设施水平。此外，政府进一步加大农业基础设施建设的财政投资力度，在项目审批、税收优惠方面也提供支持。

（二）金融支持方式不断创新

在金融支持上，一方面，金融机构不断加大支持力度，为项目提供差异化贷款，信贷力度进一步加大，放款条件、贷款利率等方面进一步优化，放款额度、放款期限更能满足项目诉求。在商业银行加大金融支持力度的同时，农业发展银行作为农业政策性银行在大型农业基础设施PPP项目建设中提供低成本、稳定的专业金融服务。另一方面，金融支持方式不断创新，资产证券化、设立产业投资基金等方式进一步解决农业基础设施PPP项目中的融资难题。

（三）农村土地要素市场配置日趋明晰

2018年年底，我国基本完成农村土地确权登记工作，农民土地权益得到了合法保障，也为土地流转与整治提供了良好的基础，有利于规模化、集约化农业生产经营和管理。2021年中央1号文件进一步提出要加强宅基地

管理，稳慎推进农村宅基地制度改革试点，探索宅基地所有权、资格权、使用权分置有效实现形式。农村集体经营性建设用地将进一步规范，这将促使农村土地要素市场配置进一步细化。农户、集体可以土地等生产要素参与到 PPP 项目中，增加土地要素价值和农户财产性收入，也为农业基础设施 PPP 项目的实施创造了条件。因此，在农业基础设施 PPP 投资中，农户、政府、社会资本可以土地为媒，相互合作，实现共赢。

（四）现代农业转型加速推进

2020 年我国已全面建成小康社会，开启实现第二个百年奋斗目标的新征程，乡村振兴战略取得重要进展，制度框架和政策体系基本形成。乡村振兴战略作为党的下一阶段重要工作部署，把“三农”问题提到新的历史高度。中央农村工作会议指出，到 2035 年，乡村振兴取得决定性进展，农业农村现代化初步形成，这意味着现代农业转型将加速推进，绿色农业、有机农业、智慧农业等新业态、新模式将不断出现。人才、技术、资金等资源加速向农业倾斜，作为农业现代化基础条件的农业基础设施将得到优先发展，这为农业基础设施 PPP 模式的发展提供了机遇。

四、农业基础设施 PPP 投资的威胁分析

（一）社会资本契约精神相对欠缺

PPP 模式在农业基础设施领域得以运用和发展，首先必须有社会资本方的参与。作为市场主体的社会资本方，其参与动机是获取收益，即追求利润最大化的目标。目前政府在投资前期对项目参与主体门槛的设定较为模糊，没有对社会资本参与农业基础设施 PPP 项目进行严格的筛选、审查，在一定程度上导致了社会资本整体责任意识不够强，也缺乏相应的契约精神，所以时常会出现社会资本提前退出项目建设的“短期行为”，进而导致项目失败。特别是在项目运营过程中，一旦出现风险或者不利于社会资本方的情况，社会资本方有可能单方面毁约或者提出其他过分要求，导致项目运行受阻或失败。

（二）相关法律法规和政策不够完善

尽管近年来我国出台了一系列相关法律法规，但相较国外，我国PPP模式起步较晚，相关立法还处于探索阶段，法律法规体系不健全。例如，农业基础设施PPP项目的具体运作流程规定、公私部门权力（利）* 与义务的约束还不够完善，缺乏严格的退出、纠纷处理机制，无法保障私人资本的合法权益，进而影响了私人资本投资的积极性。此外，政府政策的系统性和确定性不足。政府关于明确区分各类农业基础设施PPP模式的政策尚未明晰，在政策上存在一定程度的不确定性。并且政府对农业基础设施PPP项目投资的补贴较为分散，存在权属不清的问题。以上这些问题都会影响农业基础设施PPP项目的建设与管理。

（三）市场融资准入存在障碍

目前中国资本市场的融资方式主要有贷款类、债券类、基金类、财政支持类和项目融资类等，但是私营资本参与PPP项目只能通过贷款和企业股票进行融资，这两种融资方式远远不能满足私营资本的融资需求，阻碍了私营资本进入农业基础设施PPP项目进行投资，限制了农业基础设施PPP项目的发展。

（四）生态环境保护要求日益提高

加强生态环境保护是践行我国绿色发展理念的重要内容。自21世纪以来，我国对生态环境的保护日益重视，并取得了显著成效。乡村振兴战略规划中提出"到2050年，乡村全面振兴，农业强、农村美、农民富全面实现"的目标任务，更强调了农业农村生态环境保护的重要性。生态环境保护作为农业基础设施PPP项目建设的重要考核指标，给项目实施带来了挑战，这要求项目在建设过程中不仅要考虑经济效益和社会效益，还要考虑生态效益，考虑资源环境的承载力，实现绿色、低碳、循环的可持续发展目标。这将对项目实施的流程规范、技术要求、管理水平以及成本控制等提出更高的要求。

---

* 权力（利）在本书中指政府公共部门的权力和私人部门的权利。——编者注

五、农业基础设施 PPP 投资的战略选择

根据以上对农业基础设施 PPP 投资内部环境的优势（S）和劣势（W）以及外部环境的机遇（O）和挑战（T）分析，构建 SWOT 战略矩阵（图 4－9）。

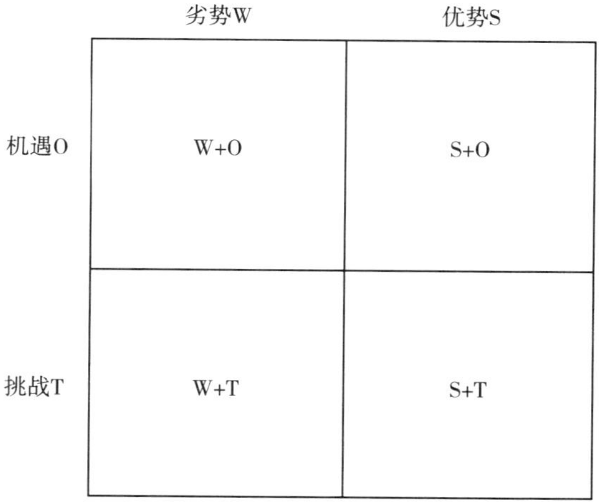

图 4－9　投资战略环境的 SWOT 框架

不同的环境决定农业基础设施 PPP 投资建设应采取不同的策略。根据战略类型划分，“S＋O”战略利用机会和优势，属于开拓型战略区，又分为实力型和机会型，这是企业战略最理想的形式；“W＋O”战略利用机会，正视不足，属于争取型战略区，可以采取调整型和进取型两种形式；“W＋T”战略属于保守型战略区，分为退却型战略和回避型战略，对于企业而言是保守、消极的策略，不利于企业积极发展；“S＋T”战略属于抗争型战略区，强调面对挑战，利用优势，迎难而上，分为进取型和调整型。

根据何平均和刘思璐（2018）关于农业基础设施投资环境各因素变量的定性和定量评价，可知我国农业基础设施的战略坐标位于战略四边形的第二象限，接近第一向限，宜实施“W＋O”战略，即采取争取型战略中的进取战略（图 4－10）。一方面，应利用当前农业基础设施建设和 PPP 投资的各种政策红利，把握制度契机，发挥农业基础设施 PPP 投资在乡村振兴以及

农业现代化建设中的作用，勇于担当，积极作为。在现代农业加速转型的大背景下，财政、金融制度的进一步完善和创新，以及农村土地要素市场配置的日趋完善，将给农业基础设施 PPP 投资带来巨大的机遇。另一方面，应根据农业基础设施的特性，客观分析在农业基础设施领域运用 PPP 投资存在的不足，进一步提高农业基础设施 PPP 项目的吸引力和投资效率，引进和培育专业技术和高素质人才，进行项目投资建设。在战略实施过程中，只有立足实际，客观分析存在的不足，抓住机会，开展农业基础设施 PPP 投资，才能促进农业基础设施的发展和完善。例如，加强全生命周期管理，从项目落地到实施、运营严格规范并加以监管；进一步明确利益分享和保障机制以及激励机制等，赋予相关主体合作建设的动力；加大高素质人才包括专业人才和复合人才的引进力度，加强技术创新；等等。

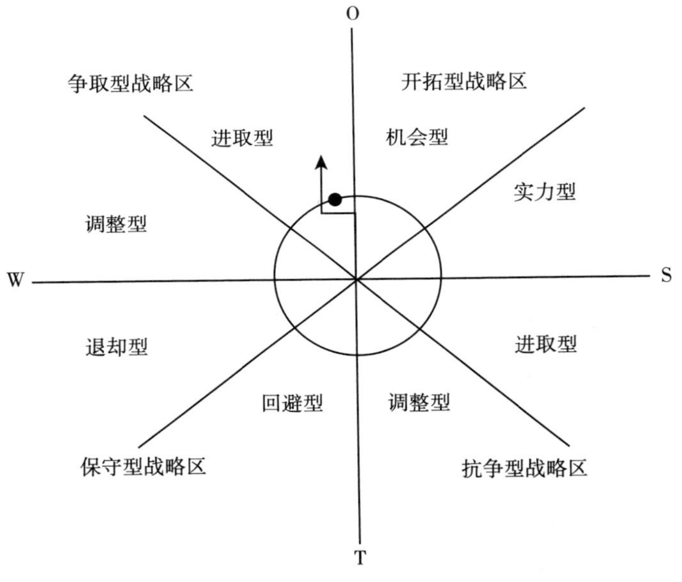

图 4-10　农业基础设施 PPP 投资战略类型

第四节　本章小结

习近平总书记在党的十九大报告中作出了“中国特色社会主义进入新时

代”的重大政治论断，标志着我国发展的新起点、新使命、新征程。近年来，随着经济社会的高质量发展和农业现代化的推进，农业基础设施作为我国基础设施的重要组成部分，其投资呈现新的特征与趋势。主要表现在农业基础设施投资规模不断扩大，投资结构逐渐改善，投资模式日渐丰富，投资管理日趋规范，投资效益也日益显现。随着时代发展，农业基础设施投资呈现投资需求扩大化、投资对象现代化、投资主体合作化、投融资模式多元化的趋势。

自 20 世纪 80 年代以来，我国农业基础设施 PPP 投资经历了探索试点期（1984—2002 年）、缓慢发展期（2003—2013 年）、快速发展期（2014—2016 年）、规范整顿期（2017—2018 年）、稳步发展期（2019 年至今）五个阶段。目前，我国农业基础设施 PPP 投资建设取得了一定成效，项目数量与规模大幅度增长，促进农业经济发展；应用领域日益广泛，加速农业现代化进程；地区集中度较高，推动农业供给侧结构性改革；运作方式日益成熟；项目执行稳步推进，助力乡村振兴战略实施增强示范引领作用。但是农业基础设施 PPP 投资还面临一些困境，如数量和规模（金额）总体偏少，投资强度较低；投资结构不够优化，与农业现代化发展步伐适应度低；项目运行质量区域差异大，且数量与投资额不匹配；运作方式较单一，对存量资产项目运用不足；使用者付费项目少，回报机制市场化程度低。在国家的大力支持下，农业基础设施 PPP 投资迎来了发展契机，总体上 PPP 投资的内外环境进一步优化，但还面临一些不足和挑战，选取适宜的投资发展策略有利于农业基础设施有效投资的实现。

第五章　农业基础设施 PPP 有效投资分析：宏观视角

农业基础设施有效投资的定义，包括宏观和微观两个方面。本章将基于财政部 PPP 中心数据从宏观方面对农业基础设施 PPP 投资的有效性进行测度，并进行区域差异比较，从整体上了解我国农业基础设施 PPP 投资情况，进而分析其影响因素。

第一节　基于 DEA－Malmquist 模型的农业基础设施 PPP 投资有效性测度

一、问题的提出

农业基础设施作为农业现代化的先行资本，随着乡村振兴战略快速推进，发挥着越来越重要的作用。PPP 模式作为一种创新的融资方式，不仅缓解了政府投资资金不足的难题，有效提高了农业基础设施的供给效率和质量，也为工商资本下乡提供了契机。可以说，PPP 作为政府和社会资本合作模式，在农业基础设施领域日益发挥着更加重要的作用，促进了农业农村经济发展、农民收入提高。

目前，关于农业基础设施 PPP 有效投资的评价，从研究对象来看，大多是从 PPP 项目绩效的角度展开，通过构建绩效评价指标体系，对项目的过程、产出及运营效果进行全生命周期综合绩效评价（乔虹，2017；于宗绪等，2020；王洋，2020；蒋慧杰等，2020）。也有一些研究就某一个方面进行绩效评价，如王旭东等（2019）、方俊等（2020）。从宏观上研究 PPP 有效投资的文献相对较少。Storto（2013）、Wanke（2015）分别对意大利 38 个地区 PPP 项目、巴西 27 个海务 PPP 项目的经营效率进行评价。刘穷志和彭彦辰（2017）、杜亚灵等（2019）、汪立鑫等（2019）对我国 PPP 项目投资效率进行了评价。在研究方法上，针对具体 PPP 项目进行研究的常用方法有 AHP、模糊综合评价法、三角模糊数和熵权法组合赋权法、平衡计分卡法（兰兰，高成修，2013；陈都，2017；何平均，2018；王旭东等，2019；于宗绪，2020）。此外，还有学者采用问卷调查法和案例分析法对 PPP 项目运营绩效进行评估（Raisbeck et al.，2010；Henjewele et al.，2014）。在宏观效率研究方面，常用数据包络分析法（DEA）和随机前沿分析法（SFA）对 PPP 投资效率进行分析（Gupta et al.，2001；Barros，2015；Deng et al.，2016；王贤，2019；刘穷志，彭彦辰，2017）。

从现有文献来看，国内外学者对农业基础设施 PPP 有效投资作了一些研究。但是，从研究对象来看，目前基于 PPP 项目有效投资的微观研究较多，侧重于全国性或某一领域的宏观研究较少，针对农业基础设施 PPP 有效投资的研究文献缺乏。从研究方法来看，学者们侧重于运用 DEA 方法进行静态分析，动态分析少见。DEA 作为一种较为成熟的研究多投入多产出的方法，能够避免回归分析带来的变量自选择偏误、内生性和自相关问题。本节将在借鉴前人研究成果的基础上，以财政部 PPP 中心项目管理库数据为基础，基于宏观视角采用 DEA－Malmquist 模型从静态和动态两个维度，对我国农业基础设施 PPP 有效投资进行研究，以考察其总体水平和地区差异情况。

二、研究方法与指标选取

（一）研究方法

1. 数据包络分析法（DEA）

数据包络分析法（Data Envelopment Analysis，简称 DEA）是由美国著名学者查恩斯（A. Charnes）和库珀（W. W. Cooper）等于 1978 年提出用于测度多投入多产出下综合效率的一种研究方法。DEA 通过测算各投入的最小水平或各产出的最大水平，确定各决策单元（DMU）的相对效率值并以此建立效率的最优前沿面，只有处于前沿面上才可称为 DEA 有效，否则为 DEA 无效。DEA 对 DMU 无特殊规定，各项指标单位也无需相同，近年来在各行业中普遍被用来测算效率。其中，CCR 模型和 BCC 模型是 DEA 最为成熟的两个模型，具体介绍如下：

（1）CCR 模型。CCR 模型是规模报酬不变情况下测算效率的方法。通过模型测算得到的效率值是 DMU 的技术效率（TE），TE 作为 DMU 效率值的综合评价指标，反映了 DMU 的投入规模在当前技术水平下是否合适。CCR 模型具体如式 5－1 所示：

$$\begin{cases} \min[\theta-\varepsilon(\boldsymbol{e}_1^T s^- + \boldsymbol{e}_2^T s^+)] \\ \sum_{j=1}^{n}\lambda_j x_j + s^- = \theta x_0 \\ \sum_{j=1}^{n}\lambda_j y_j + s^+ = \theta y_0 \\ \lambda_j, s^-, s^+ \geqslant 0; j=1, 2, \cdots, n \end{cases} \tag{5-1}$$

式中，n、λ_j、θ 分别表示 DMU 的数量、权重和技术效率值，x_j、y_j 分别表示 DMU 的投入、产出水平，s^-、s^+ 分别表示投入过剩量、产出不足量，$\boldsymbol{e}_1^T$、$\boldsymbol{e}_2^T$ 为多维单位向量，ε 为非阿基米德无穷小量。$\theta\in[0, 1]$，当 $\theta=1$，且不存在投入过剩以及产出不足情况时，表示该 DMU 位于有效前沿面上，即 DEA 有效；当 $\theta<1$ 时，则称之为 DEA 无效。

（2）BCC 模型。BCC 模型是 Banker 等（1984）在 CCR 模型的基础上提出来的，规定规模报酬可变，并将综合效率（TE）拆分为纯技术效率（PTE）与规模效率（SE）。BCC 模型具体如式 5－2 所示：

$$\begin{cases} \min[\theta-\varepsilon(s^- + s^+)] \\ \sum_{j=1}^{n}\lambda_j x_j + s^- = \theta x_0 \\ \sum_{j=1}^{n}\lambda_j y_j - s^+ = y_0 \\ \lambda_j, s^-, s^+ \geqslant 0; j=1, 2, \cdots, n \end{cases} \tag{5-2}$$

式中，x_j、y_j 分别代表非负数的投入和产出水平，θ 为综合效率值，当

$\theta=1$ 时，DMU 处于 DEA 有效。否则，DMU 就会产生 $1-\theta$ 的效率损失。DEA-BCC 模型测算的 TE 可以分解为 PTE 和 SE，即 $TE=PTE\times SE$。当 $SE=1$ 时，表示 DMU 生产规模处于当前最优状态；当 $SE<1$ 时，表示 DMU 的生产规模不优，应进行扩大或缩小规模的适当调整。

2. Malmquist 指数

Malmquist 模型通过计算距离函数比值的方式来求解投入指数（Malmquist，1953）。Fare 等学者于 1989 年由 Fisher 的理想指数得到启发，提出了从 t 到 $t+1$ 时期的生产指数，即 Malmquist 生产指数 M（x^{t+1}，y^{t+1}，x^t，y^t），从而实现了使用客观数据来计算综合技术效率变动、技术变动和 M 指数变动的具体情况和相互影响（Fare et al.，1989）。

$$M(x^{t+1},\ y^{t+1},\ x^t,\ y^t)=\left[\frac{E^t(x^{t+1},\ y^{t+1})}{E^t(x^t,\ y^t)}\times\frac{E^{t+1}(x^{t+1},\ y^{t+1})}{E^{t+1}(x^t,\ y^t)}\right] \tag{5-3}$$

在 Malmquist 的计算公式中，$E^t(x^t,\ y^t)$ 和 $E^{t+1}(x^t,\ y^t)$ 分别表示 DMU 在两个时期的技术效率值。Fare 在 1992 年将两个时期的技术效率变化表示为

$$EC=\frac{E^{t+1}(x^{t+1},\ y^{t+1})}{E^t(x^t,\ y^t)} \tag{5-4}$$

Malmquist 指数、效率变化和技术变化三者之间的数量关系为 $MI=EC\times TC$，即 M 指数可以分解为效率变化和技术变化两个部分。因此，可将式 5-3 分解为

$$M(x^{t+1},y^{t+1},x^t,y^t)=\frac{D^t(x^{t+1},y^{t+1}\mid \mathrm{VRS})}{D^t(x^t,y^t\mid \mathrm{VRS})}\times\left[\frac{D^{t+1}(x^{t+1},y^{t+1}\mid \mathrm{CRS})}{D^{t+1}(x^t,y^t\mid \mathrm{VRS})}\times\frac{D^t(x^t,y^t\mid \mathrm{VRS})}{D^t(x^t,y^t\mid \mathrm{CRS})}\right]\times\sqrt{\left[\frac{D^t(x^{t+1},y^{t+1})}{D^t(x^t,y^t)}\times\frac{D^{t+1}(x^{t+1},y^{t+1})}{D^{t+1}(x^t,y^t)}\right]}=Pech\times Sech\times Techch \tag{5-5}$$

若 M 指数>1，表示前沿前移；若 M 指数<1，则表示前沿后退。前沿的前移代表着技术的进步，在计算中用 $Techch$ 表示。$Effch$（$Pech\times Sech$）表示两个时期相对技术效率的变化程度，即相对于不变规模报酬的相对技术效率变动，$Effch>1$ 表明 DMU 在 $t+1$ 期相对于 t 期与前沿面的距离更近，

即相对效率提高，$Effch<1$ 则表明距离更远。$Pech$ 表示相对于可变规模报酬的纯技术效率变动，$Pech>1$ 表示企业内部管理水平对技术的改善产生了推动作用，$Pech<1$ 则说明企业内部管理水平对技术效率产生了拖累。$Sech$ 表示规模效率，$Sech>1$ 表示 DMU 从长期来看在向最优规模靠近，反之则表示 DMU 在背离最优规模。

（二）指标选取

在传统效率评价中，DEA 模型一般选取资本、劳动力以及增加值作为决策单元（DMU）的投入、产出要素来构建生产可能集（Fare et al.，1994）。为了全面考虑我国农业基础设施 PPP 有效投资，基于 PPP 模式投资发展情况，本节在借鉴前人研究成果并结合相关专家意见的基础上，考虑数据可获得性、科学性与代表性原则，根据投入-产出关系，选取项目投资规模和数量作为投入指标，农业经济发展水平、农民人均收入、粮食产量作为产出指标，具体投入与产出指标见表 5－1。

表 5－1　农业基础设施 PPP 有效投资评价指标体系

指标分类	一级指标	二级指标
投入指标	项目投资规模（x_1）	农业基础设施 PPP 项目总投资额（亿元）
	PPP 项目发起数（x_2）	农业基础设施 PPP 项目个数（个）
产出指标	农业经济发展水平（y_1）	农业 GDP（亿元）
	农民人均纯收入（y_2）	农村居民人均纯收入（元/人）
	粮食产量（y_3）	粮食亩均产量（千克/亩）

（1）投入指标。投入指标从投资规模和投资项目数量两个方面来考虑。投资规模选用农业基础设施 PPP 项目总投资额来表示；投资项目数量选用农业基础设施 PPP 项目发起数来表示。

（2）产出指标。农业基础设施 PPP 有效投资主要体现在促进农业经济发展、提高农民收入等方面。此外，作为农业生产的重要条件和保障，它还有利于粮食增产增收，保障粮食安全。因此，本节选用农业 GDP、农村居民人均纯收入、粮食亩均产量作为产出指标。

（三）数据来源与处理

财政部政府和社会资本合作中心（简称财政部 PPP 中心）是目前我国最权威、最全面的关于 PPP 项目的统计中心，记录了自 2012 年以来的所有入库项目。考虑到数据的全面性和权威性，本章节 PPP 有关数据来源于财政部 PPP 中心，目前财政部 PPP 中心项目管理库 19 个项目类别中，还没有专门的农业基础设施 PPP 项目类别。根据农业基础设施的定义和分类，本书分别从农业、水利建设、交通运输三个类别中，选取与农业基础设施密切相关的农业基础建设项目、农业水利项目以及农业交通运输项目。

由于各地发展差异以及农业基础设施 PPP 项目推广运用不一致，经过整理的 2012—2020 年在库农业基础设施项目数据显示，2012 年和 2013 年全国分别只有 2 个项目入库，其中河北 2 项、广西 1 项、辽宁 1 项。2014 年入库项目为 7 项，只涉及四川、贵州、湖南等 6 个省份。此外，2020 年虽然有 42 个项目入库，但截至本书完稿时，其他产出数据还没有完全更新。因此，从年份来看，根据数据的可获得性和连续性原则，本节选用 2015—2019 年连续 5 年的相关数据作为研究对象。

分省份来看，2015—2019 年，某些省份数据缺失严重，如上海、西藏没有入库项目，北京、海南分别只有 1 个，青海、重庆分别有 3 个，天津、宁夏分别有 4 个，湖北有 8 个。为了保证数据的连续性，选取除上海、西藏、北京、海南、青海、重庆、天津、宁夏、湖北、四川、新疆等 11 个省份外的 20 个省（自治区）为研究样本。此外，为了考察各地区农业基础设施 PPP 有效投资差异，将这 20 个省份分成东、中、西三个区域进一步进行比较分析（表 5-2）。

表 5-2　20 个省份按东、中、西部划分情况

区域	个数	省份
东部	8 个	福建、广东、广西、河北、辽宁、江苏、山东、浙江
中部	8 个	安徽、河南、黑龙江、湖南、吉林、江西、内蒙古、山西
西部	4 个	甘肃、陕西、云南、贵州

其他数据来源于《中国统计年鉴》、《中国农村统计年鉴》、《中国人口与就业统计年鉴》、《中国财政年鉴》、各省份《统计年鉴》和明树数据等资料。为保证 DEA 模型的有效测度，本节对数据中的负数值运用功效系数法进行标准化处理，处理公式如下：

$$M_{ij}^{*} = 0.1 + 0.9 \times \frac{M_{ij} - B_i}{A_i - B_i} \quad (5-6)$$

式（5-6）中 M_{ij} 为原始数值（i 为分析指标序号，j 为 DMU 序号），M_{ij}^{*} 为调整后数值。A_i 为第 i 项指标的最大值，即 $\max M_{ij} = A_i$，B_i 为第 i 项指标的最小值，即 $\min M_{ij} = B_i$。

三、实证过程及结果分析

（一）静态效率分析

1. 综合效率

根据表 5-1 的投入产出指标体系，经数据收集、处理和整理后，得到我国 20 个省份 2015—2019 年农业基础设施 PPP 有效投资评价的投入产出数据，并将其作为面板数据。然后运用 DEAP 2.1 软件应用 BCC 投入导向型（VRS）模型进行计算，得出我国农业基础设施 PPP 投资的综合效率（表 5-3）、纯技术效率（表 5-4）和规模效率（表 5-5）。

表 5-3　2015—2019 年我国农业基础设施 PPP 投资综合效率（TE）

区域	省份	2015 年	2016 年	2017 年	2018 年	2019 年	5 年平均值	排名
东部	福建	0.835	0.924	0.391	0.646	0.529	0.665	7
	广东	0.340	0.404	0.304	0.721	0.980	0.550	14
	广西	0.617	0.631	0.522	0.321	0.724	0.563	13
	河北	0.668	0.861	0.460	0.781	0.737	0.701	6
	辽宁	1.000	1.000	1.000	0.515	0.299	0.763	3
	江苏	0.503	0.975	0.465	0.654	1.000	0.719	4
	山东	0.651	0.614	0.514	0.471	1.000	0.650	8
	浙江	0.922	0.395	0.328	0.948	1.000	0.719	4
	均值	0.692	0.726	0.498	0.632	0.784	0.666	

（续）

区域	省份	2015 年	2016 年	2017 年	2018 年	2019 年	5 年平均值	排名
中部	安徽	0.311	0.305	0.498	0.319	0.631	0.413	19
	河南	0.638	0.357	0.495	0.303	0.276	0.414	18
	黑龙江	1.000	0.893	0.889	1.000	0.692	0.895	1
	湖南	0.414	0.320	0.612	1.000	0.781	0.625	10
	吉林	0.987	0.726	0.708	0.850	0.847	0.824	2
	江西	1.000	0.666	0.339	0.565	0.609	0.636	9
	内蒙古	0.512	0.201	0.452	1.000	0.760	0.585	11
	山西	0.769	0.535	0.385	0.366	0.568	0.525	15
	均值	0.704	0.500	0.547	0.675	0.646	0.614	
西部	甘肃	0.340	0.356	0.484	0.364	0.327	0.374	20
	陕西	0.604	0.772	0.425	0.473	0.604	0.576	12
	云南	1.000	0.297	0.418	0.287	0.372	0.475	16
	贵州	0.282	0.677	0.472	0.490	0.245	0.433	17
	均值	0.557	0.526	0.450	0.404	0.387	0.464	
总均值		0.670	0.595	0.508	0.604	0.649	0.605	

综合效率是在规模收益可变情况下规模效率与技术效率共同作用的结果，是有效投资水平的集中体现。从表 5－3 中可以看出，总体上，我国农业基础设施 PPP 投资综合效率总均值较低，基本上维持在 0.5～0.7。其中，2015 年最高，为 0.670，2016 年开始下降，2017 年达到最低点仅为 0.508，而之后又逐渐上升，2019 年达到 0.649。这可能与我国农业基础设施 PPP 项目的发展趋势有关，自 2014 年开始，PPP 模式在我国农业基础设施领域得以大力推广和运用，次年即 2015 年呈现好的效果，而随着 PPP 模式加快推进，出现井喷式发展，技术、资金、人才等各方面跟不上 PPP 推广的步伐，出现短缺，进而导致有效投资降低。随后，国家政策加以调整，加大对 PPP 项目的监管力度，投资效率逐渐回升。

分地区来看，从图 5－1 中可以看出，我国农业基础设施 PPP 投资综合效率东部＞中部＞西部。其中，东部地区表现最好，且各省份之间相对

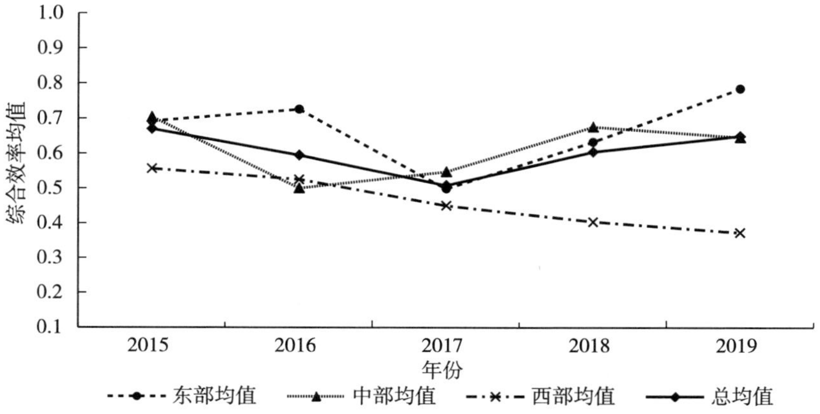

图5-1　我国农业基础设施PPP投资综合效率均值趋势

差距较小，5年均值为0.666；其次是中部地区为0.614，与东部地区差距不大；表现最差的西部地区5年均值仅为0.464。东部地区是我国经济发达城市的聚集地，良好的外部经济环境、社会资本方技术和人才为农业基础设施投资提供了大力支持，这也正是中西部地区所欠缺的，因此东部地区PPP投资综合效率在三个地区中表现最佳，2019年达到峰值0.784。此外，东部地区各省份（除广东、广西外）农业基础设施PPP投资综合效率比较靠近，其中，辽宁最佳，在全国排第3位，江苏、浙江、河北、福建紧随其后。

我国中部地区农业基础设施PPP投资综合效率居中，但各省份差异较大。其中，黑龙江、吉林表现最佳，5年综合效率均值分别为0.895和0.824，分别居全国第1和第2位。这两省作为传统农业大省和粮食主产区，农业发展一直是省内重要的经济支撑，政府对农业基础设施建设极为重视，在很大程度上促进了PPP投资的有效发展。而安徽、河南同样作为农业大省，农业基础设施PPP投资综合效率仅为0.4左右，在20个省份中排名靠后，这与其本身经济基础一般、旱涝灾害频发有一定关系。

西部地区农业基础设施PPP投资综合效率最低，与东部、中部差距较大，各省份整体上排名靠后。表现最好的陕西省，也仅在20个省份当中排名第12位，5年综合效率均值为0.576，而排名最后一位的甘肃省仅为

0.374。这主要是受地理环境影响，西部地区人口相对较少，可供开发的有效土地面积不大，农作物生长条件和环境欠佳。加之西部地区一直是我国经济发展较为落后的地区，人才、资金受限，影响了农业基础设施 PPP 投资的有效性。

2. 纯技术效率

纯技术效率表示在一定规模下企业的生产效率，即规模水平一定的情况下，技术越先进的企业，生产效率越高。由表 5－4 可知，总体上，2015—2019 年我国农业基础设施 PPP 投资纯技术效率总均值均在 0.7 以上，虽然距离纯技术效率前沿还有一定差距，但相比综合效率有所提高，呈先抑后扬的趋势。2015 年我国农业基础设施 PPP 投资纯技术效率总均值为 0.789，但 2016 年出现了大幅下降，跌至 0.708，下降了 10.27%，之后逐年回升，在 2019 年达到最高值 0.805。其主要原因是 2016 年较 2015 年，投资规模扩大了二分之一，投资项目数增加了近一倍，但产出几乎相当，这说明存在大量投入冗余，技术水平未能将投资规模的作用有效释放，导致 2016 年纯技术效率出现大幅下滑。随后几年我国加大农业基础设施建设科技投入，运用先进技术，不断提高产出水平，提升技术效率。

表 5－4　2015—2019 年我国农业基础设施 PPP 投资纯技术效率（PTE）

区域	省份	2015 年	2016 年	2017 年	2018 年	2019 年	5 年平均值	排名
东部	福建	1.000	1.000	0.734	0.662	0.607	0.801	8
	广东	0.413	0.419	0.541	1.000	1.000	0.675	13
	广西	0.662	1.000	0.674	0.356	1.000	0.738	11
	河北	0.831	0.881	0.676	0.827	0.765	0.796	9
	辽宁	1.000	1.000	1.000	0.542	1.000	0.908	7
	江苏	1.000	1.000	1.000	1.000	1.000	1.000	1
	山东	1.000	1.000	1.000	1.000	1.000	1.000	1
	浙江	1.000	1.000	1.000	1.000	1.000	1.000	1
	均值	0.863	0.913	0.828	0.798	0.922	0.865	

（续）

区域	省份	2015 年	2016 年	2017 年	2018 年	2019 年	5 年平均值	排名
中部	安徽	0.392	0.308	0.593	0.330	0.673	0.459	20
	河南	0.985	0.690	1.000	1.000	1.000	0.935	5
	黑龙江	1.000	0.909	1.000	1.000	0.798	0.941	4
	湖南	0.792	0.327	0.968	1.000	0.781	0.774	10
	吉林	1.000	0.754	1.000	1.000	0.872	0.925	6
	江西	1.000	0.707	0.343	0.589	0.628	0.653	14
	内蒙古	0.517	0.223	0.479	1.000	0.843	0.612	16
	山西	0.776	0.683	0.422	0.428	0.767	0.615	15
	均值	0.808	0.575	0.726	0.793	0.795	0.739	
西部	甘肃	0.500	0.500	0.535	0.630	0.500	0.533	17
	陕西	0.607	0.776	0.447	0.582	1.000	0.682	12
	云南	1.000	0.298	0.436	0.342	0.493	0.514	18
	贵州	0.308	0.678	0.496	0.498	0.376	0.471	19
	均值	0.604	0.563	0.479	0.513	0.592	0.550	
总均值		0.789	0.708	0.717	0.739	0.805	0.752	

分地区来看，2015—2019 年各地区农业基础设施 PPP 投资纯技术效率呈波动趋势（图 5-2）。其中表现最好的是东部地区，排名前 10 的省份中有 6 家位于该地区，且江苏、山东和浙江三个省份的纯技术效率 5 年均处于纯技术效率前沿面上。东部地区纯技术效率均值最高的年份是 2019 年，达到了 0.922，最低的 2018 年为 0.798，5 年均值为 0.865，远超全国平均水平。其次是中部地区，5 年的均值为 0.739，与全国平均水平相当。与东部地区不同的是，中部地区表现最好的年份是 2015 年，纯技术效率均值为 0.808，最不好的是 2016 年仅为 0.575，相较 2015 年出现了大幅下降。这与 2016 年中部地区农业基础设施 PPP 建设发展过快，技术水平跟不上发展步伐有关。表现最不好的是西部地区，但相较综合技术效率，西部地区在纯技术效率方面也表现得稍好一些，5 年均值达到了 0.550。但不可否认的是，就全国而言，仍然是西部地区拉低了全国平均水平，这也进一步凸显了我国农业基础设施 PPP 项目发展不平衡，投资效率差异明显。

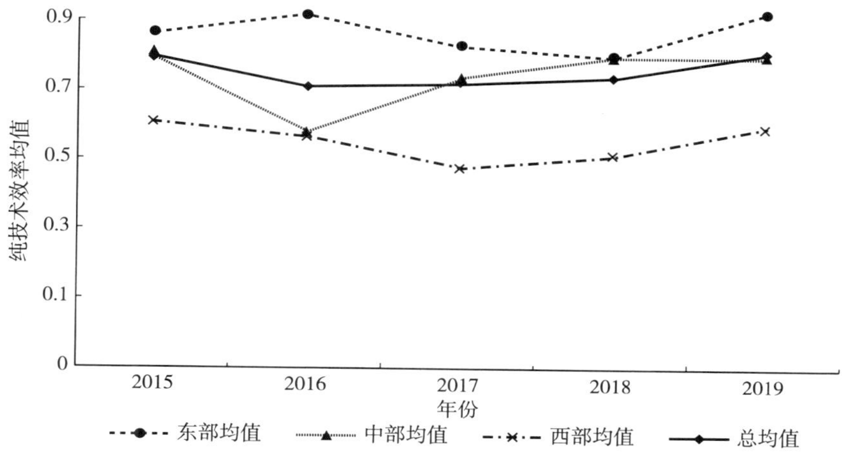

图 5－2　我国农业基础设施 PPP 项目投资纯技术效率均值趋势

3. 规模效率

规模效率指产业结构通过优化配置对产出单元所发生作用的大小，通俗地讲即投入与产出之间的比值情况。由表 5－5 可知，我国农业基础设施 PPP 投资规模效率 5 年均值为 0.823，虽然距离规模效率前沿面有一定差距，但整体水平相较于纯技术效率表现更好。2015—2019 年规模效率呈小幅波动变化趋势，2016 年较 2015 年规模效率总均值上升了 0.012，但 2017 年出现了较大幅度的下滑，从 0.862 下滑至 0.752，下降了 12.76%。之后到 2018 年又有了较大幅度的提升，增长至 0.844，超过平均水平，而 2018 年至 2019 年期间又有了轻微的下降，2019 年的规模效率总均值为 0.808，总体上呈波动变化趋势（图 5－3）。这与我国农业基础设施 PPP 项目发展轨迹相似。

表 5－5　2015—2019 年我国农业基础设施 PPP 投资规模效率（SE）

区域	省份	2015 年		2016 年		2017 年		2018 年		2019 年		5 年平均值	排名
		SE	RTS	SE	RTS	SE	RTS	SE	RTS	SE	RTS		
东部	福建	0.835	drs	0.924	drs	0.537	drs	0.976	drs	0.872	irs	0.829	12
	广东	0.822	drs	0.964	drs	0.561	drs	0.721	drs	0.980	irs	0.810	14
	广西	0.932	drs	0.631	drs	0.775	drs	0.902	irs	0.724	irs	0.793	15
	河北	0.804	drs	0.976	drs	0.681	drs	0.944	drs	0.964	irs	0.874	8

（续）

区域	省份	2015年		2016年		2017年		2018年		2019年		5年平均值	排名
		SE	RTS	SE	RTS	SE	RTS	SE	RTS	SE	RTS		
东部	辽宁	1.000	—	1.000	—	1.000	—	0.950	drs	0.299	drs	0.850	11
	江苏	0.503	drs	0.975	drs	0.465	drs	0.654	drs	1.000	—	0.719	17
	山东	0.651	drs	0.614	drs	0.514	drs	0.471	drs	1.000	—	0.650	19
	浙江	0.922	drs	0.395	drs	0.328	drs	0.948	drs	1.000	—	0.719	17
	均值	0.809		0.810		0.608		0.821		0.855		0.780	
中部	安徽	0.795	drs	0.991	drs	0.839	drs	0.968	drs	0.938	irs	0.906	5
	河南	0.648	drs	0.517	drs	0.495	drs	0.303	drs	0.276	drs	0.448	20
	黑龙江	1.000	—	0.982	drs	0.889	drs	1.000	—	0.868	irs	0.948	2
	湖南	0.522	drs	0.978	drs	0.632	drs	1.000	—	1.000	—	0.826	13
	吉林	0.987	drs	0.963	drs	0.708	drs	0.850	—	0.971	drs	0.896	7
	江西	1.000	—	0.942	irs	0.987	irs	0.959	drs	0.970	irs	0.972	1
	内蒙古	0.991	drs	0.901	irs	0.943	irs	1.000	—	0.901	irs	0.947	3
	山西	0.991	irs	0.783	irs	0.914	irs	0.854	irs	0.740	irs	0.856	10
	均值	0.867		0.882		0.801		0.867		0.833		0.850	
西部	甘肃	0.681	irs	0.711	irs	0.905	irs	0.736	irs	0.654	irs	0.737	16
	陕西	0.995	irs	0.996	drs	0.949	drs	0.813	irs	0.604	irs	0.871	9
	云南	1.000	—	0.998	drs	0.959	drs	0.842	drs	0.755	irs	0.911	4
	贵州	0.917	irs	0.999	drs	0.951	drs	0.984	irs	0.651	irs	0.900	6
	均值	0.898		0.926		0.941		0.844		0.666		0.855	
总均值		0.850		0.862		0.752		0.844		0.808		0.823	

注：RTS指规模报酬，drs指规模报酬递减，irs指规模报酬递增。

分地区来看，与综合技术效率和纯技术效率不同的是，规模效率5年均值西部最高，为0.855，中部略低，为0.850，而东部最低，为0.780。西部地区农业基础设施投资规模效率最高，说明其综合效率较低更多是由纯技术效率引起的。从规模报酬的增减情况看，2015年规模报酬递减的省份有12个，占比为60%，大都集中在东部、中部地区，2016年和2017年占比都为75%，2018年为55%，只有2019年最低为15%（表5-5）。这表明在2019年之前相应省份农业基础设施PPP投资效率处于边际产出低于平均产出的状况，存在投资过量的情况。而 2019 年之后规模报酬递减的省份大幅度减少的原因可能是各省份纯技术效率提高，改善了 PPP 投资的技术与管理水平，促进项目在增加投入的同时增加最终产出。

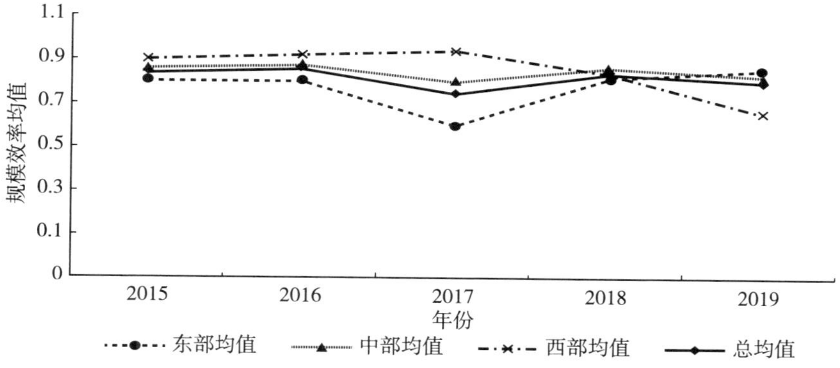

图 5-3 我国农业基础设施 PPP 投资规模效率均值趋势

总体来看，东部地区的综合效率相比中部、西部地区较高，主要是由于东部地区的技术水平远超中部、西部地区，更先进的生产技术优化了投入产出比，并非是由东部地区投资量大所导致的，而西部地区想要提升 PPP 有效投资当务之急是提升技术水平和扩大 PPP 项目的投入规模。

（二）动态效率分析

通过数据标准化处理，本节使用 DEAP 2.1 软件进行模型计算和数据处理，得出我国 20 个省份农业基础设施 PPP 投资的 Malmquist 指数及其分解指标变动结果（表 5-6、表 5-7、表 5-8）。

表 5-6 2015—2017 年我国农业基础设施 PPP 投资 Malmquist 指数及其分解指标变动

区域	省份	2015—2016 年					2016—2017 年				
		Effch	Techch	Pech	Sech	Tfpch	Effch	Techch	Pech	Sech	Tfpch
东部	福建	1.106	0.878	1.000	1.106	0.971	0.300	1.115	0.634	0.473	0.334
	广东	1.188	0.976	1.013	1.173	1.160	0.753	0.887	1.292	0.582	0.667
	广西	1.023	1.059	1.511	0.677	1.084	0.496	0.871	0.563	0.881	0.433

（续）

区域	省份	2015—2016年					2016—2017年				
		Effch	Techch	Pech	Sech	Tfpch	Effch	Techch	Pech	Sech	Tfpch
东部	河北	1.288	0.752	1.061	1.215	0.969	0.896	0.887	0.993	0.902	0.795
	辽宁	1.000	1.334	1.000	1.000	1.334	1.000	0.999	1.000	1.000	0.999
	江苏	1.936	0.916	1.000	1.936	1.774	0.477	0.879	1.000	0.477	0.419
	山东	0.943	0.541	1.000	0.943	0.510	0.838	0.887	1.000	0.838	0.743
	浙江	0.428	0.914	1.000	0.428	0.391	0.830	1.086	1.000	0.830	0.901
	均值	1.114	0.921	1.073	1.060	1.024	0.699	0.951	0.935	0.748	0.661
中部	安徽	0.981	0.815	0.786	1.248	0.800	0.903	0.887	0.953	0.947	0.800
	河南	0.559	0.718	0.700	0.798	0.401	1.388	0.887	1.450	0.957	1.231
	黑龙江	0.893	0.632	0.909	0.982	0.564	0.995	0.887	1.100	0.905	0.882
	湖南	0.773	0.834	0.413	1.873	0.644	1.912	0.887	2.960	0.646	1.695
	吉林	0.736	1.061	0.754	0.976	0.781	0.975	1.144	1.327	0.735	1.115
	江西	0.666	1.004	0.707	0.942	0.669	0.360	1.080	0.344	1.048	0.389
	内蒙古	0.392	1.417	0.430	0.910	0.555	2.252	1.068	2.152	1.047	2.405
	山西	0.695	1.511	0.880	0.790	1.051	0.379	1.086	0.325	1.168	0.412
	均值	0.712	0.999	0.697	1.065	0.683	1.146	0.991	1.326	0.932	1.116
西部	甘肃	1.044	0.987	1.000	1.044	1.031	2.544	0.987	2.000	1.272	2.512
	陕西	1.279	0.727	1.278	1.001	0.929	0.550	0.887	0.576	0.954	0.487
	云南	0.297	0.344	0.298	0.998	0.102	0.762	0.887	0.793	0.961	0.676
	贵州	2.401	0.857	2.203	1.090	2.059	0.696	0.887	0.732	0.952	0.617
	均值	1.255	0.729	1.195	1.033	1.030	1.138	0.912	1.025	1.035	1.073
总均值		0.872	0.870	0.866	1.007	0.759	0.817	0.954	0.960	0.851	0.780

表5-7　2017—2019年我国农业基础设施PPP投资Malmquist指数及其分解指标变动

区域	省份	2017—2018年					2018—2019年				
		Effch	Techch	Pech	Sech	Tfpch	Effch	Techch	Pech	Sech	Tfpch
东部	福建	2.335	0.884	1.045	2.234	2.063	1.083	0.954	1.068	1.014	1.033
	广东	2.883	1.299	1.847	1.560	3.743	1.119	1.215	1.000	1.119	1.360
	广西	0.539	1.443	0.333	1.622	0.778	2.282	1.256	2.337	0.802	2.867

（续）

区域	省份	2017—2018 年					2018—2019 年				
		Effch	Techch	Pech	Sech	Tfpch	Effch	Techch	Pech	Sech	Tfpch
东部	河北	1.223	1.328	1.142	1.071	1.625	0.781	1.005	0.765	1.022	0.785
	辽宁	0.515	0.697	0.542	0.950	0.359	0.581	0.808	1.846	0.315	0.470
	江苏	1.407	1.232	1.000	1.407	1.734	1.529	1.401	1.000	1.529	2.142
	山东	0.916	1.318	1.000	0.916	1.208	2.123	1.400	1.000	2.123	2.974
	浙江	2.894	1.171	1.000	2.894	3.388	1.055	1.770	1.000	1.055	1.867
	均值	1.589	1.172	0.989	1.582	1.862	1.569	1.226	1.627	1.122	2.001
中部	安徽	1.159	1.308	1.125	1.031	1.517	2.936	0.738	3.029	0.969	2.167
	河南	0.532	1.444	1.000	0.532	0.768	1.050	1.438	1.000	1.050	1.509
	黑龙江	1.125	1.793	1.000	1.125	2.017	0.692	1.253	0.798	0.868	0.868
	湖南	1.635	1.431	1.033	1.582	2.341	0.781	1.013	0.781	1.000	0.791
	吉林	1.413	1.819	1.000	1.413	2.571	0.847	0.392	0.872	0.971	0.332
	江西	1.956	1.495	2.013	0.972	2.924	1.298	0.508	1.283	1.012	0.659
	内蒙古	1.781	0.973	1.681	1.060	1.733	0.944	0.838	1.047	0.901	0.791
	山西	0.538	1.777	0.576	0.934	0.956	2.202	0.545	2.006	0.866	1.200
	均值	1.267	1.505	1.179	1.081	1.853	1.344	0.841	1.852	0.955	1.244
西部	甘肃	0.407	1.139	0.500	0.814	0.464	0.887	0.954	0.999	0.888	0.847
	陕西	1.115	1.386	1.302	0.856	1.545	1.276	1.328	1.718	0.743	1.695
	云南	0.899	1.503	1.024	0.878	1.352	1.829	0.881	2.038	0.897	1.611
	贵州	1.039	1.264	1.005	1.035	1.314	0.499	1.151	0.754	0.662	0.574
	均值	0.865	1.323	0.958	0.896	1.169	1.123	1.079	1.377	0.798	1.182
总均值		1.127	1.303	0.975	1.156	1.468	1.241	0.978	1.326	0.936	1.214

根据 Malmquist 指数的定义，当 M 指数>1 时，表示我国农业基础设施 PPP 有效投资有所提高，当 M 指数<1 时，表明有效投资下降。由表 5-6 可知，2015—2017 年个别地区农业基础设施 PPP 有效投资上升较快，如河南、内蒙古，但有些地区出现一定程度下降，如贵州、江苏。2017—2019 年有效投资上升很快，2018 年全要素生产率达到 1.468，2019 年虽略有下降，但仍维持 21.4%的增长。

由表 5-8 可知，2015—2019 年我国农业基础设施 PPP 投资除规模效率变化均值小于1外，其他效率变化均值均大于1。全要素生产率变化的均值为1.055，说明我国农业基础设施PPP有效投资整体上以每年5.5%的速度增长，且这种增速主要是由于技术提升所带动的。

表5-8　2015—2019年我国农业基础设施PPP投资TFP指数及其分解值

年份	技术效率变化 (Effch)	技术水平变化 (Techch)	纯技术效率变化 (Pech)	规模效率变化 (Sech)	全要素生产率变化 (Tfpch)
2015—2016	0.872	0.870	0.866	1.007	0.759
2016—2017	0.817	0.954	0.960	0.851	0.780
2017—2018	1.127	1.303	0.975	1.156	1.468
2018—2019	1.241	0.978	1.326	0.936	1.214
均值	1.014	1.026	1.032	0.988	1.055

由图5-4可以看出，我国农业基础设施PPP投资全要素生产率及其分解值在2015—2019年虽然波动较大，但整体上呈上升趋势。2015—2016年，各项指标值，除了规模效率有较细微的增幅以外，其他各项值都低于1，处于下降状态。2016—2017年各项分解值中除技术效率和规模效率呈现下降外，其他值都呈现上升趋势，全要素生产率也略有提升，而随后的2017—2018年，各项数值都得到了很大改善，基本维持在1以上，在技术效率和规模效率方面都得到了较好提升。特别是2018年全要素生产率增幅达46.8%，主要原因是其2017年基数低，同时2018年的各项投入产出值有了明显改善。而2018—2019年增幅略有下降。

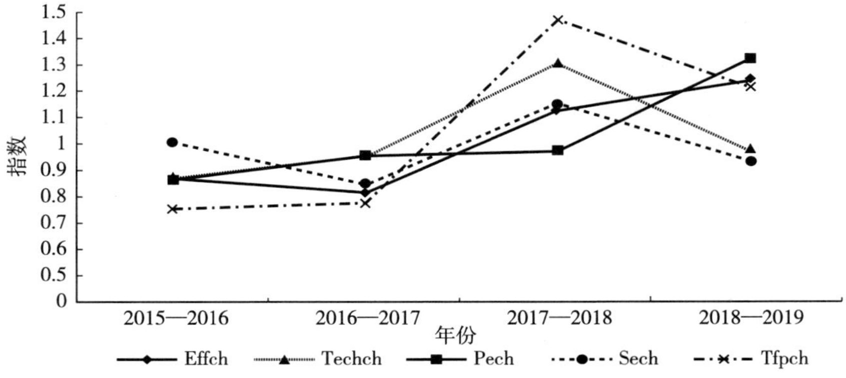

图5-4　2015—2019年我国农业基础设施PPP投资TFP及其分解值变化情况

从我国各地区全要素生产率变化情况来看，西部地区发展相对更加平稳，2015—2019 年各年全要素生产率变化值均在 1 以上，且保持小幅增长。而东部和中部地区有较大的波动。东部地区 2015—2016 年小幅增长，而 2016—2017 年出现了大幅下降，可能是受 2017 年国家对全国 PPP 项目规范整顿的影响。2017—2019 年的两年间则出现整顿之后的良性发展，PPP 有效投资出现了大幅提升。中部地区的全要素生产率在 2015—2016 年出现大幅下降，随后几年一直提升，其中 2018 年的同比增幅最大，达 66.04%（图 5－5）。2017—2018 年除河南和内蒙古两省份全要素生产率有所下滑外，其他省份都出现了大幅增长。总体上而言，西部地区农业基础设施 PPP 项目投资情况发展相对平稳，保持低速缓慢增长态势，而东部和中部地区由于有较发达的经济市场，且 PPP 项目参与者众多，又属于人口集聚地，PPP 有效投资受到多种因素影响，因此有效投资波动也较大，但整体向好。

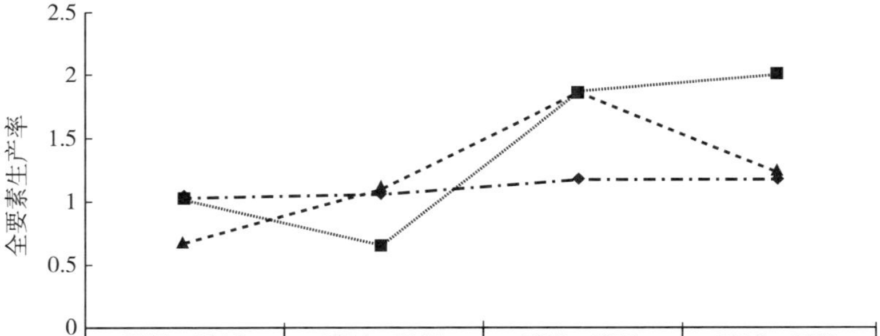

	2015—2016	2016—2017	2017—2018	2018—2019	年份
东部	1.024	0.661	1.862	2.001	
中部	0.683	1.116	1.853	1.244	
西部	1.030	1.073	1.169	1.182	

图 5－5　2015—2019 年东、中和西部地区农业基础设施 PPP 投资全要素生产率变化趋势

综上所述，我国农业基础设施 PPP 有效投资在经过前几年的大幅波动之后，自 2018 年开始保持一定的正向发展态势，无论是较为发达的东部地区，还是发展相对落后的西部地区，农业基础设施 PPP 投资都能稳步推进，而要想保持这种高效平稳的发展态势，应当不断提升技术水平，以此来提高产出水平，增加有效投资。

第二节　基于Tobit模型的农业基础设施PPP有效投资影响因素分析

从上一节的实证结果可以看出，动态上我国农业基础设施PPP有效投资保持正向的发展态势，个别省份增速明显，且综合效率较高。但总体上有效投资不高且地区差异明显。造成这种局面的原因是什么？主要影响因素有哪些？程度如何？为了进一步深入分析，在借鉴国内外研究成果的基础上，本节利用Stata软件进行Tobit模型回归，探究农业基础设施PPP有效投资的影响因素。

一、Tobit模型构建

Tobit模型，又称截尾回归模型、删失回归模型，是美国著名经济学家詹姆斯·托宾（James Tobin）于1958年在分析消费品需求时提出的一个经济计量模型。前文经过DEA测算的技术效率值介于0和1之间，若使用最小平方法进行回归，参数估计值就会出现偏离，但Tobit模型可以防止这一问题发生。因此本节将表5-3所测算的综合效率值作为被解释变量构建Tobit模型，具体模型构建如下：

$$Y_{it}=\beta_0+\beta_1X_{1it}+\beta_2X_{2it}+\beta_3X_{3it}+\beta_4X_{4it}+\beta_5X_{5it}+\beta_6X_{6it}+\beta_7X_{7it}+\varepsilon \quad (5-6)$$

该模型中，Y为被解释变量，β_0为常数项，X_1、X_2、X_3、X_4、X_5、X_6、X_7分别代表各解释变量，β_1、β_2、β_3、β_4、β_5、β_6、β_7为各自变量的回归系数，$i(i=1,2,\cdots,20)$为数量，$t(t=1,2,\cdots,5)$为时期数，ε为残差项。

二、变量选取及相关假设

农业基础设施PPP有效投资受到多重因素的影响，国内外学者在这一领域开展了大量研究，主要集中在PPP项目方面。相关研究表明，宏观经济环境、政治环境、制度环境、PPP 项目本身、政府与社会资本之间的关系及职责划分等对有效投资产生影响（Chan et al.，2010，Galilea et al.，2010；张喆等，2009；刘穷志，彭彦辰，2017；高若兰，2018；王贤，2019）。通过分析国内外研究成果并结合我国实际情况，本节选取农业基础设施投资有效值即 PPP 投资综合效率值作为被解释变量，从宏观经济环境、法律制度环境以及 PPP 项目本身三个方面选取解释变量，并提出相关假设。

（一）宏观经济环境

1. 经济发展水平

经济发展水平是衡量一个地区宏观经济发展的重要指标，常用人均 GDP 表示。理论和实证研究均表明，经济发展与基础设施建设密不可分，相互促进。良好的经济发展水平推动农业基础设施投资，为农业基础设施投资提供资金来源。反过来，农业基础设施投资也会促进当地农业农村经济发展（Sharma，2012；曾福生，蔡保忠，2018；王定祥，刘娟，2019）。经济发展水平高的地区投资环境好，居民需求高，改善农业基础设施投资水平的能力和意愿强，有利于 PPP 模式的推广应用，进一步推动农业基础设施有效投资的提高。因此，本节提出假设：

假设 1：经济发展水平越高，农业基础设施 PPP 项目有效投资越高。

2. 市场经济环境

良好的市场经济环境是 PPP 项目得以顺利运营的基本条件和保障，一般用市场化指数来表示市场经济环境。市场化指数能较好地反映政府与市场的关系、产品和要素市场的发育程度、市场中介组织的发育程度和市场环境等（樊纲，2018）。通常情况下，政府过度干预容易导致项目失败，政府对市场的干预越小，越有利于发挥市场在资源配置中的决定性作用。生产要素的流动有利于经济的发展和技术效率的提高（Chan et al.，2011；韩中，2010）。PPP 项目作为政府与社会资本共同参与的项目，政府与市场的关系对项目顺利开展和实施以及良好伙伴关系的维持具有重要影响。因此，本节提出假设：

假设 2：市场经济环境越好，市场化指数越高，农业基础设施 PPP 项目有效投资越高。

3. 政府财政供给能力

各地农业基础设施以及PPP项目的发展状况与当地政府的财政供给能力有关，也在一定程度上体现当地经济发展水平（Galilea，2010；张牧扬等，2019）。政府付费和可行性缺口补助项目需要财政资金的大力支持，财政收入直接影响着PPP项目的可持续发展和有效投资（刘穷志，张莉莎，2020）。财政支出的规模和结构反映着当地社会经济发展状况，财政支出占财政收入的比重能较好地反映财政供给能力。因此，本节提出假设：

假设3：政府财政供给能力越强，农业基础设施PPP项目有效投资越高。

4. 城乡一体化程度

随着全面小康的实现，乡村振兴战略的进一步推进和新型城市化的发展，我国对农业基础设施需求的数量和质量大大提高，这有利于促进农业基础设施的发展以及PPP项目在农业基础设施领域的运用（韩连贵，2017；武献华，董晓伟，2018）。用城市基础设施建设的理念和标准来加强农业基础设施的建设，不仅可以提高农业基础设施建设的现代化水平，也有利于着眼于长远和全局，统筹安排，节约成本。目前，涉及城乡一体化的农业基础设施PPP项目在管理库中有道路、水利等相关项目以及专门的城乡一体化供水项目。总的来说，城乡一体化水平将在一定程度上对农业基础设施PPP项目投资的有效性产生影响（Cheung，Rowlinson，2011；孟巍，2019）。城市化水平是城乡一体化程度的重要衡量指标，本节采用城镇常住人口占总人口的比重来表示。因此，本节提出假设：

假设4：城乡一体化程度即城市化水平越高，农业基础设施PPP项目有效投资越高。

（二）法律制度环境

良好的法律制度环境是PPP项目开展的重要条件，能为社会资本参与PPP项目提供激励和保障（Djankov et al.，2006；刘穷志，芦越，2016；王守清等，2020）。契约精神是政府与社会资本即公私双方伙伴关系得以持续发展的前提，而相关政策、法律法规的完善程度是影响PPP模式落地率和有效性的重要因素之一（张剑智等，2014；Chen，Doloi，2008；郑宏运，李谷成，2020），也为风险分担和利益分享提供依据。地方有关农业基础设施 PPP 的法律法规基本上都是在中央相关 PPP 法律法规的大框架下制定和执行的。2014 年是我国 PPP 发展元年，PPP 项目快速增长，有关农业基础设施的 PPP 项目迅速增多，同时在发展过程中也出现了一些问题，2017 年国家开始规范整顿，出台了大量法律法规，PPP 项目进入良性发展阶段。可以看出，完善的法律法规是良好法律制度环境的重要体现，完善规范的法律制度是农业基础设施 PPP 项目稳定发展的保障。因此，本文以 2017 年为界，采用虚拟变量，2017 年之前赋值为 0，2017 年之后赋值为 1。在此基础上，本节提出假设：

假设 5：法律制度越完善，农业基础设施 PPP 项目有效投资越高。

（三）PPP 项目本身

1. 项目规模大小

项目规模大小一般指项目总投资额，即农业基础设施 PPP 项目中政府投资和社会资本投资金额的总和。根据经济学的边际产量递减规律和规模经济效应理论，项目规模对农业基础设施 PPP 有效投资会产生影响（Yang，2010；彭彦成，2019）。在一定范围内，规模越大，平均成本越低，越经济，从而增加产出水平，但超过一定的限度则会规模不经济。同样，根据边际产量递减规律，在一定的范围内，投资金额的增加能够提高产出水平，超出一定的规模则会导致产出减少（Moszoro，2014）。农业基础设施 PPP 项目规模的设定是根据物有所值评价，并在政府与社会资本双方充分论证的情况下确定的，所以一般情况下不会出现投资金额过大的情况。此外，规模效应将体现规模优势，带来行业技术效率的增长，促进有效投资提高（魏峰，荣兆梓，2012；张涑贤等，2020）。因此，本节提出假设：

假设 6：农业基础设施 PPP 项目投资规模越大，有效投资越高。

2. 项目合作时间

合作时间是 PPP 项目的必备要素，也是不同 PPP 实现方式的差异性特征之一。目前 BOT 作为最主要的 PPP 运作方式，每个项目的合作时间存在差异。一般而言，PPP 项目合作持续时间较长，10～30 年者居多。项目合作时间的长短会对项目管理成本、财务成本、固定资产投资产生影响。项目持续时间越长，一方面，项目投资成本可能越大，固定平均成本相应越低，但管理成本可能增加，且项目固定资产更新换代所带来的成本增加（张海星，2014；王贤，2019）。另一方面，随着项目合作时间的增长，项目投资风险不确定性增加，项目风险也会相应增加（Zhang et al.，2016；胡振等，2017）。因此，本节提出假设：

假设 7：农业基础设施 PPP 项目合作时间过长会降低有效投资。

综上所述，宏观经济环境选取经济发展水平、市场经济环境、政府财政供给能力、城乡一体化程度四个指标；法律制度环境用法律法规的完善程度表示；PPP 项目本身选取项目规模大小、项目合作时间两个指标。具体变量、释义及计算依据如表 5－9 所示。

表 5－9　农业基础设施 PPP 有效投资影响因素指标

变量名称	变量符号	释义	数据
农业基础设施 PPP 有效投资	Y	农业基础设施 PPP 投资综合效率	农业基础设施 PPP 投资综合效率值
经济发展水平	X_1	各地区宏观经济发展水平	人均 GDP（元/人）
市场经济环境	X_2	政府与市场关系、市场发育程度等	市场化指数
政府财政供给能力	X_3	各地区财政支出与财政收入的关系	地区财政支出占财政收入的比重（%）
城乡一体化程度	X_4	城市化水平	城市人口占总人口的比重（%）
法律制度环境	X_5	法律法规、政策的制定和推行	2017 年之前赋值为 0，2017 年之后赋值为 1
项目规模大小	X_6	项目库农业基础设施 PPP 项目平均投资规模	PPP 项目政府投资和社会资本投资总金额除以项目个数
项目合作时间	X_7	项目库农业基础设施 PPP 项目平均持续时间	项目合作总时间除以项目个数

（四）数据来源及说明

PPP 项目有关数据来源于财政部 PPP 中心、明树数据，市场化指数中

2015—2016 年数据来自《中国分省份市场化指数报告（2018）》，2017—2018 年数据根据俞红海等（2010）的计算方法得出。其他数据来源于《中国统计年鉴》《中国农村统计年鉴》《中国人口与就业统计年鉴》《中国财政年鉴》。

三、实证结果及分析

本节使用 Stata 12.0 软件计算 Tobit 模型，得到回归系数并进行显著性检验，计算结果如表 5-10 所示。

表 5-10　影响因素 Tobit 回归结果

被解释变量	解释变量	系数	标准误差	P 值
农业基础设施 PPP 有效投资	X_1	1.791	2.331	0.444
	X_2	0.025	0.025	0.333
	X_3	0.152	0.055	0.007**
	X_4	0.013	0.005	0.009**
	X_5	−0.138	0.055	0.013*
	X_6	−5.341	2.242	0.019*
	X_7	0.002	0.007	0.788
	C	−0.658	0.350	0.063

注：* 和 ** 分别表示在 5%和 1%水平下显著。

由表 5-10 可知，我国农业基础设施 PPP 有效投资的 7 个影响因素中有 4 个因素分别通过了 5%和 1%水平上的显著性检验。其中，政府财政供给能力和城乡一体化程度与原假设相符，法律制度环境和项目规模大小与原假设相背离。而经济发展水平、市场经济环境和项目合作时间则未能通过显著性检验。具体如下：

假设 1：经济发展水平未通过显著性检验。一般情况下经济发展水平越高意味着社会整体发达程度越高，人民的生活水平和收入也越高，但是人均 GDP 的增加并不一定会提高农业基础设施 PPP 有效投资。当前社会经济发展主要靠城市经济拉动，且农村大部分人口向城市转移，资金也向城市聚集，因此现阶段人均GDP的提升主要是由于城市经济的快速发展所导致的，所以经济发展水平（人均GDP）对农业基础设施PPP有效投资并无显著影响。

假设2：市场经济环境未能通过显著性检验。一方面，虽然良好的市场经济环境是PPP项目得以运营的基本条件，但是市场化程度越高并不能直接带来农业基础设施PPP有效投资的提升。另一方面，市场化程度高会加速各个领域PPP模式的运用，而农业基础设施收益低、风险大的特点决定其吸引力低，社会资本更倾向投向市政、养老等其他行业，导致市场经济环境对农业基础设施PPP有效投资并无显著影响。

假设3：政府财政供给能力与农业基础设施PPP有效投资在1%的置信水平下成正相关。一方面，绝大部分农业基础设施具有纯公共产品性质或较强公益性，为解决外部性问题，由政府投资兴建。另一方面，农业基础设施PPP项目主要为农业、农村服务，旨在带动当地农业农村经济发展和农民就业，所以很大一部分投入是由当地政府提供，采取政府补偿或政府全额出资的方式建设。因此，地方财政支出占财政收入之比越高，说明政府财政支出能力越强，财政供给越充分，有助于农业基础设施PPP项目的建设和发展。同时，这也表明政府对于财政资金的使用态度，有助于促进农业基础设施PPP项目的有效开展，提升其有效性。

假设4：城乡一体化程度与农业基础设施PPP有效投资在1%的置信水平下成正相关。城乡一体化首先体现在农民市民化即人的城市化，表现为人口向城市聚集。其次体现在基础设施的一体化，随着乡村振兴战略的推进，城乡公路、水利、电力的一体化程度越来越高。这一方面为农业基础设施PPP项目建设提供好的基础，可以有效节约投资成本，另一方面也便于管理，提升农业基础设施的使用程度，所以很大程度上提升了农业基础设施PPP投资的有效性。

假设5：法律制度环境与农业基础设施PPP有效投资在5%的置信水平下成负相关。2017年之后国家开始对PPP投资进行大力规范整顿，制定出台大量法律法规，以推动PPP项目良性发展，法律的规范性和严肃性，一定程度上会抑制一部分想参与PPP项目的投机行为。并且由于2017年规范整顿后的样本时间较短，而农业基础设施 PPP 有效投资本身存在滞后性，因此回归结果与原假设相违背。

假设 6：项目规模大小与农业基础设施 PPP 有效投资在 5%的置信水平下成负相关。项目规模体现资金投入量。如果项目规模太大，各种情况操作起来更加烦琐，成本也会越高，出现规模不经济情况。同样，根据边际产量递减规律，在一定范围内，投资金额的增加能够提高产出水平，超过一定规模则会导致产出减少。所以农业基础设施 PPP 投资项目规模应当控制在合理范围内，盲目扩大项目规模只会导致有效性逐步降低。

假设 7：项目合作时间未能通过显著性检验。虽然项目合作时间越长，会导致不确定性越高，但这种不确定性并不一定会降低有效投资，也有可能会增加投资的有效性。同时，项目持续时间长有利于增强项目合作方之间的互信和项目稳定性，提高投资质量和效益。因此项目合作时间的增加并不一定会降低农业基础设施 PPP 投资的有效性。

第三节　本章小结

为了考察我国农业基础设施 PPP 有效投资及其影响因素，本章利用 DEA - BCC 模型和 Malmquist 指数模型，从静态和动态两个方面对我国 20 个省（自治区）农业基础设施 PPP 投资总体有效性及其区域差异进行实证分析。

从横向静态分析来看，总体上，我国农业基础设施 PPP 投资综合效率较低，基本上维持在 0.5～0.7，纯技术效率相比综合效率有所提高，规模效率表现最好。分地区来看，我国农业基础设施 PPP 投资综合效率表现东部＞中部＞西部。其中，东部地区表现最好，且各省份之间相对差距较小；其次是中部地区，与东部地区差距不大，但各省份差异明显；表现最差的西部地区 5 年均值仅为 0.464。中部地区农业基础设施 PPP 投资综合效率居中，其中黑龙江、吉林表现最佳，分别居全国第 1 位和第 2 位，而安徽、河南在 20 个省份中排名靠后。西部地区农业基础设施 PPP 投资综合效率最低，与东部、中部差距较大，各省份农业基础设施 PPP 投资综合效率均值整体上靠后。

从纵向动态分析来看，2015—2019 年我国农业基础设施 PPP 投资全要素生产率及其分解值虽然波动较大，但整体上呈上升趋势，以每年 5.5%的速度增长，这主要是由技术提升所带动的。分地区来看，东部和中部地区波动较大，但整体向好。而西部地区发展相对更加平稳，保持低速缓慢增长态势。

此外，本章利用 Tobit 回归模型对我国农业基础设施 PPP 有效投资的影响因素进行测度。从回归结果可以看出，政府财政供给能力、城乡一体化程度、法律制度环境和 PPP 项目规模大小分别在 5%、5%、1%和 1%水平上显著，其中政府财政供给能力和城乡一体化程度与原假设相符合，法律制度环境和项目规模大小与原假设相背离。而经济发展水平、市场经济环境和项目合作时间则未能通过显著性检验。

第六章　农业基础设施 PPP 项目有效投资分析：微观视角

项目有效是农业基础设施 PPP 投资整体有效的基础和重要组成部分。在第五章分析我国农业基础设施 PPP 投资整体有效性的基础上，需要进一步探讨对于单个农业基础设施 PPP 项目而言，如何确定其有效投资目标和评价标准，以及如何衡量其有效性。本章在对农业基础设施 PPP 项目有效投资进行目标设定及指标体系构建的基础上，以 MS 水库 PPP 项目为例，进一步进行案例分析，从微观上考察 PPP 项目投资的有效性。

第一节　农业基础设施 PPP 项目有效投资评价的维度

一、农业基础设施 PPP 项目有效投资评价的理论假设

（一）理性人假设

理性人假设是研究经济学问题最基本的假设之一，是探讨投资心理和投资行为时必须要考虑的假设前提，又称经济人假设。其核心思想体现在：从事经济活动的每一个人（包括法人、自然人）都是利己的理性经济人，都试图以最小的投入获得最大的回报。理性人具备完整性、传递性、有理性地选择、自利原则 4 个基本特征，不仅了解自己的偏好，而且能独立作出选择，满足自身需求。但是，投资主体在进行投资时，本质上是在不确定性收益和风险中进行选择。所以，作为理性经济人，无论是个人、家庭、公司，还是其他经济组织，在进行投资决策时，为了找到最优行动方案，实现最佳投资

回报，都必须在成本与收益之间进行反复权衡。

根据投资组合理论，投资者的理性决策是任意一个投资组合落在有效边界上，因为有效边界包含了全部帕累托最优投资组合，即投资是有效率的，而无效边界上的投资组合是无效率的。因此，从理论上而言，作为理性经济人的农业基础设施投资者，不管是社会资本方还是政府公共部门，只需在有效边界上选择投资组合，进行投资决策，就能实现投资收益的最大化（图 6－1）。也就是说，根据理性人假设，农业基础设施 PPP 投资相关主体都是有限理性人，在决策时，以自身利益最大化或效用最大化为原则，选择有效边界上的投资组合。

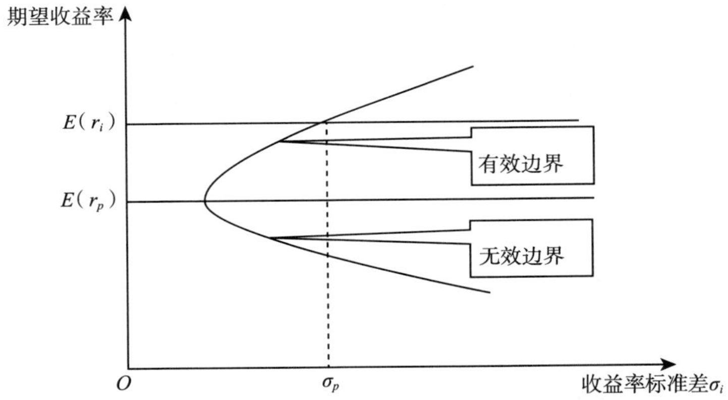

图 6－1　投资组合边界

（二）有效市场假说

有效市场假说是美国芝加哥大学金融学教授尤金·法玛于 1970 年在理性人假设的基础上提出并深化的，该假说认为市场信息充分流通，市场价格合理，且参与市场的投资者均具有足够理性，因此，投资者能够对市场信息作出及时而合理的反应。与之对应的是无效市场，在无效市场里投资者并不完全理性，且市场信息流通也不充分，因此市场可能存在错杀和投机性。一般认为短期市场是无效市场，是随机而不可预测的；而长期市场是有效市场，价格终究会向价值靠拢。

由于农业基础设施 PPP 项目的特殊性，为了保证社会资本参与方的收益和项目的可持续发展，政府与社会资本方合作期限长，一般为 10～30 年，甚至更长。因此，假定农业基础设施 PPP 投资相关主体是理性的，所处市场是有效的，符合农业基础设施 PPP 项目的特点和属性，有利于对有效投资进行进一步分析。

二、农业基础设施 PPP 项目有效投资评价的“4E”维度

（一）“3E”目标向“4E”目标的演进

“3E”概念最早由英国效率小组于 20 世纪 80 年代提出，并作为财政支出评价指标在英国财务管理新方案中推广应用。Fenwick（1995）在“3E”概念的基础上提出公共项目的“3E”评价准则，被广泛应用于西方国家投资项目绩效评价中。其中，经济性是指资源的耗费情况，要求以尽可能低的资源耗费取得既定数量和质量的产品与服务，主要关注成本节约的水平和程度以及资源使用的合理性。经济性好说明耗费的资源少，使用资源合理。效率性是指产出与投入、成果与耗费之间的比例关系。投入究竟产生了什么样的产出水平？效率高意味着投入少，产出高，耗费少，成果多。效果性是指实际取得成果与预期成果之间的对比关系，一般涉及项目投资支出预期目标的实现程度及实际影响，如福利状况的改变程度、政策目标的实现程度、使用者或受益者满意程度等。

随着“3E”准则的广泛应用，以及对公平性的关注和重视，福林（1997）在原来“3E”准则的基础上提出了“4E”准则。“4E”准则认为公平性（Equity）是衡量绩效的重要目标之一，把利益相关方（如项目参与者、实施者、受益者）的满意度以及项目本身的可持续发展充分考虑进去，更有利于全面衡量项目绩效。

（二）农业基础设施 PPP 项目有效投资的“4E”目标

农业基础设施从本质上而言，属于公共产品和公共服务的范畴。在政府财力允许的情况下，由政府财政资金来提供农业基础设施，是公共财政的职

能之一。对政府财政支出项目进行绩效评价，有利于提高财政资金效益和项目质量。PPP视阈下的农业基础设施项目由政府和社会资本共同参与，其投资标准更具全面性和复杂性。“4E”即经济性、效率性、效果性、公平性，可以较好反映农业基础设施PPP项目投资目标，适用于有效投资的标准设定。一方面，“4E”准则适用于PPP项目，有利于对政府和社会资本从项目投入、运营、产出、影响全过程进行科学、客观的评价。另一方面，农业基础设施作为一种先行资本，大多具有公共产品性质，将经济性、效率性、效果性、公平性四个方面应用于有效性评价中，构建农业基础设施PPP项目有效投资的评价指标体系相对全面、合理、可行。

首先，“4E”准则以结果为导向，有利于农业基础设施PPP项目参与方明确目标，协同合作，实现目标。农业基础设施作为一种公共产品，具有一定的非排他性和非竞争性，利用PPP这种融资模式，公共部门和社会资本等私人部门以平等身份共同参与农业基础设施建设，发挥各自优势，扬长避短，以合同为内在协调机制，发挥契约精神，遵守合同约定，有利于项目整体有效运行。

其次，“4E”准则以多维度价值目标为主要内容，有利于农业基础设施PPP项目整体、长远利益的实现以及可持续发展。经济性目标体现农业基础设施PPP项目获取利润及花费成本的合理性；效率性目标体现农业基础设施PPP项目实施过程中投入与产出的比例；效果性目标体现农业基础设施PPP项目产出带来的实际影响；公平性目标体现农业基础设施PPP项目投资运行过程中涵盖经济、政治、文化、社会等领域的一种公平公正状态（图6-2）。总之，农业基础设施PPP项目在运用PPP模式解决农业基础设施建设运营中资金不足和运行相对低效问题的同时，需兼顾公平与效率、短期利益与长期利益、经济效益与社会效益等多重目标。

最后，“4E”准则可以直接反映农业基础设施PPP投资这一行为的影响，有利于不断完善、调整项目投资机制以及加强项目运营管理。农业基础设施PPP项目在投资运行过程中，如果完全达到经济性、效率性、效果性与公平性这四维目标，则证明运用PPP模式来实现农业基础设施投资和供给不仅可行而且有效。

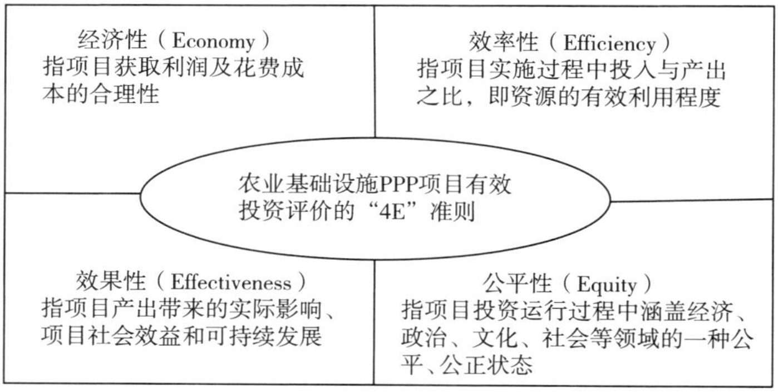

图 6－2　农业基础设施 PPP 项目有效投资评价的“4E”准则

第二节　农业基础设施 PPP 项目有效投资评价方法的选择

一、评价思路和方法选择

农业基础设施 PPP 项目作为农业基础设施领域投融资方式创新的重要内容，有利于促进农业经济发展，提高农民收入。对其有效投资进行评价有利于从微观方面提供决策参考。目前，关于农业基础设施有效投资评价的研究较多，主要集中在 PPP 项目的绩效评价方面。经笔者检索，知网中以“PPP 项目有效投资评价”为关键词的相关研究论文极少，但是以“PPP 项目绩效评价”为关键词的相关研究论文较多，以“4E”为关键词的论文较多。基于前文对于农业基础设施 PPP 项目有效投资的定义，笔者以“PPP”“绩效评价”“4E”“效率评价”为关键词进行文献搜索，梳理相关研究方法和模型，为本节农业基础设施 PPP 项目有效投资研究奠定基础。

目前学界常用的评价方法主要有层次分析法、平衡计分卡法、因子分析法、关键绩效目标法、模糊综合评价法等。为了使评价更加精准、合理，笔者将定性分析与定量分析相结合，首先结合层次分析法和熵权法确定指标体系权重，在此基础上，利用模糊综合评价法对指标进行模糊综合评价，以提高评价的准确性和可靠性。

本节通过问卷调查，对农业基础设施PPP项目有效投资评价体系中的二级指标和三级指标进行赋值，然后根据问卷调查数据基于AHP建立层次分析模型，构造两两判断矩阵，初步确定各级指标的权重，然后利用熵权法计算综合权重指标，最后以MS水库PPP项目为例，采用模糊综合评价法进行实证分析。具体思路和方法如图6-3所示。

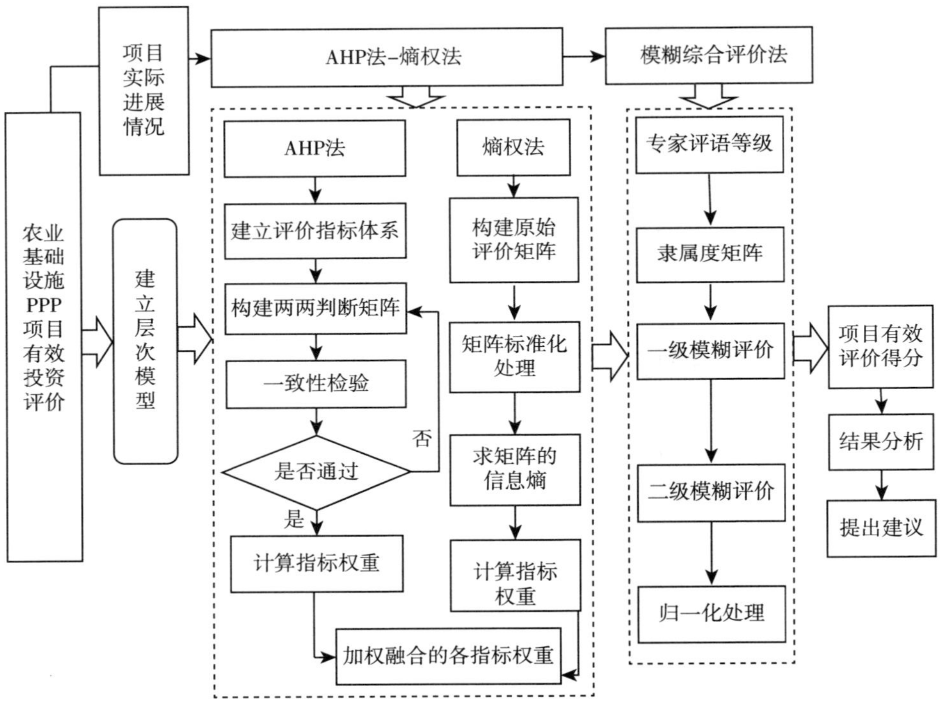

图6-3　农业基础设施PPP项目有效投资评价方法应用流程

二、方法介绍

（一）层次分析法

层次分析法是20世纪70年代美国运筹学家萨蒂（Saaty T. L.）提出的一种定性与定量相结合的方法，在绩效评价领域得以广泛应用。该方法具有系统性、层次性特征，以专家主观意见为基础，将数学思维应用到定性分析中并将其定量描述，使复杂的决策问题简单化。具体过程如下。

1. 建立层次结构模型

在前期 WBS－RBS 风险识别，列出风险清单的基础上，确定层次分析法的目标层、准则层、方案层指标，并建立层次结构模型。

2. 构建两两判断矩阵，确定相关权重，并进行一致性检验

层次分析法适用于定性问题的定量分析，可以将复杂问题逐层分解为更加系统、直观的递阶层次结构。本节结合 WBS－RBS 判断矩阵，采用层次分析法，确定各分项元素相对于目标的重要程度。具体实施过程如下：

首先，构建各风险因素相对于准则层的判断矩阵：$\boldsymbol{H}=(h_{ij})n\times n$，式中，$h_{ij}$ 表示两风险因素的重要性对比，h_{ij} 取值可根据萨蒂提出的 1～9 标度法则来确定（表 6－1）。

表 6－1　h_{ij} 取值及标准

h_{ij} 取值	取值标准
1	i 与 j 同等重要
3	i 比 j 略微重要
5	i 比 j 较为重要
7	i 比 j 非常重要
9	i 比 j 绝对重要
2、4、6、8	上述判断中间值
倒数	i 与 j 重要性的倒数 $1/h_{ij}$

其次，根据判断矩阵 $\boldsymbol{H}$，确定各准则下风险因素的相对权重。先求出判断矩阵 $\boldsymbol{H}$ 的最大特征值，再求出 λ_{max} 对应的特征向量 $\boldsymbol{T}=(t_1，t_2，\cdots，t_n)$，并对其进行归一化处理得到向量 $\boldsymbol{S}$，$\boldsymbol{S}=(s_1，s_2，\cdots s_n)$。归一化处理后向量中的值 s_i 为对应元素的相对权重。向量 $\boldsymbol{S}$ 的计算公式如下：

$$\boldsymbol{S}_i=\frac{t_i}{\sum_{i=1}^{n}t_i} \qquad (6-1)$$

最后，利用一致性指标 CR 对判断矩阵进行一致性检验。当 $CR<0.1$ 时，表示满足一致性要求，否则不满足一致性要求。

$$CR=\frac{CI}{RI} \tag{6-2}$$

$$CI=\frac{\lambda_{\max}-n}{n-1} \tag{6-3}$$

其中，CI 为相容性指标，n 为判断矩阵阶数，$n\in[1,\ 9]$，RI 为随机性指标，其取值如表 6-2 所示。

表 6-2　*RI* 值

阶数	1	2	3	4	5	6	7	8	9
RI	0.00	0.00	0.58	0.90	1.12	1.24	1.32	1.41	1.45

（二）熵权法

熵权法作为一种客观赋权方法，相对复杂，其计算步骤如下：

首先，构建指标的重要性等级，并形成原始评价矩阵 $\boldsymbol{X}$：

$$\boldsymbol{X}=\begin{pmatrix} X_{11} & X_{12} & \cdots & X_{1m} \\ X_{21} & X_{22} & \cdots & X_{2m} \\ \vdots & \vdots & \vdots & \vdots \\ X_{n1} & X_{n2} & \cdots & X_{nm} \end{pmatrix}$$

其次，将各个指标数据按公式 $Y_{ij}=\frac{\max(x_{ij}-x_{ij})}{\max(x_{ij})-\min(x_{ij})}$ 进行标准化处理得到标准化后的判断矩阵 $\boldsymbol{Y}$：

$$\boldsymbol{Y}=\begin{pmatrix} Y_{11} & Y_{12} & \cdots & Y_{1m} \\ Y_{21} & Y_{22} & \cdots & Y_{2m} \\ \vdots & \vdots & \vdots & \vdots \\ Y_{n1} & Y_{n2} & \cdots & Y_{nm} \end{pmatrix}$$

再次，求矩阵的信息熵：$S_i=-\frac{1}{\ln(m)}\sum_{j=1}^{m}h_{ij}\times\ln(h_{ij})$，式中 $h_{ij}=\frac{Y_{ij}}{\sum_{j=1}^{m}Y_{ij}}$，如果 $h_{ij}=0$，则定义 $h_{ij}=\frac{1+Y_{ij}}{\sum_{j=1}^{m}1+Y_{ij}}$。

最后，根据信息熵权重的计算公式 $\omega_{ij}=\dfrac{1-S_i}{n-\sum_{i=1}^{n}S_i}$ 计算各项指标权重。

（三）综合赋权法

综合赋权法将层次分析法和熵权法相结合，综合考虑主观和客观因素的影响，所得出的评价指标权重更加科学和贴近实际。由于层次分析法受到受访者的主观因素影响较大，可能导致评价结果不够合理，而熵权法主要依据客观资料，在一定程度上可以避免人为因素的干扰，适用于对多对象、多指标进行综合评价。因此，在层次分析法的基础上进一步引入熵权法来确定每个指标权重，可使评价结果更加客观、科学。

计算步骤如下：第一步，利用 AHP 确定评价指标的主观权重；第二步，利用熵权法定义熵权并得出权重值；第三步，对层次分析法和熵权法计算得到的权重列向量进行加法集成，得到综合权重列向量，并计算得出综合权重值（毛锦凰，王林涛，2020）。

（四）模糊综合评价法

模糊综合评价法是一种定性与定量分析兼顾的评价法，其基本原理源于模糊数学的隶属度理论，可对只能进行定性评价的现象或事物进行定量评价，能较好地解决模糊的、难以量化的、非确定性问题（陈都，2017）。

模糊综合评价法的主要步骤如下：

第一步，根据评价集构建模糊关系评价矩阵；模糊关系评价矩阵由所有指标的单因素评价集组合而成，对单个指标 X_i 进行评价，r_{ij} 表示农业基础设施 PPP 项目有效投资评价指标 X_i 对评判结果 U_i 的隶属度；再根据其隶属度进行判断，生成单因素评价集 $\boldsymbol{R}_{ij}$。

$$\boldsymbol{R}=\begin{pmatrix} R_{1j} \\ R_{2j} \\ \vdots \\ R_{nj} \end{pmatrix}\begin{pmatrix} r_{11} & r_{12} & \cdots & r_{1m} \\ r_{21} & r_{22} & \cdots & r_{2m} \\ \vdots & \vdots & & \vdots \\ r_{n1} & r_{n2} & \cdots & r_{nm} \end{pmatrix}$$

第二步，进行单因素模糊评价；将二级指标层即 $\boldsymbol{W}_i$ 与 $\boldsymbol{R}_i$ 的模糊评价矩阵进行合成，得到单因素的模糊综合评价结果向量 $\boldsymbol{B}_i$。

$$\boldsymbol{B}_i=\boldsymbol{W}_i\times\boldsymbol{R}_i=(W_1,\ W_2,\ \cdots,\ W_n)\times\begin{pmatrix} r_{11} & r_{12} & \cdots & r_{1m} \\ r_{21} & r_{22} & \cdots & r_{2m} \\ \vdots & \vdots & & \vdots \\ r_{n1} & r_{n2} & \cdots & r_{nm} \end{pmatrix}=(b_1,\ b_2,\ \cdots,\ b_m)$$

第三步，合成各因素进行模糊综合评价。根据上面方案层权重及判断矩阵，利用公式 $\boldsymbol{B}=\boldsymbol{W}\times\boldsymbol{R}$ 求得指标层权重向量。

第四步，模糊综合评价等级的确定。评价分数集 $\boldsymbol{Y}=(y_1,\ y_2,\ y_3,\ y_4,\ y_5)^{\mathrm{T}}$ 用分数值进行赋值，取对应等级的中间值即 $\boldsymbol{Y}=(9,\ 7,\ 5,\ 3,\ 1)^{\mathrm{T}}$，利用公式 $\boldsymbol{F}=\boldsymbol{B}\times\boldsymbol{Y}$ 得到农业基础设施 PPP 项目有效投资评价分数。

第三节　农业基础设施 PPP 项目有效投资评价指标体系及权重的确定

一、农业基础设施 PPP 项目有效投资评价指标体系构建的原则

构建科学、合理、规范的评价指标体系是有效投资评价的关键。总体上，各指标的设计在遵守聪明蛋糕原则（SMARTCAKE 原则）的基础上，需遵循目的性与系统性相结合、全面性与特色性相结合、科学性与客观性相结合、定性指标与定量指标相结合的原则。农业基础设施 PPP 项目有效投资评价是一个系统性、全面性的过程，应充分考虑农业基础设施 PPP 项目的特点，从全生命周期的视角，把能否有效规避风险和保证社会资本的合理效益作为评价的重要内容。

（一）目的性与系统性相结合

农业基础设施 PPP 项目有效投资评价是一个系统性的工程。开展投资有效评价旨在了解农业基础设施 PPP 投资的现状，基于“4E”目标设定指标，利于对政府和社会资本从项目投入、运营、产出、影响等全方位、全过

程进行科学、客观的评价，也利于系统性发现问题、解决问题，全面提高农业基础设施 PPP 项目有效投资。

（二）全面性与特色性相结合

农业基础设施 PPP 项目有效投资的评价指标设定，需兼顾农业基础设施和 PPP 模式两方的特点。一方面，要考虑全面性。尽可能地把有关有效投资的相关指标因素考虑进去，评价指标中既要包含微观效益，又要包含宏观效益；既要包括近期效益，又要包括长期效益；既要涵盖直接经济效益，又要涵盖间接社会效益和生态效益。另一方面，指标选取要符合农业基础设施 PPP 项目的特色，兼顾特色性，既要区别于传统评价指标，又要考虑项目本身的特征。一是农业基础设施 PPP 项目地域范围在农村，周期长，风险较大，公共性和外部性更大。二是充分考虑 PPP 模式合作伙伴、利益共享、风险分担的三大特征，重视政府公共部门、社会资本和利益相关者的关系。

（三）科学性与客观性相结合

科学、客观的评价指标是衡量有效投资的关键所在。科学性与客观性相结合，有利于保证评价指标的合理、规范，评价程序和结果的公平公正。SMARTCAKE 原则较为全面地体现了绩效设计和绩效管理目标，为指标设定提供了科学依据。该原则包括战略性的（Strategic），可衡量的、可测定的（Measurable），富有挑战性和激励意义的（Ambitious），现实的、可实现的（Realistic），有时间限定的（Time - bounded），一致性的、一贯性的（Consistent），共同讨论、协商一致的（Agreed），关键的、重要的（Key），个人的、个体的（Each）9 个方面，对农业基础设施有效投资评价指标的科学、客观设定具有重要指导意义。

（四）定性指标与定量指标相结合

在遵循 SMARTCAKE 原则的基础上，应确保指标的明确、具体、可操作。定量指标使用具体的数字对评价指标进行量化，避免了评价指标的主观性。相较定性指标，定量指标能更为准确、客观地量化农业基础设施 PPP

项目的投资效果。但是，并不是所有的指标都能量化，如社会公众满意度、PPP合同完备性等用定性指标进行评价更能体现实际情况。因此，定性指标与定量指标相结合，并采取一定方法对定性指标进行处理，将使评价体系趋向合理、有效。

二、农业基础设施PPP项目有效投资评价指标筛选及体系构建

就农业基础设施PPP项目有效投资评价而言，传统绩效评价方法有平衡计分卡法、逻辑框架法等，它们从项目目标、过程、结果中对重要影响因素进行选取并构建评价体系。农业基础设施PPP项目有效投资评价指标必须基于PPP模式的特点，充分考虑投入、运行、产出、影响的全生命流程，综合“4E”维度即公平性、经济性、效率性、效果性选取评价指标，构建指标体系。

本节根据IPOE（Input、Process、Output、Effect）流程结合投资环境（Environment）构建指标体系的初步框架（图6-4）。

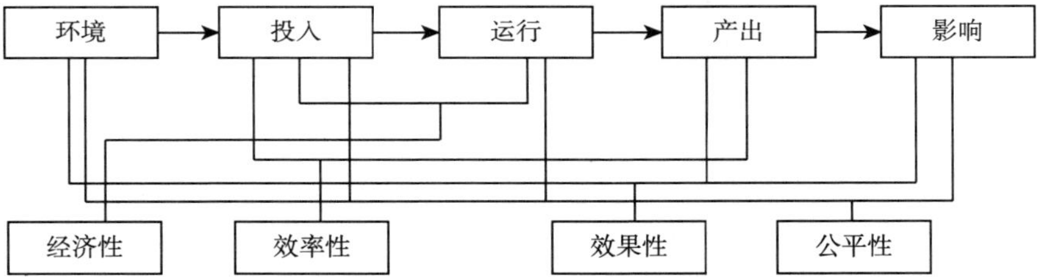

图6-4　农业基础设施PPP项目有效投资评价IPOE流程

本节基于国内外学者研究成果，综合知网上关于农业农村基础设施（农业基础设施）、PPP、绩效（效率）、成功关键因素（影响因素）等的文献，通过筛查，找出密切相关的22篇文献，根据“4E”准则，结合农业基础设施PPP项目的实际特点和运行情况，筛选出17个二级指标，并将农业基础设施PPP项目有效投资评价体系构建成三个层次，即目标层、准则层和方案层。其中，目标层为农业基础设施PPP项目投资有效性评价指标体系（U），准则层一级指标包括经济性（U_1）、效率性（U_2）、效果性

(U_3)、公平性（U_4）四个部分，方案层二级指标是对准则层的细分指标，共有 17 个指标（表 6-3）。

表 6-3　农业基础设施 PPP 有效投资评价指标体系

目标层	一级指标	二级指标	环节	释义	主要来源
农业基础设施 PPP 项目投资有效性评价指标体系 U	经济性 U_1	项目资金合规性 U_{11}	投入 运行	项目资金投入时间、金额的规范性，融资、资金使用的规范性	高洪显等（2016）
		预算执行准确度 U_{12}	投入 运行	投资建设过程中实际运用的资金与预算的符合程度	周晓平（2009）
		按期竣工偏差度 U_{13}	运行	实际竣工时间与计划竣工时间的偏差程度	骆李静（2017） 彭彦辰（2019）
		政府财政承受能力 U_{14}	投入	政府出资、政府付费以及可行性缺口补助可能造成的财政压力	张牧扬等（2019） 刘穷志等（2020）
	效率性 U_2	产品质量及服务水平 U_{21}	产出	项目运行提供的产品和服务质量符合合同标准和行业标准	王超（2015） 王贤等（2019）
		社会资本投资回报 U_{22}	投入 产出	项目社会资本参与方获得收益等投资回报	吴小军（2016）
		政府投资回报 U_{23}	投入 产出	项目政府部门作为投资方之一获得的投资回报	王守清等（2020）
		涉农项目吸引力提升度 U_{24}	产出	项目建成后对其他农业基础设施利用 PPP 模式的带动和辐射作用	曾福生（2014）
	效果性 U_3	利益相关方满意度 U_{31}	影响	利益相关方特别是社会公众对农业基础设施项目使用的满意程度	胡芳（2012） 杜亚灵等（2019）
		经济效益 U_{32}	影响 产出	促进区域内经济发展、粮食增产、农民增收	王守清等（2020）
		社会效益 U_{33}	影响	对促进就业、缓解贫困、乡村振兴的影响	程言美（2016） 郑华伟（2014）
		生态效益 U_{34}	影响 环境	对当地生态环境的影响，对环境的改善或者破坏	穆智琼等（2019）
		可持续发展能力 U_{35}	影响	项目建成后是否给社会资本、政府部门、社会公众带来持久性影响	Liu 和 Love（2016） 何平均（2014）

（续）

目标层	一级指标	二级指标	环节	释义	主要来源
农业基础设施 *PPP* 项目投资有效性评价指标体系 U	公平性 U_4	市场环境公平性 U_{41}	运行环境	项目投入、建设、运营、管理过程中市场环境公平性	严丹良（2014）
		收益分配公平性 U_{42}	运行环境	契约本身收益分配的公平性和执行中是否按合同约定进行收益分配	孙慧等（2012）
		规章制度完备性 U_{43}	投入运行环境	项目相关规章制度是否健全，以及在行业内的参考价值	王超（2015） 欧纯智（2017）
		合作伙伴满意度 U_{44}	影响运行	政府和社会资本方相互满意程度	袁竞峰（2012） 杜亚灵等（2019）

三、农业基础设施 PPP 项目有效投资评价指标权重的确定

（一）AHP 初步确定指标权重

为确定农业基础设施有效投资一级指标和二级指标的权重情况，体现调查对象选择的典型性、全面性和针对性，本节在前期了解和分析的基础上，选取 PPP 领域和农业基础设施领域的专家、学者，相关政府部门如农业农村部门、财政部门、PPP 中心工作人员，金融机构从业者，预参与或已经参与 PPP 项目企业中从事 PPP 工作或熟悉 PPP 工作的相关人员，农业基础设施 PPP 项目直接相关的乡（镇）政府、农村社区工作人员以及农业基础设施直接受益者农户这六类人员作为调查对象。受访者个人信息包括学历、对农业基础设施投资或 PPP 项目相关工作的了解程度、目前或曾经所在单位性质、参与相关工作的年限等四个方面（具体见附录一）。根据随机抽样原则，笔者通过纸质问卷、电子问卷等方式分别于 2017 年 10 月—2018 年 1 月和 2018 年 6—8 月开展调研，共发放问卷 600 份，剔除无效问卷，共得到 548 份问卷，有效率为 91.33%。其中，专家、学者、咨询研究机构人员 80 名，占 13.33%；相关政府部门工作人员 74 名，占 12.33%；金融机构从业者 60 名，占比 10%；乡镇及农村社区工作人员 76 名，占比 12.67%；社会企业

及相关人员 132 名，占比 22%；农户 126 名，占 21%。

基于问卷调查，利用层次分析法初步确定权重。根据受访者的回访情况，依照 Saaty1～9 标度法对各级指标分别打分赋值，根据表 6 - 1 中 U 为目标层，U_i 为准则层，U_{ij} 为方案层的设计，得到 $U=(U_1, U_2, U_3, U_4)$，$U_1=(U_{11}, U_{12}, U_{13}, U_{14})$，$U_2=(U_{21}, U_{22}, U_{23}, U_{24})$，$U_3=(U_{31}, U_{32}, U_{33}, U_{34}, U_{35})$，$U_4=(U_{41}, U_{42}, U_{43}, U_{44})$。将各指标构造成两两比较判断矩阵，得到 1 个一级指标判断矩阵 $\boldsymbol{U}-\boldsymbol{U}_i$，4 个二级指标的判断矩阵 $\boldsymbol{U}_1-\boldsymbol{U}_{ij}$、$\boldsymbol{U}_2-\boldsymbol{U}_{ij}$、$\boldsymbol{U}_3-\boldsymbol{U}_{ij}$、$\boldsymbol{U}_4-\boldsymbol{U}_{ij}$。对判断矩阵进行逻辑一致性检验，用几何平均法对检验通过的矩阵进行打分赋值，得到判断矩阵如下：

$$\boldsymbol{U}-\boldsymbol{U}_i=\begin{pmatrix}1 & 1/2 & 1/2 & 1\\ 2 & 1 & 1/2 & 2\\ 2 & 2 & 1 & 2\\ 1 & 1/2 & 1/2 & 1\end{pmatrix}$$

$$\boldsymbol{U}_1-\boldsymbol{U}_{ij}=\begin{pmatrix}1 & 1 & 1/3 & 3\\ 1 & 1 & 1/2 & 2\\ 3 & 2 & 1 & 3\\ 1/3 & 1/2 & 1/3 & 1\end{pmatrix}\qquad \boldsymbol{U}_2-\boldsymbol{U}_{ij}=\begin{pmatrix}1 & 1 & 3 & 5\\ 1 & 1 & 3 & 2\\ 1/3 & 1/3 & 1 & 1/2\\ 1/5 & 1/2 & 2 & 1\end{pmatrix}$$

$$\boldsymbol{U}_3-\boldsymbol{U}_{ij}=\begin{pmatrix}1 & 1/2 & 1/2 & 1 & 1\\ 2 & 1 & 1/2 & 2 & 1/2\\ 2 & 2 & 1 & 2 & 2\\ 1 & 1/2 & 1/2 & 1 & 1/2\\ 1 & 2 & 1/2 & 2 & 1\end{pmatrix}\qquad \boldsymbol{U}_4-\boldsymbol{U}_{ij}=\begin{pmatrix}1 & 1/3 & 1 & 2\\ 3 & 1 & 3 & 2\\ 1 & 1/3 & 1 & 1/2\\ 1/2 & 1/2 & 2 & 1\end{pmatrix}$$

在以上判断矩阵的基础上，根据调查问卷收集的农业基础设施 PPP 项目有效投资评价的相关数据，利用 Matlab 软件对各层次指标权重进行计算，并对判断矩阵最大特征值及特征向量进行一致性检验，计算结果如表 6 - 4 所示。

就初次测算结果而言，从表 6 - 4 中可以看出，所有指标都通过一致性检验。就一级指标而言，“4E” 权重的排序为效果性＞效率性＞经济性＝公平性。效果性所占权重最大，接近 40%，这表明农业基础设施项目作为一种公共产品，对经济效益、社会效益、生态效益、社会公众满意度以及可持续发展能力的综合考量是衡量PPP投资是否有效的最重要因素。效率性排第二位，占27.9%，项目实施过程中投入产出之比，特别是产品质量及服务水平、投资回报率等对农业基础设施PPP项目有效投资的影响较大。公平性和经济性指标权重处于大致同等位置，由于农业基础设施项目的公共性和外溢性，以及一定的非排他性和非竞争性，相较效果性和效率性而言，经济性和公平性是项目本身的应有之义，即项目获取利润及花费成本的合理性、项目提供公共产品和服务的公平性、利益相关者的满意度等是项目投资建设时必须考虑的因素，但相较其他两个指标而言重要性不突出。

表6-4　各指标初始权重及排序

目标	一级指标	权重 X_1	排序	一致性检验	二级指标	权重 X_2	排序	一致性检验
农业基础设施PPP项目投资有效性评价指标体系	U_1	0.163	3	$\lambda_{max}=4.061$，$CR=0.0227<0.1$，通过一致性检验	U_{11}	0.241	2	$\lambda_{max}=4.1031$，$CR=0.0386<0.1$，通过一致性检验
					U_{12}	0.239	3	
					U_{13}	0.314	1	
					U_{14}	0.206	4	
	U_2	0.279	2		U_{21}	0.429	1	$\lambda_{max}=4.1518$，$CR=0.0569<0.1$，通过一致性检验
					U_{22}	0.325	2	
					U_{23}	0.103	4	
					U_{24}	0.144	3	
	U_3	0.395	1		U_{31}	0.143	4	$\lambda_{max}=5.1965$，$CR=0.0439<0.1$，通过一致性检验
					U_{32}	0.191	3	
					U_{33}	0.323	1	
					U_{34}	0.122	5	
					U_{35}	0.221	2	
	U_4	0.163	3		U_{41}	0.212	2	$\lambda_{max}=4.2072$，$CR=0.0776<0.1$，通过一致性检验
					U_{42}	0.453	1	
					U_{43}	0.143	4	
					U_{44}	0.192	3	

就二级指标而言，经济性指标中按期竣工偏差度的权重最大，占比超过30%，这与农业基础设施项目建设规模大，工程系统性强有关，按期竣工偏

差度对项目利润和成本会产生很大影响。权重次之的指标为项目资金合规性和预算执行准确度，权重均在 24%左右。在效率性指标中，产品质量及服务水平权重排第一位，占 42.9%，社会资本投资回报的权重仅次于产品质量及服务水平，政府投资回报和涉农项目吸引力提升度两者权重之和仅为 25%左右。在效果性指标中，社会效益权重最大，符合农业基础设施项目建设初衷，可持续发展能力权重排名第二。在公平性指标中，收益分配公平性权重排名第一，只略低于其他三个指标的权重之和，说明收益分配制度公平和执行公平是影响投资公平的最重要变量。

（二）熵权法确定综合指标权重

为了降低指标的主观性，在层次分析法计算出初始权重的基础上，本节进一步通过 Matlab 软件根据熵权法计算得出各指标综合权重。农业基础设施 PPP 项目有效投资评价指标综合权重如表 6-5 所示。

表 6-5　各指标综合权重及排序

一级指标	二级指标	总权重	单权重			排序
			AHP 初始权重	熵权法权重	修正后综合权重	
经济性 U_1	项目资金合规性 U_{11}	0.034	0.241	0.178	0.210	12
	预算执行准确度 U_{12}	0.039	0.239	0.238	0.239	10
	按期竣工偏差度 U_{13}	0.056	0.314	0.374	0.344	8
	政府财政承受能力 U_{14}	0.034	0.206	0.210	0.208	13
效率性 U_2	产品质量及服务水平 U_{21}	0.114	0.429	0.388	0.409	2
	社会资本投资回报 U_{22}	0.082	0.325	0.265	0.295	4
	政府投资回报 U_{23}	0.032	0.103	0.128	0.116	16
	涉农项目吸引力提升度 U_{24}	0.051	0.144	0.219	0.182	9
效果性 U_3	利益相关方满意度 U_{31}	0.066	0.143	0.189	0.166	6
	经济效益 U_{32}	0.075	0.191	0.191	0.191	5
	社会效益 U_{33}	0.124	0.323	0.306	0.315	1
	生态效益 U_{34}	0.031	0.122	0.036	0.079	17
	可持续发展能力 U_{35}	0.099	0.221	0.278	0.250	3

（续）

一级指标	二级指标	总权重	单权重			排序
			AHP初始权重	熵权法权重	修正后综合权重	
公平性U_4	市场环境公平性U_{41}	0.036	0.212	0.233	0.223	11
	收益分配公平性U_{42}	0.061	0.453	0.300	0.377	7
	规章制度完备性U_{43}	0.033	0.143	0.262	0.203	14
	合作伙伴满意度U_{44}	0.032	0.192	0.205	0.199	15

由表6-4可知，U_i层对U层的权重向量$\boldsymbol{W}=(W_1, W_2, W_3, W_4)=(0.163, 0.279, 0.395, 0.163)$，$U_{ij}$层对$U_i$层的权重向量为$\boldsymbol{W}_i=(W_{i1}, W_{i2}, \cdots, W_{ij})$。由表6-5可知，$\boldsymbol{W}_1=(0.210, 0.239, 0.344, 0.208)$，$\boldsymbol{W}_2=(0.409, 0.295, 0.116, 0.182)$，$\boldsymbol{W}_3=(0.166, 0.191, 0.315, 0.079, 0.250)$，$\boldsymbol{W}_4=(0.223, 0.377, 0.203, 0.199)$。

进一步分析可以看出，17个二级指标中，熵权法修正后各指标总权重排在前5位的分别是社会效益＞产品质量及服务水平＞可持续发展能力＞社会资本投资回报＞经济效益。其中，社会效益、产品质量及服务水平权重占10%以上，可持续发展能力权重接近10%，排在后面的如生态效益、政府投资回报、合作伙伴满意度、规章制度完备性权重均在3%左右，占比低且非常接近。社会效益对于农业基础设施这一特殊的领域而言，是投资效果的重要体现，反映其较强的正外部性和公共产品性质。产品质量及服务水平是项目的生命和可持续发展的保证，虽然修正后权重有所下降，但仍然排名靠前，发挥重要作用。社会资本投资回报是吸引社会资本参与投资和激励其降低成本、加强管理创新与技术创新的重要指标，对项目有效投资的作用十分明显。而生态效益虽然也是农业基础设施PPP项目有效投资需要考虑的因素，但权重最低，只要符合环保要求，都可以认为是有效的。

总体上而言，经过AHP-熵权法确定的指标权重能较好地反映农业基础设施PPP项目的有效投资情况。

第四节　MS 水库 PPP 项目有效投资评价的案例分析

一、MS 水库 PPP 项目概况

（一）MS 水库 PPP 项目建设背景

MS 水库位于宜章县莽山瑶族乡和天塘镇境内，珠江流域北江二级支流长乐水上游。MS 水库是集防洪、灌溉、城镇供水、发电等为一体的大（2）型水利枢纽工程，是我国 12 个重大水利 PPP 模式试点探索范本之一，有效地解决了宜章县南部地区洪涝灾害、干旱缺水等问题，也在城市供水、发电、旅游开发、粮食生产、生态环境优化等方面取得了良好的经济效益、社会效益和生态效益。

自新中国成立以来，MS 水库的修建可谓几经波折，由于工程量大、国民经济调整、财政收入紧张等各方面的因素，工程几经停工停建而搁置。2002 年，MS 水库被列入了国家“十五”计划，10 年之后，2012 年 12 月国家发展改革委立项批复《湖南省宜章县 MS 水库工程项目建议书》。自 2013 年 1 月起，宜章县先后启动 4 次项目法人招标工作，但均以失败告终。直到 2014 年 9 月，第 5 次项目法人招投标成功，由广东水电二局股份有限公司、深圳市金群园林实业发展有限公司、郴州市坤之源矿业有限公司 3 家公司组成的法人联合体中标。2015 年 5 月，MS 水库正式开工建设，工程主要建设任务包括水库枢纽（水库＋反调节坝）、灌区骨干工程和 5 条主要支渠（王建球，2016）。项目投资总额为 18.944 3 亿元，其中政府资金 14.359 0 亿元。由于水库枢纽工程和水库灌区骨干工程的经济效益存在差异，考虑社会资本的投资回报和参与积极性，水库灌区骨干工程采取 BT 模式，水库枢纽工程采取 BOT 模式，建设期为 4 年，合作期为 44 年（包括建设期），其具体经济技术指标见表 6－6。2019 年 3 月 6 日，MS 水库实现 387.5 米高程下闸蓄水，5 月 18 日坝后电站实现并网发电，项目建设提前完工（杨朝文，2019）。

表 6-6 MS 水库 PPP 项目主要指标

指标名称	基本情况
投资额	MS 水库工程总投资为 189 443 万元（水库枢纽 101 910 万元、灌区骨干工程及 5 条主要支渠 83 680 万元、枢纽工程建设期利息 3 853 万元），其中政府资金为 143 590 万元（中央：省：县=0.45：0.275：0.275），社会资本股东出资 42 000 万元（其中项目法人资本金 12 600 万元，法人通过银行贷款等融资 29 400 万元），投融资额度占总投资的 22.6%
建设规模	水库总库容 1.33 亿米^3，设计灌溉面积 2.08 万公顷，设计城镇年平均供水量 2 227 万米^3，坝后电站装机 1.8 万千瓦。水库枢纽为大（2）型，工程等别为Ⅱ等
运作模式	BOT、BT
建设期	4 年
项目合作期	44 年（包括建设期 4 年）
收入来源	防洪、灌溉、发电、供水、旅游开发
投资回报机制	可行性缺口补助
监督协调机制	联合式的监督协调机制
建设管理机制	综合式的建设管理机制

（二）MS 水库 PPP 项目运作基本情况

MS 水库 PPP 项目为全国第三批政府和社会资本合作示范项目，所属行业为水利建设——水库，是典型的具有准公共产品性质的农业基础设施，现正处于执行阶段，运行情况良好。

1. 参建模式

由于 MS 水库的特殊性，其参建模式分两种，水库枢纽工程采取 BOT 模式，中标价 4.2 亿元。灌区骨干工程建设采取 BT 模式，建设资金由中央、省、县资金按 0.45：0.275：0.275 的比例支付，项目建好后交由政府管理。其中，中央、省级资金按进度支付，鉴于县政府财政困难，工程款 23 012 万元分 3 年按 4：3：3 偿还，并按 8.55%一次性计息。

2. 投资回报机制

投资回报机制方面，MS 水库 PPP 项目收益执行“投入封顶”和“收益兜底”，将项目特许经营期（44 年，含建设期 4 年）内发电、供水及旅游开发的收益作为投资回报。为保证投资人获得合理回报，若政策变化导致投入增加则增加部分由政府承担，城市生活用水或农业灌溉用水规模小于规定比例导致的收益差额也由政府补贴。

3. 监督协调机制

MS 水库 PPP 项目实行联合式的监督协调机制，由地方政府委派 1 名工作人员任监事，并成立运营协调委员会，共 6 人，参与双方协调和议事，对项目建设、运营、维护和安全进行全面监督。

4. 建设管理机制

MS 水库 PPP 项目实行综合式的建设管理机制，建设管理体系如图 6－5 所示。

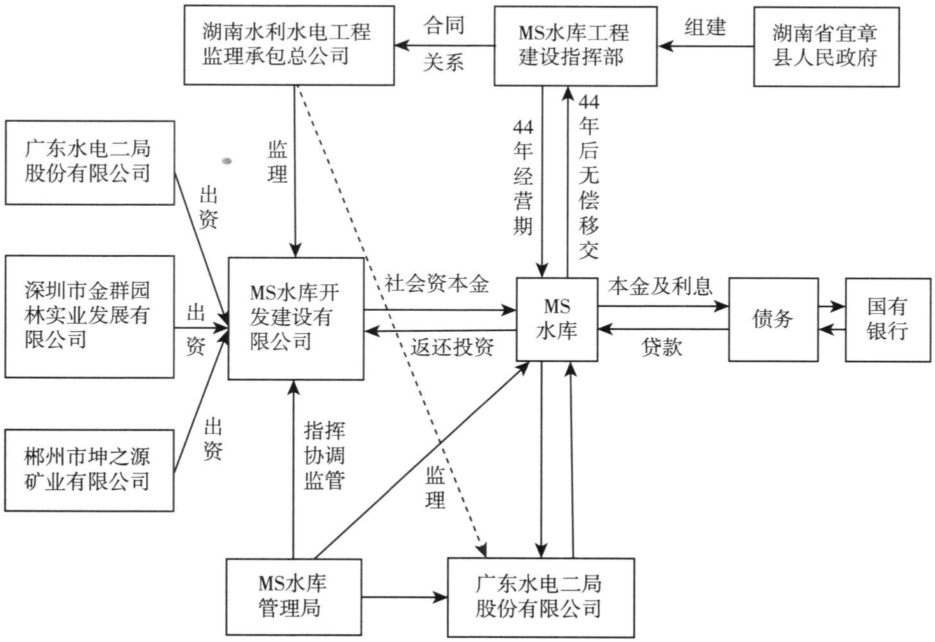

图 6－5　MS 水库 PPP 项目建设管理体系

MS 水库工程建设项目法人是由广东水电二局股份有限公司、深圳市金群园林实业发展有限公司、郴州市坤之源矿业有限公司 3 家联合中标公司组建的 MS 水库开发建设有限公司。MS 水库工程建设指挥部和 MS 水库管理局由宜章县委、县政府成立，负责指挥、协调和灌区管理、监督。设计单位和监理单位分别为湖南省水利水电勘测设计研究总院和湖南水利水电工程监理承包总公司。社会资本方之一的广东水电二局股份有限公司作为施工单位，负责项目施工。

二、MS水库PPP项目有效投资模糊综合评价

（一）构建模糊评价矩阵

基于以上评价指标设定及其权重确定的多层评价指标体系，本部分对MS水库PPP项目有效投资进行模糊综合评价。第一步，规定评价语集合。将MS水库PPP项目有效投资评价指标体系中各指标的评价等级设定为"优、良、中、较差、差"5个不同的等级，即$V=(V1, V2, V3, V4, V5)$=(优，良，中，较差，差)，各等级对应的分值范围为[10，8)、[8，6)、[6，4)、[4，2)、[2，0)。第二步，构建模糊评价矩阵。为了构建MS水库PPP项目有效投资模糊评价矩阵，笔者组织30名PPP方面专家对该项目有效投资评价指标等级进行专项问卷调查，其中包括了解或熟悉该项目的专家学者（10名）、政府官员（10名）、有丰富经验的PPP实务工作者（10名），问卷统计结果如表6-7所示。

表6-7 MS水库PPP项目有效投资模糊评判数据表

指标	各评语等级对应的评价频率				
	优	良	中	较差	差
项目资金合规性	0.2	0.4	0.4	0.0	0.0
预算执行准确度	0.2	0.3	0.4	0.1	0.0
按期竣工偏差度	0.8	0.2	0.0	0.0	0.0
政府财政承受能力	0.2	0.3	0.3	0.1	0.1
产品质量及服务水平	0.4	0.4	0.2	0.0	0.0
社会资本投资回报	0.1	0.5	0.3	0.1	0.0
政府投资回报	0.1	0.2	0.3	0.3	0.1
涉农项目吸引力提升度	0.3	0.3	0.2	0.2	0.0
利益相关方满意度	0.3	0.4	0.3	0.0	0.0

（续）

指标	各评语等级对应的评价频率				
	优	良	中	较差	差
经济效益	0.2	0.4	0.3	0.1	0.0
社会效益	0.4	0.5	0.1	0.0	0.0
生态效益	0.4	0.3	0.2	0.1	0.0
可持续发展能力	0.3	0.4	0.2	0.1	0.0
市场环境公平性	0.2	0.3	0.2	0.2	0.1
收益分配公平性	0.2	0.4	0.4	0.0	0.0
规章制度完备性	0.3	0.2	0.4	0.1	0.0
合作伙伴满意度	0.3	0.4	0.3	0.0	0.0

对专家们的评价语集合 V 的隶属度评判结果进行统计整理，得到方案层各二级指标的模糊评价矩阵 $\boldsymbol{R}_i$（$i=1$，2，3，4）如下：

$$\boldsymbol{R}_1=\begin{pmatrix} 0.2 & 0.4 & 0.4 & 0 & 0 \\ 0.2 & 0.3 & 0.4 & 0.1 & 0 \\ 0.8 & 0.2 & 0 & 0 & 0 \\ 0.2 & 0.3 & 0.3 & 0.1 & 0.1 \end{pmatrix}$$

$$\boldsymbol{R}_2=\begin{pmatrix} 0.4 & 0.4 & 0.2 & 0 & 0 \\ 0.1 & 0.5 & 0.3 & 0.1 & 0 \\ 0.1 & 0.2 & 0.3 & 0.3 & 0.1 \\ 0.3 & 0.3 & 0.2 & 0.2 & 0 \end{pmatrix}$$

$$\boldsymbol{R}_3=\begin{pmatrix} 0.3 & 0.4 & 0.3 & 0 & 0 \\ 0.2 & 0.4 & 0.3 & 0.1 & 0 \\ 0.4 & 0.5 & 0.1 & 0 & 0 \\ 0.4 & 0.3 & 0.2 & 0.1 & 0 \\ 0.3 & 0.4 & 0.2 & 0.1 & 0 \end{pmatrix}$$

$$\boldsymbol{R}_4=\begin{pmatrix} 0.2 & 0.3 & 0.2 & 0.2 & 0.1 \\ 0.2 & 0.4 & 0.4 & 0 & 0 \\ 0.3 & 0.2 & 0.4 & 0.1 & 0 \\ 0.3 & 0.4 & 0.3 & 0 & 0 \end{pmatrix}$$

（二）进行单因素模糊评价

将 $\boldsymbol{W}_i$ 与 $\boldsymbol{R}_i$ 的模糊评价矩阵进行合成，得到单因素模糊综合评价结果向量 $\boldsymbol{B}_i$，其中 $\boldsymbol{B}_i=\boldsymbol{W}_i\times\boldsymbol{R}_i$。运算结果如下：

$$\boldsymbol{B}_1=\boldsymbol{W}_1\times\boldsymbol{R}_1=(0.407,\ 0.286,\ 0.242,\ 0.045,\ 0.020)$$

$$\boldsymbol{B}_2=\boldsymbol{W}_2\times\boldsymbol{R}_2=(0.258,\ 0.388,\ 0.241,\ 0.101,\ 0.012)$$

$$\boldsymbol{B}_3=\boldsymbol{W}_3\times\boldsymbol{R}_3=(0.320,\ 0.424,\ 0.204,\ 0.052,\ 0)$$

$$\boldsymbol{B}_4=\boldsymbol{W}_4\times\boldsymbol{R}_4=(0.241,\ 0.338,\ 0.336,\ 0.065,\ 0.020)$$

因此，可以得到新的模糊评价矩阵 $\boldsymbol{R}$：

$$\boldsymbol{R}=\begin{pmatrix} 0.407 & 0.286 & 0.242 & 0.045 & 0.020 \\ 0.258 & 0.388 & 0.241 & 0.101 & 0.012 \\ 0.320 & 0.424 & 0.204 & 0.052 & 0 \\ 0.241 & 0.338 & 0.336 & 0.065 & 0.020 \end{pmatrix}$$

（三）合成各因素模糊综合评价

根据上面方案层权重及判断矩阵，可以求得准则层权重向量 $\boldsymbol{B}$。

$$\boldsymbol{B}=\boldsymbol{W}\times\boldsymbol{R}=(0.163,\ 0.279,\ 0.395,\ 0.163)\times$$

$$\begin{pmatrix} 0.407 & 0.286 & 0.242 & 0.045 & 0.020 \\ 0.258 & 0.388 & 0.241 & 0.101 & 0.012 \\ 0.320 & 0.424 & 0.204 & 0.052 & 0 \\ 0.241 & 0.338 & 0.336 & 0.065 & 0.020 \end{pmatrix}=(0.304,\ 0.362,\ 0.242,\ 0.057,\ 0.035)$$

（四）模糊综合评价等级的确定

根据公式 $\boldsymbol{F}=\boldsymbol{B}\times\boldsymbol{Y}$，其中评价分数集 $\boldsymbol{Y}=(9,\ 7,\ 5,\ 3,\ 1)^{\mathrm{T}}$，求出MS水库PPP项目有效投资评价分数，并确定等级。

$$\boldsymbol{F}_1=\boldsymbol{B}_1\times\boldsymbol{Y}=(0.407,\ 0.286,\ 0.242,\ 0.045,\ 0.020)\times(9,\ 7,\ 5,\ 3,\ 1)^{\mathrm{T}}=7.030$$

$$\boldsymbol{F}_2=\boldsymbol{B}_2\times\boldsymbol{Y}=(0.258,\ 0.388,\ 0.241,\ 0.101,\ 0.012)\times(9,\ 7,\ 5,\ 3,\ 1)^{\mathrm{T}}=6.558$$

$$\boldsymbol{F}_3=\boldsymbol{B}_3\times\boldsymbol{Y}=(0.320,\ 0.424,\ 0.204,\ 0.052,\ 0)\times(9,\ 7,\ 5,\ 3,\ 1)^{\mathrm{T}}=7.024$$

$$\boldsymbol{F}_4=\boldsymbol{B}_4\times\boldsymbol{Y}=(0.241,\ 0.338,\ 0.336,\ 0.065,\ 0.020)\times(9,\ 7,\ 5,\ 3,\ 1)^{\mathrm{T}}=6.430$$

$$\boldsymbol{F}=\boldsymbol{B}\times\boldsymbol{Y}=(0.304, 0.362, 0.242, 0.057, 0.035)\times(9, 7, 5, 3, 1)^{\mathrm{T}}=6.686$$

根据分值及对应评价等级表，综合以上计算结果可知，MS 水库 PPP 项目投资总体有效性为 6.686，表现良好。

三、评价结果分析及对策建议

（一）评价结果分析

本节对 MS 水库 PPP 项目有效投资进行模糊综合评价，从整体上看，MS 水库 PPP 项目投资有效性良好，综合评分为 6.686，接近 7。这得益于政府部门的大力支持，良好的运行机制以及政府和社会资本方的良好合作。从有效投资的“4E”维度来看，4 项指标均处于良好等级。其中经济性、效果性得分超过 7，表现更佳。具体而言：

经济性模糊综合评价得分为 7.030，等级为良好，在所有“4E”指标中表现最佳。这说明 MS 水库项目在投资建设、运营过程中较好地统筹城乡发展，充分利用优质水源，处理好获取利润与花费成本的关系，资源使用较合理。在政府财政承受能力范围之内，项目资金使用、运算执行较合理合规，特别是项目工程建设进度比合同进度提前了 2 个月实现开闸放水和并网发电，不仅节约了时间和人工成本，还为水库及早发挥防洪效益和发电效益创造了条件，大大提高了经济性。

效率性模糊综合评价得分为 6.558，略低于经济性，等级为良好，在所有“4E”指标中排第三。这说明该项目在既定投入下，产出水平较高，取得了较好的效率。MS 水库 PPP 项目自 2015 年开工建设，2019 年 5 月提前竣工，现正处于运营阶段。为了提高社会资本吸引力，政府部门依法依规放宽条件提供更多优惠政策，通过扩大供水范围等手段更好发挥水库发电、供水、灌溉等综合效益，提高社会资本的投资回报，保障了工程良性运行。MS 水库 PPP 项目实行兜底式的担保方式，即社会资本供水、灌溉收入不足部分由县财政弥补，风险共担，有利于保障社会资本的收益率和运营能力。

效果性模糊综合评价得分为 7.024，等级为良好，在所有“4E”指标中排第二。这说明该项目投资建设、运营的预期目标实现程度较好，且取得了良好的实际效果，居民用水安全得到保障，水库防洪灌溉功能得以发挥。水库作为重要的水利基础设施，不仅向宜章、临武两县县城和沿线乡村近百万居民供水，保障民生，还对当地农业灌溉发挥着不可替代的作用，改善及新增灌溉面积 22.95 万亩，正常年份和枯水年份增加效益分别达到 2.53 亿元和 3.92 亿元（陶丽琴，2020）。宜章县是革命老区，MS 水库 PPP 项目的建设不仅促进了当地经济发展，对粮食增产、农民增收起到一定作用，还将在乡村振兴战略实施过程中继续发挥作用。防洪、灌溉、供水、发电、旅游开发等的协调推进将更好地实现多方共赢。

公平性模糊综合评价得分为 6.430，等级为良好，在所有“4E”指标中排名最后。虽然公平性相较其他指标得分略低，但是总体上达到良好等级，说明该项目在投入、建设、运营、管理过程中不管是市场环境、规章制度，还是收益分配、合作伙伴满意度等，都处于一种相对良好的状态。在合作过程中，政府角色定位更加精准，实现从管理者向合作者、监管者、服务者的转变，有利于提升市场环境的公平性。在运营过程中，随着国家 PPP 相关政策法规的完善和规范，以及合作项目规章制度的健全，合作伙伴的满意度也日益提高。但是，MS 水库是典型的农业基础设施 PPP 项目，相较其他项目而言，其管理机制、收益分配机制、地域范围、受益对象等更具有特殊性，项目公平性的提升空间较大。

综上所述，MS 水库 PPP 项目“4E”指标评价结果均为良好，这得益于各级政府特别是宜章县政府在政策支持、组织协调、监督管理以及制度创新方面的作为和担当。同时，该项目不仅在经济性、效率性、效果性、公平性等方面具有一定的上升空间，在整体有效性方面也存在改进的空间，为实现项目全生命周期良性、可持续发展，需要不断对其进行优化、完善、提升。

（二）对策建议

根据以上分析，结合我国农业基础设施 PPP 项目发展实际，本节提出以下对策建议。

1. 加强项目监管，提高经济性

从全生命周期监督的角度，对农业基础设施 PPP 项目环境、投入、运行、产出、影响等方面进行全过程、全方位监控，有利于在政府财政的可承受范围内，实现项目资金合规、预算执行准确，按期完成项目建设任务，进而提高项目经济绩效。

2. 提升项目质量和投资回报，提高效率性

效率性的主要体现是提供符合行业标准的优质产品和服务，在此基础上，令合作双方得到合理的投资回报，也以此来提高农业基础设施 PPP 项目的吸引力，增强农业基础设施项目的可塑性。应通过加强利益补偿机制设计，创新政策优惠，加强政策扶持力度，扩大试点范围等方法，增强农业基础设施 PPP 项目示范作用，进一步提高农业基础设施 PPP 项目效率性。

3. 全面考虑综合效益和影响，提高效果性

农业基础设施 PPP 项目的社会效益明显，一般情况下，准经营性和公益性农业基础设施的社会效益大于经济效益，且具有一定的生态效益。经济、社会、生态效益的全面提高，有利于提高项目的效果性。此外，农业基础设施 PPP 项目的利益相关者众多，社会公众作为直接受益者，其对农业基础设施项目的满意度也是项目影响的重要体现，项目建成后的可持续发展能力，及其对社会的持久性影响，将有利于项目效果性的发挥和提高。

4. 完善多元协调体系，提高公平性

农业基础设施 PPP 项目投资是一个系统工程，涉及政府和社会资本两大核心主体，包括识别、准备、采购、执行、移交五个阶段。市场环境公平性是项目投资公平性的前提，收益分配公平性是项目投资公平性的核心，规章制度完备性是项目投资公平性的保障，合作伙伴满意度是项目投资公平性的体现。而上述四个方面的结合需要政府部门与私人部门，政府部门、私人部门与农户、农村社区建立多元协调体系，完善相应规章制度，协调各方利益，提高满意度和市场环境公平性，进而提高农业基础设施 PPP 项目投资公平性。

第五节　本章小结

本章采用案例分析方法，从微观项目的角度探讨农业基础设施 PPP 项目有效投资的评价体系。第一，本章讨论了农业基础设施 PPP 项目有效投资的评价维度，基于理性人假设和有效市场假设，从经济性、效率性、效果性和公平性四个方面提出农业基础设施 PPP 项目有效投资的“4E”目标。第二，本章遵循目的性与系统性、全面性与特色性、科学性与客观性、定性指标与定量指标相结合的原则，构建了农业基础设施 PPP 项目有效投资评价指标体系，包括经济性、效率性、效果性、公平性 4 个一级指标和 17 个二级指标。第三，根据问卷调查数据，本章基于 AHP 建立层次分析模型，构造两两判断矩阵，初步确定各级指标的权重，最后利用熵权法计算出综合权重指标。第四，在确定农业基础设施 PPP 项目有效投资评价指标体系及其综合权重的基础上，本章以 MS 水库为例，邀请专家打分，采用模糊综合评价法进行实证分析，得出 MS 水库 PPP 项目有效投资综合评价得分为 6.686，表现良好。这主要得益于政府部门的大力支持，良好的运行机制以及政府和社会资本方的良好合作关系。从有效投资的“4E”维度来看，该项目 4 项指标均处于良好等级，其中经济性、效果性得分超过 7，表现更佳。第五，根据以上理论和实证分析，本章结合我国农业基础设施 PPP 项目发展实际，从加强项目监管，提升项目质量和投资回报，全面考虑综合效益和影响，完善多元协调体系等方面提出加强农业基础设施 PPP 项目有效投资的对策建议。

第七章　增加农业基础设施 PPP 有效投资的风险防范机制研究

风险防范是增加农业基础设施 PPP 有效投资的关键举措。PPP 投资在项目运行过程中具有各种风险，农业基础设施 PPP 投资风险，既具备 PPP 模式投资风险的一般特征，如风险的随机性、可变性、客观性，同时还具有农业基础设施和 PPP 模式两者结合后的特殊性，如受自然因素影响大，风险周期长，更具有阶段性和复杂性等。对农业基础设施 PPP 投资进行风险管理，是促进项目可持续发展，实现包括公私双方的利益相关者合作共赢的重要保障。风险防范作为风险管理的重要环节和核心内容，以风险识别和风险评价为基础，对风险进行预防和控制，从而降低风险或将其消灭在萌芽状态。本章基于农业基础设施 PPP 投资风险的主要特征，对其进行识别、评价、分担，最后构建风险防范机制，以增加农业基础设施 PPP 有效投资。

第一节　农业基础设施 PPP 投资风险的主要特征及防范流程

一、农业基础设施 PPP 投资风险的主要特征

（一）风险复杂多样性

农业基础设施 PPP 投资风险的复杂多样性体现在两个方面。一是农业基础设施 PPP 项目本身带来风险的复杂性和多样性。PPP 项目建设周期长，一般在 10～30 年，建设规模大，技术要求高，参与主体多，合同关系错综复杂，增加了风险的不确定性，使风险难以预测且复杂多样。存在风险包括

政治风险、金融风险、自然风险、经营风险、市场风险等。二是风险承担对象的复杂性。农业基础设施 PPP 项目的利益相关者众多，风险承担对象不仅包括中央政府，还有地方政府及其所属部门，不仅包括项目运营公司（SPV），还包括金融机构、承包商等，风险承担对象角色定位和利益诉求的多样化加剧了农业基础设施 PPP 投资风险的复杂性。

（二）风险阶段性明显

农业基础设施 PPP 项目的运作是一个长期的过程，包括识别、准备、采购、执行、移交五个相互联系、密不可分的阶段。识别是基础，只有经过物有所值论证和政府财政承受能力评价的项目才能进入准备和采购阶段。采购方式主要为公开招标，极少数为竞争性磋商和单一来源采购。采购后进入执行阶段，包括项目融资、建设、运营管理等一系列工作。每一阶段面临的时间、空间、人物均可能不一样，内外部环境可能发生变化，风险也会呈现不一样的特征。例如，受原材料成本、工期、技术、自然环境等因素影响，建设阶段风险主要表现为工程延期风险、工程质量风险；运营阶段则可能面临融资风险、成本超支风险、市场风险等。

（三）风险系统性强

一般而言，PPP 项目投资金额大，建设周期长，从识别、准备、采购、执行到移交各个阶段，是紧密连接、相互影响的完整过程，各个阶段具有不同风险因素，且风险因素有序、相互关联又能够对整体产生影响，表现出系统性。农业基础设施 PPP 投资本身具有复杂系统所具备的明显特征，受自然环境影响较大，适用对象更具农业产业的系统性特征。国际上 PPP 项目平均收益水平达 18%，而我国 PPP 项目总体回报率在 8%～10%（杜亚林等，2017），农业基础设施 PPP 项目的收益回报水平则更低，且回收期久，风险周期长，有的风险贯穿整个项目生命周期，系统性明显。

（四）风险防控难度较大

农业基础设施 PPP 投资相对于其他领域的 PPP 投资而言，周期长、系统性强、阶段性明显，特别是受自然环境影响较大。农业基础设施 PPP 项目履约期一般为 10～30 年，在项目发展过程中，不可预见性因素多，政策调整、法律变更、经济形势的变化及不可抗力因素的存在，导致风险增加，风险防控难度较大。此外，不同利益主体的各种不同利益诉求与风险交织在一起，防范风险的难度也随之加大。

二、农业基础设施 PPP 投资风险的分类

农业基础设施 PPP 投资风险，是指农业基础设施项目在实施 PPP 模式的过程中所有活动或事件的不确定性给其带来不利影响的可能性。农业基础设施 PPP 投资的风险类型很多（表 7－1），按照风险来源可分为政治风险、政策风险、法律风险、社会风险、环境风险、建设风险、金融风险、市场风险等；按照其影响范围和可控程度可分为系统性风险和非系统性风险；按照风险形成环境可分为静态风险和动态风险；按照风险承担主体可分为政府公共部门风险、社会资本方风险和政府与社会资本共担风险等。

表 7－1　农业基础设施 PPP 投资风险分类

分类标准	类别	含义
风险来源	政治风险	政府审批延误、政府决策失误、政府监管不严等带来的风险
	政策风险	政府政策调整如税率提高或土地收购政策变化对项目带来的不利影响
	法律风险	法律法规不健全或相关法律条文缺失而导致的风险
	社会风险	宗教信仰等社会环境因素或公众方反对导致征地纠纷、暴力阻工等重大社会事件，进而引起风险
	环境风险	地震、洪水、干旱等自然灾害或建设过程中破坏生态环境带来的风险
	建设风险	项目建设过程中施工技术不达标、设计存在缺陷、进度延误、质量不符合要求等带来的风险
	金融风险	市场利率、汇率变动，通货膨胀，社会资本融资环境发生变化导致融资困难，进而带来风险
	市场风险	市场环境的激烈变化或竞争、市场价格调整等带来的风险

（续）

分类标准	类别	含义
风险可控程度	系统性风险	全局性共同因素导致的风险，如政策风险、利率风险、汇率风险、经济周期性波动风险等
	非系统性风险	特定社会个体或自身某种局部性因素导致的风险，如运营风险、经营风险、信用风险等
风险形成环境	静态风险	自然力的不规则变动或人们行为的错误、失当导致的风险，如交通事故、火灾、工业伤害等意外事故
	动态风险	社会经济或政治变动所导致的风险，如通货膨胀、汇率变动、技术变革引起的风险
风险承担主体	政府公共部门风险	PPP项目运行过程中由政府公共部门承担的风险，如法律风险、监管风险、财政风险、政策风险等
	社会资本方风险	PPP项目运行过程中由社会资本方承担的风险，如经营管理风险、运营风险等
	共担风险	PPP项目运行过程中政府和社会资本方共同承担的风险。如不可抗力风险、通货膨胀风险

三、农业基础设施PPP投资风险的防范流程

风险管理是一个相对动态的过程，包括对风险的识别、预测评估以及处理控制。理想的风险管理是在风险识别、评估的基础上，提出一系列应变策略，选择有效的手段防范风险发生，控制风险过大，降低风险，或在风险发生后进行处理，使损失降至最低。

对于农业基础设施PPP投资风险管理而言，顺利实现PPP投资运营目标的关键在于风险防控，即尽力使风险发生概率降至最低或将风险扼杀在萌芽状态，具体风险防控流程如图7-1所示。

在农业基础设施PPP项目投资运作之初，政府公共部门与社会资本参与方如项目公司、承包商、供应商等基于互相信任、风险分担、利益共享的原则就各方的共同愿景和需承担的责任作出承诺，就项目的财务安排、进度、运营、质量、环保、利益分配、分担风险等一系列问题达成共识，签订

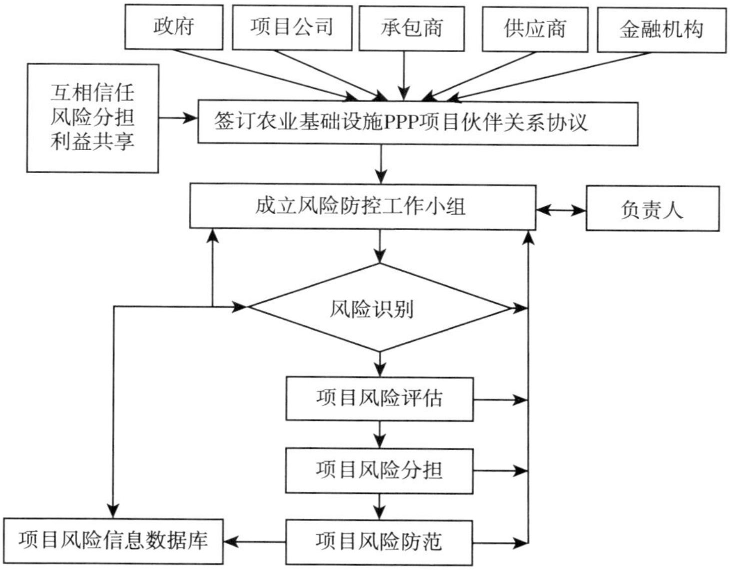

图 7-1　农业基础设施 PPP 投资风险防范流程

伙伴关系协议。

按照农业基础设施 PPP 项目伙伴关系协议，各参与方共同商议并派出代表，成立 PPP 风险防控工作小组，并举荐负责人主持日常事务。工作小组围绕 PPP 项目，与各参与方联络、沟通、协调，处理突发事件或风险因素，并对项目投资成本、工期、质量等进行监控，如出现问题及时向各方传递信息并商议应对方案，以降低风险发生概率，保证项目顺利完工。

风险识别。通过风险识别，PPP 项目各参与方可以辨别风险来源、确定风险发生条件，深入了解项目现存或潜在的风险，描述风险特征并评价风险影响的过程。这有助于把握风险控制的重点，聚焦农业基础设施 PPP 项目本身的活动或事件。

风险评估。在风险识别的基础上农业基础设施 PPP 项目各参与方就风险类型、风险因素及其可能带来的影响进行分析与探讨，采取合理化、系统化、科学化的操作手段，评估风险发生的可能性、破坏程度和影响范围，对风险进行综合评估和优先排序。

风险分担。根据风险类型和风险阶段，对不同的主体进行风险分配。

风险防范。在风险识别、评估和分担的基础上，依据农业基础设施PPP项目特征制定风险防范策略，最大限度降低风险事故发生的概率和减轻损失程度。

风险信息管理。在风险识别、评估、分担和防范的基础上，收集、归纳、整理所有信息并逐步建立农业基础设施PPP投资风险信息数据库，建立风险动态反馈机制，为风险管理提供全面、可靠的数据支持，以加强对相应风险行为全方位的防范。

第二节　农业基础设施PPP投资风险识别、评估与分担

一、农业基础设施PPP投资风险识别

风险识别是风险防范的前提，风险识别清单是风险防范的依据。农业基础设施PPP项目周期长，不确定性因素多，不同阶段风险因素也会存在差异，体现出时效性和动态性特征。常用的风险识别方法有德尔菲法、问卷访谈法、WBS-RBS法，各具不同的特点（表7-2）。

表7-2　风险识别的主要方法

风险识别方法	具体操作	优点	缺点	适用范围
问卷访谈法	与相关人员访谈或者进行问卷调查	有利于发现理论研究发现不了的问题	需要大量的访问对象，否则会发生遗漏现象	调查对象多
德尔菲法	专家匿名参加风险的判断和识别	综合专家意见，比较权威，沟通方便	时间长、产生的费用高	大型项目
WBS-RBS法	一一识别项目各个环节和风险存在的关系	风险识别的覆盖面广，比较细致	工作量大，需要结合其他方法进行	项目过程和风险发生的环节匹配度高

问卷访谈法适用访问量特别大的调查对象，否则容易出现遗漏。德尔菲法可综合专家意见，比较权威，但时间长、费用高。WBS－RBS 法结合工作分解结构（WBS）和风险分解结构（RBS），对各个阶段的风险因素进行识别，具有全面性、系统性、谨慎性特点，虽然工作量大，但能结合问卷调查和德尔菲法的优势，根据项目过程和风险发生的各个环节进行调查分析，覆盖面广，匹配度高。因此本节采用 WBS－RBS 法对农业基础设施 PPP 项目风险因素进行分解，并构造 WBS－RBS 耦合矩阵对农业基础设施 PPP 投资建设过程中可能存在的风险进行全面识别，以提高风险评价的客观性和准确性。

（一）项目工作分解结构（WBS）

工作分解从全局出发，将一个整体项目分解成若干个相互独立、易于描述的作业单元（Li et al.，2019）。根据农业基础设施 PPP 投资流程，本节将项目过程分解为识别、准备、采购、执行和移交 5 个阶段，然后将每一个阶段的工作进一步细分，得到 12 个子项（表 7－3）。

表 7－3　农业基础设施 PPP 投资 WBS 表

项目名称	项目过程	项目分解
农业基础设施 PPP 投资项目	识别阶段 W_1	项目评价与论证 W_{11}
	准备阶段 W_2	项目分析研究 W_{21}
		实施方案编制与审核 W_{22}
	采购阶段 W_3	融资项目清单 W_{31}
		编制招标文件 W_{32}
		谈判与合同签署 W_{33}
	执行阶段 W_4	资金投入 W_{41}
		项目建设 W_{42}
		项目运营 W_{43}
		项目监督 W_{44}
	移交阶段 W_5	资产清算与评估 W_{51}
		资产交割 W_{52}

（二）项目风险分解结构（RBS）

风险分解是将项目实施过程中可能遇到的风险逐层分解，从而得到不同层次的子风险。RBS与WBS相比较，是全局与局部的关系。在参照PPP项目风险因素分类的基础上，本节充分考虑PPP项目全生命周期以及农业基础设施的特征，查阅相关文献并咨询相关专家对每一工作阶段的风险因素进行筛选、归纳、总结。最后将风险分为8类，即政治风险、金融风险、市场风险、环境风险、信用风险、建设风险、运营风险以及管理风险；再逐层分解，得到26个风险指标。其中，建设风险、运营风险、管理风险属于非系统性风险，是项目本身特有的风险，具有可控性。政治风险、金融风险、市场风险、环境风险、信用风险属于系统性风险，具有普遍性、不可控性（表7－4）。

表7－4　农业基础设施PPP投资RBS表

	风险类型	风险因素	风险源
农业基础设施PPP投资风险	政治风险 R_1	法律法规风险 R_{11}	法律法规不完善或缺失增加项目实施的不确定性
		政策调整风险 R_{12}	重大政策如税收、土地政策等调整影响项目正常开展
		政府决策风险 R_{13}	政府决策时滞、低效或失误导致项目出现审批延误或运作困难
		寻租风险 R_{14}	极个别政府官员在与社会资本方或利益相关方合作时的贪污腐败行为
	金融风险 R_2	融资风险 R_{21}	金融市场不完善、融资结构不合理、融资可获得性差等，导致资金筹措困难
		利率汇率风险 R_{22}	市场利率和汇率变动的不确定性给PPP项目造成的损失
		通货膨胀风险 R_{23}	一般物价水平上涨、消费者物价指数（CPI）升高增加项目成本
	市场风险 R_3	退出壁垒风险 R_{31}	项目中途或者遇到特殊情况需要退出时存在障碍
		市场需求风险 R_{32}	宏观经济、社会环境、国家政策、人口结构等变化导致市场需求发生改变
		市场竞争风险 R_{33}	市场上新建或改建同类项目，提供同类产品和服务，对原有项目形成实质性竞争

（续）

	风险类型	风险因素	风险源
农业基础设施 PPP 投资风险	环境风险 R_4	环境保护风险 R_{41}	环保要求提高或对生态环境造成破坏
		社会矛盾风险 R_{42}	社会公众反对、满意度降低带来的风险
		不可抗力风险 R_{43}	气候条件或特殊地理环境造成的洪涝灾害、地震、台风等不可抗力事件
	信用风险 R_5	社会资本方违约风险 R_{51}	社会资本方为利益最大化不遵守承诺和履行合约而造成的风险
		政府违约风险 R_{52}	政府在资金投入、绩效奖励、优惠政策制定等方面违反约定
		第三方违约风险 R_{53}	除政府和社会资本方之外的第三方不遵守承诺和履行合约
	建设风险 R_6	质量风险 R_{61}	项目提供的相关产品及服务质量不达标，或存在安全隐患
		完工风险 R_{62}	项目工期延误，或投产后达不到预定设计目标，导致项目不能如期按要求交付、影响正常运转
		技术风险 R_{63}	技术不达标、采用技术不成熟或者适用性差，难以满足预定标准和要求
		成本超支风险 R_{64}	成本控制不到位、投资增加，实际成本高出预期成本
	运营风险 R_7	营销风险 R_{71}	营销理念、模式落后，营销效果不理想等
		规范运营风险 R_{72}	运营管理不完善、过程不规范，导致运营困难
		运营收益风险 R_{73}	项目投资运营状况不理想，收益低于预期水平，难以收回投资
	管理风险 R_8	经营管理风险 R_{81}	经营管理理念落后，经营管理制度不完善，执行不彻底等
		监督管理风险 R_{82}	监督管理制度不完善，监督管理不到位或越位
		人才管理风险 R_{83}	人才管理制度不完善，缺乏专业型、复合型人才，特许经营人才能力不足，绩效激励效果不明显等

（三）构建农业基础设施 PPP 项目 WBS－RBS 耦合矩阵

为了充分考虑农业基础设施 PPP 投资项目运作的实际需要，本节基于以上 WBS 和 RBS 的分解结果，构建 WBS－RBS 风险识别矩阵，全方位、多角度地反映农业基础设施 PPP 投资风险因素。WBS－RBS 风险识别矩阵的行代表子风险，列代表子工作。矩阵元素用 1 和 0 代表风险存在与否。存在风险因素、风险比较模糊或可能存在风险用“1”表示，由后续专家打分确定其权重，风险不存在或风险发生可能性极低用“0”表示（李宗坤等，2020）。

笔者对专家学者（15 名）、农业基础设施 PPP 项目工作人员（15 名）、政府工作人员（10 名）和金融机构从业者（10 名）进行调研，将调研结果进行汇总，并修改得到初步判别结果。由于风险分布较普遍、分散，且有些风险频数极低，为了增加风险因素的代表性和典型性，在最终统计数据时，超过 5 次的记作“1”，小于 5 次记作“0”。根据最后统计结果，得到 WBS－RBS 耦合矩阵（表 7－5）。

表 7－5　农业基础设施 PPP 项目 WBS－RBS 耦合矩阵

风险类型	风险因素	W_1	W_2		W_3			W_4				W_5	
		W_{11}	W_{21}	W_{22}	W_{31}	W_{32}	W_{33}	W_{41}	W_{42}	W_{43}	W_{44}	W_{51}	W_{52}
R_1	R_{11}	1	0	0	0	1	1		0	1	0	0	0
	R_{12}	0	1	1	0	0	1	1	0	1	0	0	0
	R_{13}	0	0	1	0	0	1	0	0	0	0	0	0
	R_{14}	0	0	0	0	0	1	0	0	0	1	1	0
R_2	R_{21}	0	1	0	0	0	0	1	1	1	0	0	0
	R_{22}	0	0	0	0	0	0	1	0	1	0	1	0
	R_{23}	1	0	0	0	0	0	1	0	1	0	1	0
R_3	R_{31}	0	0	0	0	0	1	1	0	0	0	1	1
	R_{32}	0	1	0	0	0	0	0	0	1	0	0	0
	R_{33}	0	1	0	1	1	0	0	1	1	0	0	0
R_4	R_{41}	1	0	0	0	0	0	0	1	1	0	0	0
	R_{42}	1	0	0	0	0	0	0	1	1	0	0	1
	R_{43}	1	0	0	0	1	0	0	1	1	0	1	0
R_5	R_{51}	0	0	0	0	0	1	1	1	1	0	1	1
	R_{52}	0	0	0	0	0	1	1	0	1	1	0	0
	R_{53}	0	0	0	0	0	0	0	1	1	1	1	0

（续）

风险类型	风险因素	W_1	W_2		W_3			W_4				W_5	
		W_{11}	W_{21}	W_{22}	W_{31}	W_{32}	W_{33}	W_{41}	W_{42}	W_{43}	W_{44}	W_{51}	W_{52}
R_6	R_{61}	0	0	0	1	0	0	0	1	1	0	1	0
	R_{62}	0	0	0	1	0	0	0	1	0	0	0	0
	R_{63}	0	1	1	1	0	0	0	1	1	0	0	0
	R_{64}	0	1	1	1	0	0	0	1	1	0	0	0
R_7	R_{71}	0	1	0	0	1	0	0	0	1	0	0	0
	R_{72}	0	0	0	0	0	0	0	0	1	1	0	0
	R_{73}	0	1	0	0	0	0	0	0	1	0	0	0
R_8	R_{81}	0	0	1	1	0	0	0	1	1	0	0	0
	R_{82}	0	0	0	0	0	1	0	1	1	1	1	1
	R_{83}	0	1	0	1	1	0	0	1	1	1	1	0

二、农业基础设施 PPP 投资风险评估

风险评估以风险识别为基础，对风险因素进行合理评价。常用的风险评估方法有定性分析法和定量分析法两种，前者包括故障树分析法、层次分析法，后者包括模糊综合评价法、概率分析法等。由于单一定性或者定量方法都存在一定局限性（表 7-6），本节在借鉴已有方法的基础上，试图以 WBS-RBS 的风险矩阵为基础，将 AHP 与风险度理论相结合，对农业基础设施 PPP 投资风险进行评估，对风险的权重进行科学运算。这种方法结合两者的优点，对项目整体风险进行完整评价，分析结果更具科学性、有效性。

（一）基于层次分析法的风险权重确定

1. 层次分析法的风险评估原理

层次分析法风险评估模型是将复杂的风险问题分解为若干个层次后，在同一层次内将各个要素进行简单比较，得到风险因素影响要素的排列顺序，并进行一致性检验。其具体步骤是：首先，建立层次结构模型，将所有评价指标进行有序性分层；其次，按两两比较结果构建判断矩阵；再次，计算每

个指标的几何平均值、相对权重及最大特征值，并进行一致性检验；最后，计算各个指标的初始权重值，并对其重要程度进行排序（图 7-2）。

表 7-6 风险评估的主要方法

风险评估方法	概念	优点	缺点	适用范围
层次分析法	是对定性问题进行定量分析的一种多准则决策方法	简便、灵活、实用	运算步骤复杂	比较复杂的项目
定性评价法	通过观察、调查与分析，借助专业经验和专业标准进行定性评估的方法	可操作性强	主观性较强	没有完善信息的项目
定量评价法	对所有的指标都进行赋值计算和量化的一种评价法	准确度高	数据的准确性难以把握	具有大量统计数据的项目

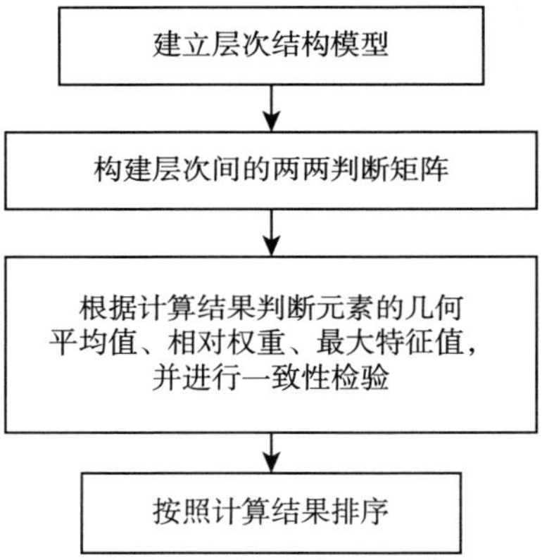

图 7-2 层次分析法操作步骤

2. 基于层次分析法的农业基础设施 PPP 投资风险评估过程

（1）数据来源。在风险识别的基础上，为了解农业基础设施 PPP 项目投资各风险因素大小及其权重，笔者对相关领域的专家、学者，金融机构工作人员，企业 PPP 项目工作人员，政府 PPP 中心和相关部门工作人员以及农户进行调研，采取实地调研、访谈和电子问卷相结合的方式，一共发放 500 份问卷，回收有效问卷 451 份，有效率为 90.2%。

（2）计算风险评价指标体系权重。根据 AHP 构建农业基础设施 PPP 投资风险评价模型，运用 AHP 构造两两比较判断矩阵，依据问卷对各层级风险因素的评判打分，得出判断矩阵，运用 Matlab 软件计算出各级风险指标的权重，并进行一致性检验（表 7-7 至表 7-15）。

表 7-7　农业基础设施 PPP 投资准则层判断矩阵计算表

	R_1	R_2	R_3	R_4	R_5	R_6	R_7	R_8	权向量
R_1	1	1/5	1/3	2	1/3	1/4	1/6	1/3	0.037 3
R_2	5	1	2	7	3	2	1/2	3	0.207 6
R_3	3	1/2	1	4	3	2	1/3	3	0.153 2
R_4	1/2	1/7	1/4	1	1/3	1/5	1/7	1/5	0.025 9
R_5	3	1/3	1/3	3	1	1/3	1/5	1/2	0.061 7
R_6	4	1/2	1/2	5	3	1	1/3	1/2	0.107 2
R_7	6	2	3	7	5	3	1	3	0.299 8
R_8	3	1/3	1/3	5	2	2	1/3	1	0.107 4

注：一致性检验 $\lambda_{max}=8.444\ 6$，$CR=0.045\ 0<0.1$；通过一致性检验。R_1 政治风险；R_2 金融风险；R_3 市场风险；R_4 环境风险；R_5 信用风险；R_6 建设风险；R_7 运营风险；R_8 管理风险。

表 7-8　政治风险下各指标判断矩阵计算表

R_1	R_{11}	R_{12}	R_{13}	R_{14}	权向量
R_{11}	1	1	1/2	3	0.256 8
R_{12}	1	1	1/2	2	0.226 1
R_{13}	2	2	1	2	0.390 8
R_{14}	1/3	1/2	1/2	1	0.126 4

注：一致性检验 $\lambda_{max}=4.117\ 9$，$CR=0.044\ 2<0.1$；通过一致性检验。R_{11} 法律法规风险；R_{12} 政策调整风险；R_{13} 政府决策风险；R_{14} 寻租风险。

表 7-9　金融风险下各指标判断矩阵计算表

R_2	R_{21}	R_{22}	R_{23}	权向量
R_{21}	1	3	5	0.637 0
R_{22}	1/3	1	3	0.258 3
R_{23}	1/5	1/3	1	0.104 7

注：一致性检验 $\lambda_{max}=3.038\ 5$，$CR=0.037\ 0<0.1$；通过一致性检验。R_{21} 融资风险；R_{22} 利率汇率风险；R_{23} 通货膨胀风险。

表 7-10　市场风险下各指标判断矩阵计算表

R_3	R_{31}	R_{32}	R_{33}	权向量
R_{31}	1	1/3	1/2	0.163 4
R_{32}	3	1	2	0.539 6
R_{33}	2	1/2	1	0.297 0

注：一致性检验 $\lambda_{max}=3.009\ 2$，$CR=0.008\ 8<0.1$；通过一致性检验。R_{31}退出壁垒风险；R_{32}市场需求风险；R_{33}市场竞争风险。

表 7-11　环境风险下各指标判断矩阵计算表

R_4	R_{41}	R_{42}	R_{43}	权向量
R_{41}	1	2	2	0.493 4
R_{42}	1/2	1	1/2	0.195 8
R_{43}	1/2	2	1	0.310 8

注：一致性检验 $\lambda_{max}=3.053\ 6$，$CR=0.051\ 5<0.1$；通过一致性检验。R_{41}环境保护风险；R_{42}社会矛盾风险；R_{43}不可抗力风险。

表 7-12　信用风险下各指标判断矩阵计算表

R_5	R_{51}	R_{52}	R_{53}	权向量
R_{51}	1	2	2	0.493 4
R_{52}	1/2	1	1/2	0.195 8
R_{53}	1/2	2	1	0.310 8

注：一致性检验 $\lambda_{max}=3.053\ 6$，$CR=0.051\ 5<0.1$；通过一致性检验。R_{51}社会资本方违约风险；R_{52}政府违约风险；R_{53}第三方违约风险。

表 7-13　建设风险下各指标判断矩阵计算表

R_6	R_{61}	R_{62}	R_{63}	R_{64}	权向量
R_{61}	1	1/4	2	1/2	0.144 3
R_{62}	4	1	3	4	0.541 4
R_{63}	1/2	1/3	1	1/2	0.111 3
R_{64}	2	1/4	2	1	0.203 1

注：一致性检验 $\lambda_{max}=4.183\ 3$，$CR=0.068\ 6<0.1$；通过一致性检验。R_{61}质量风险；R_{62}完工风险；R_{63}技术风险；R_{64}成本超支风险。

表 7-14　运营风险下各指标判断矩阵计算表

R_7	R_{71}	R_{72}	R_{73}	权向量
R_{71}	1	1/2	1/4	0.136 5
R_{72}	2	1	1/3	0.238 5
R_{73}	4	3	1	0.625 0

注：一致性检验 $\lambda_{max}=3.018\ 3$，$CR=0.017\ 6<0.1$；通过一致性检验。R_{71} 营销风险；R_{72} 规范运营风险；R_{73} 运营收益风险。

表 7-15　管理风险下各指标判断矩阵计算表

R_8	R_{81}	R_{82}	R_{83}	权向量
R_{81}	1	2	3	0.539 6
R_{82}	1/2	1	2	0.297 0
R_{83}	1/3	1/2	1	0.163 4

注：一致性检验 $\lambda_{max}=3.009\ 2$，$CR=0.008\ 2<0.1$；通过一致性检验。R_{81} 经营管理风险；R_{82} 监督管理风险；R_{83} 人才管理风险。

（3）各风险因素综合排序。根据上述两两比较判断矩阵的计算结果，整理得到农业基础设施 PPP 投资风险权重表（表 7-16）。

表 7-16　农业基础设施 PPP 投资风险权重排序

	一级指标及其权重（准则层）		二级指标及其权重（方案层）		权重值	排序
系统性风险	政治风险 R_1	0.037 3	法律法规风险 R_{11}	0.256 8	0.009 6	22
			政策调整风险 R_{12}	0.226 1	0.008 4	23
			政府决策风险 R_{13}	0.390 8	0.014 6	18
			寻租风险 R_{14}	0.126 4	0.004 7	26
	金融风险 R_2	0.207 6	融资风险 R_{21}	0.637 0	0.132 2	2
			利率汇率风险 R_{22}	0.258 3	0.053 6	7
			通货膨胀风险 R_{23}	0.104 7	0.021 7	14
	市场风险 R_3	0.153 2	退出壁垒风险 R_{31}	0.163 4	0.025 0	12
			市场需求风险 R_{32}	0.539 6	0.082 7	3
			市场竞争风险 R_{33}	0.297 0	0.045 5	8
	环境风险 R_4	0.025 9	环境保护风险 R_{41}	0.493 4	0.012 8	19
			社会矛盾风险 R_{42}	0.195 8	0.005 1	25
			不可抗力风险 R_{43}	0.310 8	0.008 0	24

（续）

	一级指标及其权重（准则层）		二级指标及其权重（方案层）		权重值	排序
系统性风险	信用风险 R_5	0.061 7	社会资本方违约风险 R_{51}	0.493 4	0.030 4	11
			政府违约风险 R_{52}	0.195 8	0.012 1	20
			第三方违约风险 R_{53}	0.310 8	0.019 2	15
非系统性风险	建设风险 R_6	0.107 2	质量风险 R_{61}	0.144 3	0.015 5	17
			完工风险 R_{62}	0.541 4	0.058 0	5
			技术风险 R_{63}	0.111 3	0.011 9	21
			成本超支风险 R_{64}	0.203 1	0.021 8	13
	运营风险 R_7	0.299 8	营销风险 R_{71}	0.136 5	0.040 9	9
			规范运营风险 R_{72}	0.238 5	0.071 5	4
			运营收益风险 R_{73}	0.625 0	0.187 4	1
	管理风险 R_8	0.107 4	经营管理风险 R_{81}	0.539 6	0.058 0	6
			监督管理风险 R_{82}	0.297 0	0.031 9	10
			人才管理风险 R_{83}	0.163 4	0.017 5	16

由表7-16可知，在一级指标中，排名前三的风险分别是运营风险、金融风险和市场风险。运营风险不管是对于社会资本还是对于政府而言，都极为重要，运营风险会影响项目的正常运行和可持续发展，运营收益风险和规范运营风险在项目融资运营过程中发生的概率相对较高，对项目运营效果影响也较大。金融风险主要由融资风险造成，国家的货币政策、整个市场的融资环境以及社会资本本身都可能使项目面临融资困境。排名位于中间的分别为管理风险、建设风险、信用风险，企业经营管理、按时完工程度、社会资本方信用是这些风险的主要因素。排名靠后的是政治风险和环境风险，权重相对较低。

在二级指标中，排名第一的是运营收益风险，权重为0.187 4。说明对于农业基础设施PPP项目投资而言，运营收益是各利益相关者最关切也是最敏感的话题。特别在执行阶段，项目收益存在不可确定性，需要通过政府补偿、政府购买或者政府付费的方式来解决。如何解决以及解决的程度仍然可能造成不确定性影响。融资风险的权重排第二位，为0.132 2。项目融资是PPP模式的重要环节和内容，能否融到资和融资多少决定着项目的建设、运营和发展。市场需求风险、规范运营风险、完工风险和经营管理风险排名紧随其后，对农业基础设施 PPP 投资的总体风险影响较大。权重排在后 6 位的分别是技术风险、法律法规风险、政策调整风险、不可抗力风险、社会矛盾风险、寻租风险。其中，寻租风险权重最低，排名倒数第一，说明参与方、金融机构、农户等虽然有关于政府寻租问题的担心，但在国家对 PPP 项目监管力度进一步加强和绩效评价进一步规范的背景下，官僚腐败现象很少。社会矛盾风险和不可抗力风险权重较低，分别排名倒数第二和倒数第三。这说明在前期充分论证的基础上，对项目经济社会影响进行广泛宣传，中后期建设运营阶段严格按照合同进行，能够得到民众的广泛支持和理解，大大减少了社会矛盾发生。法律法规风险、政策调整风险有可能发生，但其权重也很低，这与近年来国家法律法规、制度规章越来越健全，国家治理能力显著增强密切相关。

（二）风险度计算

基于风险耦合矩阵，本节通过风险度定量分析评价农业基础设施 PPP 投资风险等级的大小。风险度可以定量描述风险概率以及损失程度，其计算公式为

$$\boldsymbol{F}=\boldsymbol{S}\times\boldsymbol{R} \tag{7-1}$$

$$\boldsymbol{R}=\boldsymbol{P}\times\boldsymbol{Q} \tag{7-2}$$

其中，$\boldsymbol{F}$ 为风险度，$\boldsymbol{S}$ 为风险权重向量，$\boldsymbol{R}$ 为风险指数向量，$\boldsymbol{P}$ 为风险发生的可能性程度，$\boldsymbol{Q}$ 为风险所造成的损失程度，$\boldsymbol{P}$、$\boldsymbol{Q}\in[1, 5]$，$\boldsymbol{F}$ 的取值反映风险等级大小，采用 5 级风险标准来划分，$\boldsymbol{P}$、$\boldsymbol{Q}$、$\boldsymbol{F}$ 的具体取值及描述见表 7 - 17。

总风险度 $\boldsymbol{F}$ 计算公式为

$$\boldsymbol{F}=\sum_{i=1}^{n}\boldsymbol{S}_{ij}\boldsymbol{R}_{ij}\ (i,\ j=1,\ 2,\ 3,\ \cdots,\ n) \tag{7-3}$$

其中，$\boldsymbol{S}_{ij}$ 为各风险权重系数；$\boldsymbol{R}_{ij}$ 为各风险对应的风险指数。

根据调查问卷统计结果，经过加权平均计算得出各二级指标的发生概率 $\boldsymbol{P}$ 和损失程度 $\boldsymbol{Q}$，然后根据式 7 - 2 计算出各二级指标风险指数，根据式 7 - 3 计算出一级指标的总风险度（表 7 - 18），最后计算出农业基础设施投资的总风险度。

表 7-17　*P*、*Q*、*F* 的取值及含义

P 值含义	*P* 取值	*Q* 值含义	*Q* 取值	风险等级	风险水平	*F* 取值
发生可能性极小	1	损失程度极小	1	1	低风险	[1，3)
发生可能性较小	2	损失程度较小	2	2	较低风险	[3，6)
发生可能性一般	3	损失程度一般	3	3	中等风险	[6，10)
发生可能性较大	4	损失程度较大	4	4	较高风险	[10，16)
发生可能性极大	5	损失程度巨大	5	5	高风险	[16，25)

表 7-18　农业基础设施 PPP 投资各级指标权重及风险度

一级指标			二级指标				
风险类型	权重 *S*	风险度 *F*	风险因素	权重 *S*	发生可能性 *P*	损害程度 *Q*	风险指数 *R*
政治风险	0.037 3	5.802 6	法律法规变更风险	0.256 8	1.852	2.200	4.074 4
			政策调整风险	0.226 1	2.180	2.060	4.490 8
			政府决策风险	0.390 8	1.924	3.680	7.065 6
			寻租风险	0.126 4	3.200	2.422	7.750 4
金融风险	0.207 6	9.465 7	融资风险	0.637 0	4.040	2.806	11.336 2
			利率汇率风险	0.258 3	3.230	1.768	5.710 4
			通货膨胀风险	0.104 7	3.750	1.960	7.350 0
市场风险	0.153 2	6.378 8	退出壁垒风险	0.163 4	2.476	2.384	4.949 2
			市场需求风险	0.539 6	3.05	2.662	8.119 1
			市场竞争风险	0.297 0	2.07	1.934	4.003 4
环境风险	0.025 9	4.409 4	环境保护风险	0.493 4	1.800	2.080	3.744 0
			社会矛盾风险	0.195 8	2.112	1.648	3.480 6
			不可抗力风险	0.310 8	1.478	4.094	6.050 9
信用风险	0.061 7	5.565 5	社会资本方违约风险	0.493 4	2.046	3.080	6.301 7
			政府违约风险	0.195 8	1.536	2.690	4.131 8
			第三方违约风险	0.310 8	1.902	2.888	5.493 0
建设风险	0.107 2	6.652 4	质量风险	0.144 3	2.076	2.652	5.505 6
			完工风险	0.541 4	2.224	3.302	7.343 6
			技术风险	0.111 3	2.072	2.120	4.392 6
			成本超支风险	0.203 1	3.782	1.804	6.822 7

（续）

一级指标			二级指标				
风险类型	权重 $\boldsymbol{S}$	风险度 $\boldsymbol{F}$	风险因素	权重 $\boldsymbol{S}$	发生可能性 $\boldsymbol{P}$	损害程度 $\boldsymbol{Q}$	风险指数 $\boldsymbol{R}$
运营风险	0.299 8	10.029 1	营销风险	0.136 5	2.416	2.282	5.513 3
			规范运营风险	0.238 5	3.104	2.746	8.523 6
			运营收益风险	0.625 0	3.606	3.214	11.589 7
管理风险	0.107 4	6.142 9	经营管理风险	0.539 6	2.404	2.706	6.505 2
			监督管理风险	0.297 0	2.216	2.680	5.938 9
			人才管理风险	0.163 4	2.158	2.468	5.325 9

根据表7-18中一级指标的权重与风险度可以计算得出农业基础设施PPP投资的总风险度$\boldsymbol{F}$：

$\boldsymbol{F}=5.802\,6\times0.037\,3+9.465\,7\times0.207\,6+6.378\,8\times0.153\,2+4.409\,4\times0.025\,9+5.565\,5\times0.061\,7+6.652\,4\times0.107\,2+10.029\,1\times0.299\,8+6.142\,9\times0.107\,4=7.995\,8$

根据风险等级划分，由以上计算结果可以看出，总体上，农业基础设施PPP投资整体风险为中等，接近8的水平，这与农业基础设施主要服务于农业、农村、农民，其准公共性强、收益低、受自然风险影响较大、地域主要在农村、投资运营较困难等因素有关。

从一级指标来看，运营风险的风险度最大，为10.029 1，处于较高风险水平，这说明农业基础设施PPP投资最大的风险来自运营。在创新运营理念和模式、规范运营管理的基础上，实现较好收益是目前项目运营面临的难题和工作重心。风险度排名第二的指标是金融风险，为9.465 7，接近中等风险和较高风险的临界值10。农业基础设施PPP投资资金需求量大，项目融资是投资的重要组成部分和来源，一旦出现融资问题将可能使项目面临资金链断裂，导致项目投资、运营陷入停顿。加之PPP项目运行期限长，会受到利率、汇率变动以及通货膨胀的影响，造成金融风险相对较大。

排名紧随其后的是建设风险、市场风险、管理风险，风险度分别为6.652 4、6.378 8、6.142 9，均在6以上，处于中等风险的较低水平，说明建设风险、市场风险、管理风险对农业基础设施PPP投资的影响接近。加强项目投资建设，提高质量和技术水平，注重财务核算，对项目进行全面监督管理和经营管理，有利于防范这类风险发生。

政治风险和信用风险排名靠后，风险度处于5.5～6，接近中等风险。随着国家治理能力的增强，法律法规逐步完善，政策制度相对稳定，政府工作人员、企业家、公民等素质全面提升，市场主体的履约能力也进一步增强，政治风险和信用风险相对较低。

环境风险的风险度最低，为4.409 4，不及运营风险和金融风险的一半，属于较低风险。这说明自然灾害、生态环境保护以及社会矛盾给农业基础设施PPP投资带来的影响很小，这主要与项目事先规划、对自然灾害的预警、环境保护意识增强以及与社会公众的良好沟通交流有关。

三、农业基础设施PPP投资风险分担

（一）农业基础设施PPP投资风险分担原则

农业基础设施PPP投资的利益相关者众多，风险因素多，涉及主体也多。为了简化研究，更好展现公私双方在合作过程中承担的风险并对其加以防范，根据PPP模式的特点，本节借鉴杨旻（2017）的做法，将风险承担者分为公私两部分即政府和社会资本方。

风险分担是风险管理的重要环节，也是参与者关注焦点之一，风险分担要解决好分配给谁（Who）、分配什么（What）、何时分配（When）、如何分配（How）的问题，即通常说的“3W1H”。

合理的风险分担方案对项目风险管理产生积极作用。常用的风险分担原则包括公平原则、归责原则、风险收益对等原则、风险管理成本最低原则、风险上限原则、直接损失承担原则、风险偏好原则等。Abrahamson原则是Max Abrahamson（2006）提出的关于建设工程项目的风险分配原则，被认为是目前国际上最具科学性的“风险分担公式”之一，对参与方在项目中面临的风险及应尽义务进行了详细描述。结合我国的实际情况和农业基础设施PPP模式的特点，本节在充分考虑公私双方的风险控制能力、风险承受能力和偏好选择基础上进行风险分担。主要体现为以下三个原则。

（1）风险控制能力原则。政府公共部门和社会资本方对不同风险的控制能力是不一样的，不同社会资本方的风险控制能力也存在差异。应充分考虑各主体在风险控制方面的经验，衡量其是否有完善的风险防控体系和应对措施。

（2）风险承受能力原则。相对而言，政府的风险承受能力强，而社会资本方的风险承受能力相对较弱。分担的风险不能超出单个投资者的风险承担上限，其盈利能力、资产负债率、风险准备金等是需要考虑的主要因素。

（3）风险偏好原则。政府公共部门和社会资本方的风险偏好存在明显差异，对风险的把握程度也不一样。应结合收益和风险对等原则，在风险分配时充分考虑参与方的投资回报、收益与成本的比例，当获得收益大于承担风险时，有利于吸引社会资本投资。同时，应考虑到公平性、权责对等性等。具体风险分担模型如图 7－3 所示。

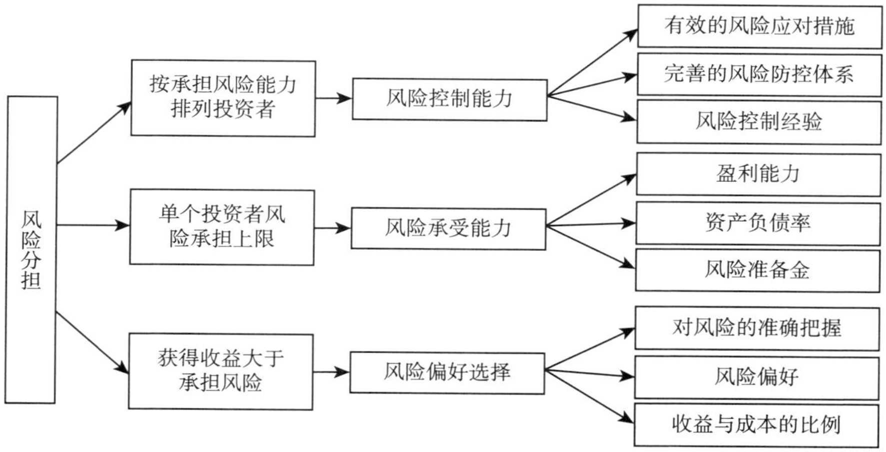

图 7－3　农业基础设施 PPP 投资风险分担模型

（二）农业基础设施 PPP 投资风险分担情况：根据 WBS－RBS

1. 根据 PPP 投资阶段划分的风险分担

根据农业基础设施 PPP 投资风险分担原则，考虑风险偏好、风险控制能力以及风险承受能力，按照 PPP 投资的 WBS 即各个阶段总结的风险权重，分别从每个环节进行风险分担，找到风险分担的主要参与者和承担者（表 7－19）。

表 7-19 农业基础设施 PPP 投资风险按阶段划分情况

项目阶段		风险因素	综合权重	排序	主要风险分担主体
识别阶段	项目评价与论证	法律法规风险、通货膨胀风险、环境保护风险、社会矛盾风险、不可抗力风险	0.057 2	11	政府
准备阶段	项目分析研究	政策调整风险、融资风险、市场竞争风险、市场需求风险	0.268 8	4	政府
	实施方案编制与审核	政策调整风险、政府决策风险、技术风险、成本超支风险、经营管理风险	0.114 7	10	政府
采购阶段	融资项目清单	市场竞争风险、质量风险、完工风险、技术风险、成本超支风险、人才管理风险	0.207 7	5	政府
	编制招标文件	法律法规风险、市场竞争风险、不可抗力风险、人才管理风险	0.118 5	9	政府
	谈判与合同签署	法律法规风险、政策调整风险、政府决策风险、寻租风险、退出壁垒风险、社会资本方违约风险、政府违约风险、监督管理风险	0.136 7	8	政府为主、社会资本方为辅
执行阶段	资金投入	政策调整风险、融资风险、利率汇率风险、通货膨胀风险、政府违约风险、社会资本方违约风险、退出壁垒风险	0.305 5	3	社会资本方为主、政府为辅
	项目建设	融资风险、市场竞争风险、环境保护风险、社会矛盾风险、不可抗力风险、完工风险、技术风险、质量风险、成本超支风险、社会资本方违约风险、第三方违约风险、监督管理风险、人才管理风险	0.431 8	2	社会资本方为主、政府为辅
	项目运营	法律法规风险、政策调整风险、融资风险、利率汇率风险、通货膨胀风险、市场竞争风险、市场需求风险、环境保护风险、不可抗力风险、社会矛盾风险、社会资本方违约风险、政府违约风险、第三方违约风险、营销风险、规范运营风险、运营收益风险、经营管理风险、人才管理风险、监督管理风险	0.671 0	1	社会资本方为主、政府为辅
	项目监督	寻租风险、政府违约风险、第三方违约风险、规范运营风险、监督管理风险、人才管理风险	0.156 9	7	政府为主、社会资本方为辅

（续）

项目阶段		风险因素	综合权重	排序	主要风险分担主体
移交阶段	资产清算与评估	寻租风险、利率汇率风险、通货膨胀风险、不可抗力风险、社会资本方违约风险、第三方违约风险、监督管理风险、退出壁垒风险	0.202 0	6	政府为主、社会资本方为辅
	资产交割	退出壁垒风险、社会矛盾风险、社会资本方违约风险、监督管理风险	0.114 7	8	政府、社会资本方

2. 根据风险因素划分的风险主要承担者

农业基础设施 PPP 投资各个环节产生的风险种类比较多，根据风险类别、风险因素以及风险发生的环节，本节对风险主要承担者进行简单分类，得到最终的风险分担结果（表 7－20）。

表 7－20 农业基础设施 PPP 投资风险分担表

风险类别	风险因素	风险等级	风险发生环节	风险主要承担者	说明
政治风险	法律法规风险	较低	项目评价与论证、编制招标文件、谈判与合同签署、项目运营	政府	该风险一般由政府引起，所以由政府承担
	政策调整风险	较低	项目分析研究、实施方案编制与审核、谈判与合同签署、资金投入、项目运营	政府	该风险一般是由政府引起的，所以政府承担主要责任，超过限度则由其他各方共同承担
	政府决策风险	中等	实施方案编制与审核、谈判与合同签署、	政府	该风险主要是政府工作人员失职、渎职或者治理能力有限导致的决策失误、时滞等，所以由政府承担
	寻租风险	中等	谈判与合同签署、项目监督、资产清算与评估	政府	主要由政府承担。若是社会资本方主动寻租造成的风险则双方共同承担

（续）

风险类别	风险因素	风险等级	风险发生环节	风险主要承担者	说明
金融风险	融资风险	较高	项目分析研究、资金投入、项目建设、项目运营	社会资本方	主要由社会资本方承担。若是政府造成的融资风险则由政府承担
	利率汇率风险	较低	资金投入、项目运营、资产清算与评估	共同承担	项目本身建设周期长，利率、汇率变动产生的损失由政府和社会资本方共同承担
	通货膨胀风险	中等	项目评价与论证、资金投入、项目运营、资产清算与评估	共同承担	物价、成本等上涨导致社会资本方运营过程中产生的风险，由双方共同承担
市场风险	退出壁垒风险	较低	谈判与合同签署、资金投入、资产清算与评估、资产交割	政府	项目建成后资金、技术投入等存在退出障碍，主要由政府承担
	市场需求风险	中等	项目分析研究、项目运营	社会资本方	主要由社会资本方承担。政策、不可抗力等引起的风险，由政府分担一部分
	市场竞争风险	较低	项目分析研究、融资项目清单、编制招标文件、项目运营	社会资本方	市场上提供相似产品和服务，该风险主要由社会资本方承担
环境风险	环境保护风险	较低	项目评价与论证、项目建设、项目运营	共同承担	主要由社会资本方承担。如果是政府前期论证不充分造成的风险则由政府承担
	社会矛盾风险	较低	项目评价与论证、项目建设、项目运营	共同承担	投资行为让当地民众产生不满等，由双方共同承担
	不可抗力风险	中等	项目分析研究、编制招标文件、项目建设、项目运营、资产清算与评估	共同承担	该风险出现在没有通过保险公司等进行风险转移的情况下，由双方共同承担

（续）

风险类别	风险因素	风险等级	风险发生环节	风险主要承担者	说明
信用风险	社会资本方违约风险	中等	谈判与合同签署、资金投入、项目建设、项目运营、资产清算与评估、资产交割	社会资本方	社会资本方信用差、不恪守承诺导致的风险由社会资本方承担
	政府违约风险	较低	谈判与合同签署、资金投入、项目运营、项目监督、资产清算与评估	政府	政府失信、不恪守承诺导致的风险由政府承担
	第三方违约风险	较低	资金投入、项目建设、项目运营、资产清算与评估、项目监督	共同承担	公私双方外的第三方违约引起的风险，由双方共同承担
建设风险	质量风险	较低	项目建设清单、项目建设、项目运营、资产清算与评估、资产交割	社会资本方	社会资本方设计不合理、存在缺陷等造成的风险，由社会资本方承担
	完工风险	中等	项目建设清单、项目建设	社会资本方	由于社会资本方的原因导致不能按期完工，由社会资本方承担风险
	技术风险	较低	项目分析研究、实施方案编制与审核、项目分析研究、项目建设、项目运营	社会资本方	社会资本方技术水平不佳，技术不符合要求造成的风险，主要由社会资本方承担
	成本超支风险	中等	项目分析研究、方案编制、项目分析研究、项目建设、项目运营	社会资本方	社会资本方造成的风险由社会资本方承担
运营风险	营销风险	较低	项目分析研究、编制招标文件、项目运营	社会资本方	社会资本方不合理控制成本造成的风险由社会资本方承担
	规范运营风险	中等	项目分析研究、项目运营、项目监督、资产清算与评估	一方承担	根据PPP合同约定，若一方资金不到位造成的风险由各自承担。主要表现为社会资本方的风险
	运营收益风险	较高	项目评价与论证、项目分析研究、项目运营	共同承担	项目投资运营不利造成的风险主要由社会资本方承担，超出部分由政府和社会资本方共同承担

（续）

风险类别	风险因素	风险等级	风险发生环节	风险主要承担者	说明
管理风险	经营管理风险	中等	项目建设清单、项目建设、编制招标文件、项目运营	社会资本方	项目运营管理过程中产生的风险由社会资本方承担
	监督管理风险	较低	谈判与合同签署、项目建设、项目运营、项目监督、资产清算与评估	政府	政府监督管理不完善造成的风险，由政府承担
	人才管理风险	较低	项目实施方案编制与审核、项目建设、项目运管、资产清算与评估	一方承担	政府和社会资本方人才缺失或者管理不善导致的风险，由各自承担

注：风险等级的划分根据表 7－17 中风险指数得出。

第三节　增加农业基础设施 PPP 有效投资的风险防范机制构建

从以上分析可知，农业基础设施 PPP 投资风险具有复杂多样性、明显的阶段性以及系统性特点。不同阶段具有不同风险，且权重不一致；不同风险又分布在不同阶段，存在不同承担主体。政府和社会资本方面对的风险及各个阶段风险权重、等级不一样。采取的风险防范机制存在差异，各有侧重。下面根据研究结论，从提高风险防范战略认识、构建多维立体保障机制、加强项目投资管理、创新体制机制等方面探讨构建农业基础设施 PPP 有效投资的风险防范机制，以实现风险最小化。

一、提高风险防范战略认识，建立风险防范预警机制

（一）加强对各个阶段风险防范重要性的认识

自 2014 年以来，PPP 模式作为一种项目融资方式在我国各个领域得到广泛推广和应用，在农业基础设施领域也得到了很好的发展。但与其他项目投资相比，PPP 项目牵涉的利益相关者多，建设运营周期长，再加上农业

基础设施相对低效，其风险种类多，兼具复杂性、长期性、隐蔽性。农业基础设施 PPP 项目在实施之初风险不明显，特别是经过前期论证、识别，各参与方在项目落地后往往会放松警惕，降低对风险的关注度，防范意识松懈，这样就有可能导致后期风险增加。农业基础设施 PPP 项目执行阶段的风险种类最多，几乎涵盖了所有风险，且权重最大，应重点加以防范。不管是需要共同承担的风险，还是各自分担的风险，每一位参与者都需要树立全员风险防范意识，从各个层面、各个阶段加强对风险防范的重视，将风险遏制在最初阶段。

（二）构建 PPP 项目风险预警机制

随着 PPP 项目的大力推广和发展，以及信息技术的广泛使用，对 PPP 项目实行实时动态且科学有效的风险预警尤为必要。新时代科技日新月异，大数据、5G 的发展为农业基础设施 PPP 项目风险预警机制的建立提供了技术支撑。首先，应对农业基础设施 PPP 项目融资要素及具体情况进行深度剖析，对金融风险进行评估，对市场变化（需求、成本、外部竞争者）进行研判。其次，科学选取和设计风险预警指标，根据 PPP 不同阶段的主要风险因素建立与之相匹配的风险控制子系统，由各参与方进行实时动态观测和管控，并不断整合风险管控信息，实现 PPP 项目风险预警的科学性和高效性。最后，在建立动态风险预警机制的基础上，制定风险防范应急预案。特别是对于投资规模大、法律关系复杂的项目可采用建筑信息模型（BIM）技术手段，以便在实时监测和跟踪的基础上做出及时应对。

二、构建多维立体保障机制，提高系统性风险防范能力

（一）创新金融服务和融资体制机制

由于系统内外因素的影响，金融风险贯穿在项目评价与论证、项目融资、建设与运营、资产清算与评估过程中，在一级风险指标中排第二位。而融资风险又是金融风险的重中之重，在所有二级风险指标中排第二位，一旦发生，将对 PPP 项目投资造成很大影响。对于社会资本而言，充足的资金

是保证项目公司顺利运营和项目清单顺利开展的基础和保障。项目融资资金往往占到项目资金 70%以上，防范融资风险显得尤其重要。

国家层面，一是加大对农业基础设施 PPP 项目的资金支持力度，在政策上予以适当倾斜，如予以财政贴息或者商业银行低息贷款，加大中国农业发展银行、国家开发银行的相应贷款支持。二是鼓励银行、保险等金融机构加强业务创新，例如，利用农业基础设施 PPP 项目的预期收益进行担保贷款，以在建工程进行抵押贷款；鼓励保险公司针对农业基础设施 PPP 项目的实际情况，创新设计保险产品。三是设立农业基础设施 PPP 项目担保基金，为项目提供征信支持。四是完善退出机制，构建二级交易市场。在项目建设、运行过程中，社会资本可能由于自身战略调整、股份减持等主动退出，或者因经营管理不善、发生违约行为等被动退出，应加快构建 PPP 二级交易市场，明确相关交易规则，为 PPP 项目股权交易创造公平透明的交易环境和平台，减少社会资本方全部或部分退出的风险和损失。

社会资本层面，一是合理进行融资筹划，在项目全生命周期过程中，进行项目融资筹划，从战略上减少由于融资不可得时出现资金链断裂的风险。二是拓宽融资渠道。在获取传统贷款的同时，采取套期保值、向银团贷款、众筹、供应链金融等方式，提高项目融资能力。三是创新投融资方式，提高技术水平，增强承担风险能力。

（二）提高市场适应和抗风险能力

市场风险在一级风险指标中排名第三位，其中市场需求风险大于市场竞争风险和退出壁垒风险，且市场需求风险在所有二级风险指标中排第三。这些风险主要由市场或市场主体本身造成，因此风险分担以社会资本方为主，政府为辅，政府和社会资本方一起协同防范市场风险的产生。

首先，政府和社会资本方在充分了解市场行情的基础上，进行前瞻性分析和预测，认真做好项目可行性研究，降低 PPP 项目投资的盲目性，防范市场风险，特别是市场需求风险。

其次，在政策制定时，政府与社会资本方共同签署农业基础设施 PPP 投资产品或服务定价策略，特别是对于付费项目宜充分考虑价格因素，基于长周期过程中 CPI 的变化以及需求变化对价格造成的影响，采取弹性价格，规定价格波动的幅度范围或允许根据当时的市场价格进行调整。

最后，充分考虑利率、税收、通货膨胀等因素。利率的调整、税收政策的变化，对项目运营成本、收益产生影响，进而影响整个项目的发展。

（三）建立良好的沟通协调和履约机制

PPP 作为公私合作模式，社会资本与公共部门之间的沟通协调有利于项目运营和管理。农业基础设施 PPP 项目在投资、建设、运营过程中，参与方较多、规模较大、结构也较复杂，信息不对称或不完全的存在增加了沟通难度和沟通成本。公私双方应完善内部管理，加强相互沟通，加大信息公开力度，降低信息不对称带来的风险。

首先，搭建信息沟通平台。在项目投资运营过程中，公私双方利用各自信息获取的优势，定期或不定期进行交流、对话，讨论国内外经济形势、政策法规，以及项目执行中资金、技术、管理等问题，及时发现问题、解决问题，防范政治风险和运行风险。

其次，完善内部管理体制，加大信息公开力度。相较其他基础设施如市政设施、高速公路基础设施等，社会资本参与农业基础设施的意愿较低。因此，政府部门在发起 PPP 模式时，对于准经营性或者公益性项目，应多采取补贴、付费等方式。私人部门为了得到更多的支持，使自身利益最大化，有可能隐瞒负面信息，人为加大项目的整体风险。

再次，强化契约精神和信用意识。良好的信用或契约精神是 PPP 伙伴关系的核心支撑。强化契约精神和信用意识，并对违约行为进行严厉惩罚可以防范主观上的各种风险，有助于 PPP 项目实践顺利开展。可以将政府部门和企业履约情况向社会公布，接受社会公众的监督，并将违约行为纳入征信系统或者黑名单，以提高履约自觉性，减少违约带来的额外成本和不可估量风险。

最后，加强履约管理。为了避免在执行过程中产生不必要的合同风险和纠纷，应搭建履约管理体系和架构，加强跟踪管理和监督，提升履约能力和效率，防范信用风险。

(四) 完善相关法律法规和权责利关系

首先，完善 PPP 相关法律法规。完善的法律法规是有效防控农业基础设施 PPP 项目投资风险的重要保障。目前有关 PPP 项目的法律法规还不完善，且多以规章制度、条例的形式存在，农业基础设施 PPP 项目法律约束性不强，且有可能随着 PPP 项目的发展、成熟与市场变动而不断调整，导致 PPP 项目投资潜在风险增加，进而影响 PPP 项目有效投资。因此，进一步完善 PPP 项目投融资的相关法律法规，构建相应法律监管体系，做到有法可依、有法必依，可有效防止寻租或政府过分担保而导致国家利益受损的行为，将政治风险降至最低。

其次，保证政策的规范性、连续性和严肃性。在加强农业基础设施 PPP 投资有关规章制度建设的同时，在前期协商过程中，应充分调研，保障各合作方的利益平衡，对每个环节可能出现的法律问题进行纠正和惩戒，对法律法规或政策不完善的地方予以修改，避免后期政策漏洞或政策变动带来较大损失。政府对土地、财政、税收、金融等支持政策要恪守承诺，在力度、年限、范围方面不能随意变更，应保持政策连续性和稳定性，以增强社会资本投资信心。

最后，明确政府和社会资本的责权利关系。明晰责权利，实现权责一致，权责分明，明确各参与主体的责任和权益。规范项目评价指标，构建有效决策机制，减少决策失误、决策时滞带来的决策风险。提升政府部门相关人员的党性修养和履职能力，加强监督，减少寻租风险。

(五) 重视生态、自然和人文环境建设

虽然环境风险在整个风险体系中权重和风险度都最低，但一旦发生，后果是比较严重的，并将产生不良社会影响。

首先，加强生态环境保护。农业基础设施 PPP 项目因其建设的特殊地域性，存在一定的环境保护风险，在项目建设运营过程中，应以不破坏生态环境为前提，以环境评价为目标，减少不必要的环境保护风险。

其次，重视不可抗力风险。政府应加强预警，加大对自然灾害的预报预

测。社会资本方可采取以下防范措施：一是可以通过提前部署、安排，选择适宜的地点、时节进行施工建设；二是购买农业政策性保险将风险转移至第三方；三是与政府部门提前协商自然灾害等不可抗力事件发生后的补偿条款。

最后，重视人文建设。为减少社会矛盾的发生，一是要加强宣传、解释、引导，消除老百姓心中的疑虑。二是要增强老百姓的获得感，让他们有机会通过务工等方式参与进项目。三是要加强政府、社会资本、农村社区、农户等四方的协调和沟通，增进相互了解和信任。

三、加强项目投资管理，最大限度控制非系统性风险

（一）提升投资运营管理水平

运营风险居于整个风险系统的第一位，不论是权重还是整体风险度都最高，而项目收益风险又居于二级风险指标的首位，这与我国目前农业基础设施 PPP 投资的现状吻合。对于整个农业基础设施 PPP 投资而言，项目能否收益、收益多少是农业基础设施 PPP 项目成败的关键。加强项目有效运营管理，创新营销方式是确保资金到位、加强成本管理和做好收益分配的重要举措。运营风险主要由社会资本方承担，政府为辅。

社会资本要加强项目运营管理，提高项目收益水平。一是创新营销方式，拓宽营销渠道，结合农业基础设施 PPP 项目的地域特点、产品特点、消费者偏好等因素，加强农旅结合，推进一二三产融合与直播、体验式消费等相结合，采取多元营销方式，扩大宣传和提升营销影响力。二是规范项目运营。规范的操作流程和运营团队是农业基础设施 PPP 项目成功、可持续发展的核心。优化项目流程，减少不必要环节导致的资金流失。加强项目管理，严格按照规章制度各司其职，减少随意性，让专业的人做专业的事，是项目规范运营的保证。三是提高项目收益水平。在拓宽项目营销渠道，提高营销能力的基础上，提高准经营性和经营性农业基础设施 PPP 项目的服务水平和质量。四是加强财务管理，严格成本控制，防范成本超支带来的收益下降或利润损失。

政府应在社会资本主动提高运营管理水平的基础上，给社会资本提供好的运营环境，包括政策支持、信息提供以及国内外先进典型经验介绍等。在政策支持方面，政府部门应考虑农业基础设施的特殊性，为保证项目的顺利运营和社会资本一定的收益率，加大财政补贴和税收优惠政策的支持力度。

（二）建立全方位质量监督和预防体系

项目建设是农业基础设施 PPP 投资的重要环节，也是项目获取投资收益的前提和保障。建设风险涉及质量风险、技术风险、完工风险以及成本超支风险四个方面。质量是核心也是目标，在保证项目质量的前提下，加快项目建设进程、严格控制成本支出，有利于农业基础设施 PPP 投资的健康发展。因此，发挥市场在资源配置中的决定性作用，严格按照合约要求，加强质量建设是农业基础设施 PPP 项目投资建设的重中之重。

政府要加强全生命周期的质量管理和监督，严格履行好监督管理职责。

社会资本首先要把好设计关。项目设计是建设的前提，严格按照设计要求进行项目建设是质量合格的保证。其次，要合理利用先进的技术手段开展项目建设，把控建设的各个环节，避免出现差错和失误，保障项目自身的质量。最后，可以借鉴国内外 PPP 投资的先进经验。当前我国农业基础设施 PPP 项目相对于其他领域 PPP 项目而言，落地数少，成功项目不多，可供借鉴的经验则更少。因此，社会资本可通过参考国内外基础设施领域项目投资建设、运营的先进理念和模式，提高整体水平。

此外，政府和社会资本应协商建立安全质量预防体系，社会资本可通过购买安全质量保险等方式来防范和化解质量风险。

（三）创新项目管理理念和方式

项目投资管理由政府和社会资本方共同完成，以社会资本方为主。政府主要负责监督管理。经营管理和人才管理主要由社会资本方负责。管理风险在整个风险体系中排名居中，创新管理理念和方式，加强经营管理，提高管理效能，有利于降低管理风险。

对于政府而言，各级政府部门应减少干预，充分考虑社会资本方的利益诉求，与社会资本方建立一个相对平衡的协同关系，实现共赢。此外，政府应加强监督管理，在实现全过程监督的基础上，严格落实绩效评价制度。

社会资本方一是应加强经营管理，充分考虑农业基础设施PPP项目的特点，加强内部经营管理，理顺体制和机制，提高经营管理水平。避免因经营管理不善造成项目运行不正常，进而带来损失，例如，材料供应不及时、质量技术不达标、成本超支、劳资纠纷等不必要的损失。二是应创新经营理念和方式。对于政府而言，开展农业基础设施PPP项目投资的目的是实现社会福利最大化，促进农村发展和农业经济增长，提高农民的获得感和满意度。而对于社会资本方的企业而言，投资的根本目的是获取利润，获得投资回报。因此，社会资本方应借鉴先进的管理理论和方法，以“4E”为目标，结合项目自身特点，以一二三产业融合示范、文旅融合试点、乡村振兴示范、美丽乡村示范等为基础，创新经营理念，提高项目知名度和影响力，进而提高项目的收益水平。三是要加强人才管理。社会资本方应明确人才管理理念，以PPP项目团队建设为单位，以专业性人才为核心，以复合型人才为支撑，基于全生命周期理念，发挥高素质综合型人才在农业基础设施PPP投资决策、建设、运营、管理水平上的作用；加强专业型人才的培养引进，加大复合型项目管理人才的培养力度，形成规范化、标准化、职业化的项目管理队伍。

四、创新体制机制，提高风险管理综合能力

（一）建立动态的风险共享机制

首先，提高风险分担的科学性与合理性。风险分担作为PPP项目的重要特征之一，其分担方式及合理程度对于维持PPP项目可持续发展至关重要。根据风险与收益对等原则，针对具体情况确定参与方的风险分担比例，并建立动态的风险分担机制，可降低PPP风险的管理成本。一般而言，相较社会资本，政府公共部门对政策走向情况掌握较好，政治风险小，而社会资本方对经营风险的控制能力更强。在实践过程中，可根据具体情况协商，灵活调整各项风险的分担情况。其次，完善风险损失的共担机制，可尝试在PPP模式中嵌入期权机制，以确保动态风险共享。最后，成立农业基础设

施PPP投资风险基金，发挥其担保功能和风险隔离功能。投资风险基金的来源由参与方根据各自风险分担比例缴纳。当风险发生时，启动问责机制并启用风险基金。当面对不可抗力风险时，也可从风险基金中拿出一部分资金用以投保来进行风险分担，使风险管控变得更加全面、多样和立体。

（二）完善风险治理冲突的化解机制

公共部门与私人部门的地位不同，利益诉求不一致，处理风险的方式也不一样。公共部门更侧重社会效益，追求的是合法性、合规性，而私人部门更侧重经济效益，追求的是利润最大化。当共享风险发生时，政府和社会资本方应协同合作，建立冲突的化解机制，共同治理风险。双方应以公共利益为基础，以最小化风险损失为目标，缓解治理方式的冲突。例如，在发生公共风险、政策风险时，企业的风险治理方式应服从于政府；在发生运营管理风险时，政府的风险治理方式应服从于企业。

（三）健全农业基础设施风险评估和监督机制

随着项目管理水平的提高，应针对农业基础设施PPP项目的特点，设立一套完善的风险评估管控流程和动态反馈架构模型，做到规范化、制度化、科学化，以便及时发现、处理风险，把风险发生率降到最低。同时做好数据备案，规避类似项目和风险因素，强化风险防范能力。此外，政府部门和社会资本方应共同设立监督管理机构。在加强外部监管的同时，公私双方要加强内部审计监督，一是对风险操作预案的可行性进行审核，适时调控各方所承担的风险，提高预案的科学性和可操作性。二是对农业基础设施PPP项目建设运营的合规性、合法性进行审计，从财务、建设流程、技术、质量等方面加以监管，了解项目建设质量和运营情况，并及时预警，尽力把风险扼杀在萌芽状态。

第四节　本章小结

风险管理是一个相对动态的过程，包括风险识别、评估及处理控制。对于农业基础设施PPP投资风险管理而言，风险防控是实现PPP投资运营目标的关键。农业基础设施PPP投资风险可以根据风险来源、风险可控程度、风险形成环境、风险承担主体等不同标准进行分类，具有复杂多样、阶段性明显、系统性强、防控难度较大等特点。

本章首先利用WBS-RBS方法对农业基础设施PPP投资风险进行识别，根据PPP项目全生命周期流程将项目过程分解为识别、准备、采购、执行和移交五个阶段，然后将每一个阶段的工作进一步细分，得到12个子项。其次，采用RBS通过查阅相关文献和专家访谈，进一步对每一工作阶段的风险因素进行分析，得到一级指标8个，包括5个系统性风险和3个非系统性风险，二级指标即风险因素26个。再次，利用AHP对农业基础设施PPP投资风险进行评估，计算8类风险和26类风险因素的权重并排序，结合风险度理论，计算各因素的风险度。在此基础上，根据PPP投资阶段和风险主要承担者进行风险分担。最后，从提高风险防范战略认识，建立风险防范预警机制；构建多维立体保障机制，提高系统性风险防范能力；加强项目投资管理，最大限度控制非系统性风险；创新体制机制，提高风险管理综合能力等方面构建增加农业基础设施PPP有效投资的风险防范机制。

第八章　增加农业基础设施 PPP 有效投资的利益补偿机制研究

利益补偿是增加农业基础设施 PPP 有效投资的核心。由于农业基础设施中准经营性和公益性农业基础设施占比较多，所以农业基础设施 PPP 项目可行性缺口补助和政府付费占到 90%以上，其中可行性缺口补助占比近 70%。因此，如何设计、完善利益补偿机制对于提高社会资本参与的积极性，促进项目可持续发展，具有重要意义。“为什么补？怎么补？补多少？补的效果如何？”是利益补偿机制关注的焦点。本章旨在分析农业基础设施 PPP 投资利益补偿需求、运行现状和困境的基础上，提出优化农业基础设施 PPP 投资利益补偿机制的思路及政策建议，以增加农业基础设施 PPP 有效投资。

第一节　农业基础设施 PPP 投资利益补偿的需求分析

一、农业基础设施公共产品属性导致的本质性需求

根据公共产品理论，除极少数农业基础设施如小型农业机械、小型农田灌溉设施、小型节水设备外，绝大多数农业基础设施都具有非竞争性和非排他性，只是程度不同而已（表 8 - 1）。

一般认为，全国性大江大河治理、全国性农业信息基础设施和全国性农业交通运输设施具有纯公共产品性质，应由财政投资，是政府的职责之一。而对于具有非排他性和非竞争性的农业基础设施，特别是经营性比较强的项

目，如高标准农田建设、农产品批发市场等，国家可以引入社会资本，采用PPP模式来进行农业基础设施建设。但是，由于公共产品的非排他性和非竞争性，一部分人没有付费就能享受农业基础设施，即存在“搭便车”问题。因此，需要政府补偿以解决由此带来的价格机制失灵。

表8-1　农业基础设施根据公共产品的非排他性与非竞争性进行的分类

类别	纯公共产品性质	准公共产品性质		私人产品性质
		接近纯公共产品	接近私人产品	
性质	非排他性和非竞争性	具有较强的非排他性和非竞争性	具有一定的非排他性和非竞争性	排他性和竞争性
种类	全国性大江大河治理、全国性农业信息基础设施、全国性农业交通运输设施	大中型水利工程、小流域防洪防涝设施、区域农产品流通基础设施、大型现代农业展示馆、高标准农田建设	乡村道路建设、农田水利修筑、中小型农田水利灌溉系统、中低产田改造、现代农业示范园	小型农业机械、小型节水设备、小型农田灌溉设施

二、农业基础设施投资经济外部性产生的内在性需求

外部性（Externality）是指某一方的活动通过市场机制之外的某种方式对其他方产生的利益或成本影响（哈维·罗森，特德·盖亚，2009），可分为正外部性和负外部性。当成本外溢，即私人成本小于私人收益时，是负外部性。反之，在正外部性条件下，边际社会收益（*MSB*）等于边际私人收益（*MPB*）加上边际外部收益（*MEB*）。企业利润最大化的投资量是边际成本（*MC*）等于边际私人收益（*MPB*）时的投资量 R_1。然而，效率要求边际成本（*MC*）等于边际社会收益（*MSB*），此时的投资量为 R^*，$R^* > R_1$，导致投资不足，产生 $R^* - R_1$ 的缺额（图8-1）。而农业基础设施投资是具有明显正外部性的经济活动，不仅对企业自身有益，对农业农村经济发展、农民生活、国家粮食安全以及生态

环境保护等都有利。

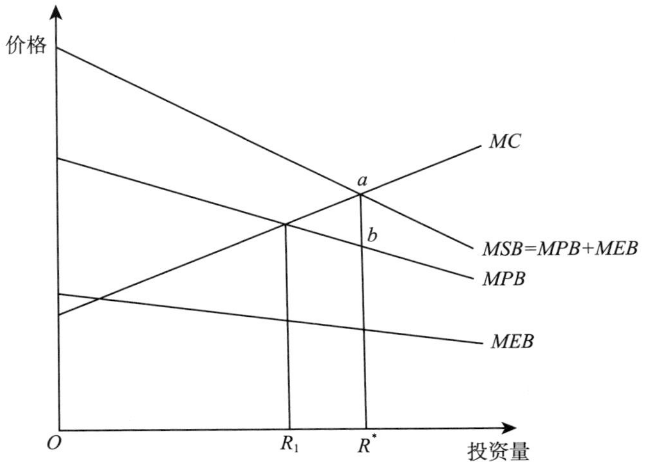

图 8-1 农业基础设施投资正外部性

正如负外部性可以用庇古税来矫正一样，正外部性也可以用庇古补贴来矫正。具体来说，如果从事农业基础设施投资的企业得到一笔补贴，补贴额等于最优状态下的边际外部收益，如图 8-1 中的线段 ab，企业就会进行有效率的投资。也就是说，当项目投资产生正外部性时，市场供给会存在不足，为达到社会所期望的产量，给予适当补贴可以促进投资达到预期目标。理论上，在能够计算出外部性数量和价值的情况下，就可以算出补贴额，从而使社会生产或供给达到最优水平。

三、农业基础设施 PPP 项目投资回报机制产生的引致性需求

从财政部 PPP 中心数据来看，截至 2020 年 12 月，我国农业基础设施 PPP 项目回报主要来自政府付费和可行性缺口补助，使用者付费项目极少，只占 7.31%；从金额来看，使用者付费也只占总投资的 10.55%，不及可行性缺口补助的 1/5（图 8-2）。这一是由于农业基础设施的公共产品属性，准经营性和公益性项目占绝大多数。二是由于农业基础设施 PPP 项目受地域性、服务对象特殊性影响，市场化程度相对较低，使用者付费项目极少。

回报机制产生的引致性需求，要求政府不断完善和优化利益补偿机制，在提高社会资本参与积极性的同时，促进项目可持续发展。

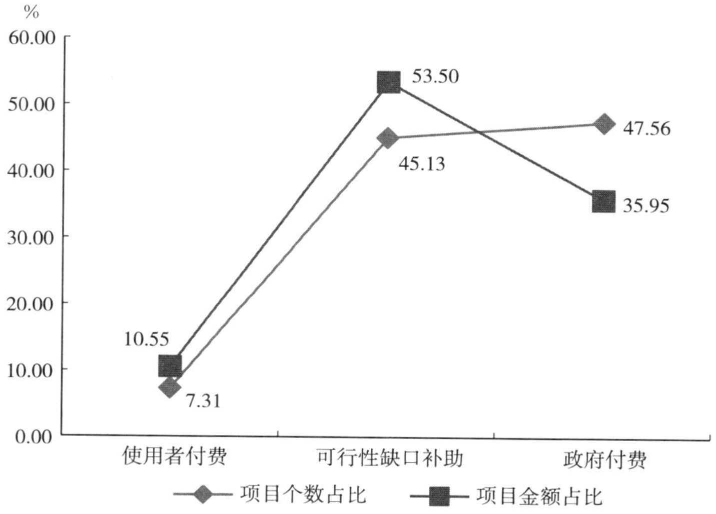

图 8－2　农业基础设施 PPP 项目回报机制情况

资料来源：根据财政部 PPP 中心数据整理得出。

四、农业基础设施 PPP 项目可持续发展的保障性需求

相较其他 PPP 项目而言，农业基础设施 PPP 项目兼具农业与基础设施的双重属性，吸引力相对较弱，受自然风险影响大。在财力不足的情况下，想要吸引更多的社会资本投资农业基础设施领域，理论上需要比城市基础设施更多的激励措施，给予投资者一定的社会经济补贴或利益补偿是重要的手段。此外，随着越来越多的社会资本进入农业和农村，在乡村振兴战略实施过程中，农业基础设施 PPP 投资有利于提供基础性保障。对在建设运营过程中发生的风险予以补偿，有利于保护投资者利益，促进项目可持续发展。

第二节 农业基础设施 PPP 投资利益补偿机制的运行分析

一、农业基础设施 PPP 投资利益补偿的现状

（一）补偿主体逐渐规范

农业基础设施 PPP 投资利益补偿主体主要指 PPP 项目在建设运营过程中的受益者，包括直接受益者和间接受益者。前者指农业基础设施 PPP 项目的使用者。当地居民在使用农田水利基础设施、农业交通运输设施、农业机械基础设施的过程中得到实惠、便利和保障，受益者可能覆盖全体社会公众。对于直接受益者而言，补偿主体为直接使用者，可以通过直接缴纳产品或服务费用的方式来补偿。根据目前农业基础设施 PPP 项目的利益补偿方式，使用者付费项目仅占 10%左右，意味着使用者付费在农业基础设施 PPP 项目中的适用性较低。间接受益者是农业基础设施 PPP 项目建设、运营、管理带来社会效益的受益方，主要指社会公众，社会效益包括社会福利增加、粮食安全保障、生态环境改善等。企业无法向间接受益者收取相应费用，所以只能由政府部门负责补偿。目前，我国农业基础设施入库项目中 90%以上为政府付费或补助项目，未入库项目中以政府为补偿主体的项目也占到近 90%，理论与现实情况相符，且补偿主体逐渐规范统一。

（二）补偿客体投资运营良好

补偿客体是指农业基础设施 PPP 项目建设运营过程中的补偿对象。由于农业基础设施 PPP 项目建设、运营、管理由项目运营公司即 SPV 负责，所以农业基础设施 PPP 项目的利益补偿主体为项目运营公司，也可统称为私人部门。

具有纯公共产品性质的农业基础设施如全国性农业交通运输设施、大型农田水利基础设施等，不以盈利为目的，需政府购买服务或付费来弥补成本。具有准公共产品性质的农业基础设施 PPP 项目在建设期资金需求和投

入巨大，但后期盈利水平低或难以盈利，仅靠运营收入无法收回成本，所以需要政府进行利益补偿。现阶段，政府作为补偿主体对项目运营公司进行合理补偿，有效提高了社会资本参与农业基础设施 PPP 项目的积极性，可有效保障项目的正常运行。例如，太湖水库 PPP 项目采取“托底式”的可行性缺口补贴，MS 水库 PPP 项目以 500 亩城镇开发土地作为政府补贴的担保。在政府的有力支持和托底保障下，PPP 项目进展顺利，运行良好。

（三）补偿方式日益多元

1. 建设期补偿与运营期补偿相结合

补偿方式关系到补偿主体对补偿客体进行补偿的时间、形式两个重要方面。从补偿时间来看，可以分为建设期补偿、运营期补偿或者建设期补偿与运营期补偿相结合的方式。不同的补偿时间具有不同的特点。建设期补偿模式又称前补偿模式，指在项目建设期给予私人投资者资金补偿。例如，在农业基础设施 PPP 项目识别、准备和采购阶段，承诺建设期间给予私人投资者一次性固定补偿费用。建设期主要由政府负责管理，运营期主要由项目公司管理。建设期补偿适用于前期资金需求量大，后期经济效益好的项目，有利于缓解社会资本建设期资金需求量大、融资难的问题，风险主要由政府承担。

运营期补偿又称后补偿模式，指在农业基础设施 PPP 项目执行和移交阶段，对社会资本的效益缺口进行补助，以弥补其收益不足。运营期补偿比建设期补偿更常见，在减轻项目建设初期政府财政压力的同时有利于激励社会资本持续提高项目运营质量和服务水平。运营期补偿一般分年度、分次进行，政府一次性补偿投入少，财政压力较小，项目风险由政府部门、社会资本方共同分担。

2. 资金补偿与政策补偿等多种形式相结合

（1）资金补偿。资金补偿是农业基础设施 PPP 项目的主要补偿方式。资金补偿的类型包括财务投资、收益补贴、亏损补贴、项目资金奖励等（表 8-2）。例如，H 省秸秆气化站以及农业产业配套基础设施 PPP 项目、S 市现代农业示范园 PPP 项目等。

表8-2　资金补偿方式的主要类型

补偿类型	主要表现
财务投资	在项目建设期由政府投入部分资金供项目建设使用，起到引导作用
收益补贴	以绩效考核为基础，给予PPP项目投资者的合理回报补贴，分为每年等额形式或阶梯递增形式
亏损补贴	补贴主要由政府政策改变所导致的亏损，不包含经营性亏损。目的是为了维持项目的持续运营，使之达到盈亏平衡
项目资金奖励	政府出台一系列奖励政策对符合要求的项目进行资金奖励，确保项目顺利开展

（2）政策补偿。政策补偿主要是通过政策性优惠，降低社会资本的融资成本，提高其收益率。政策补偿主要表现在三个方面，一是政府对融资的协助。具体手段包括降低信贷准入门槛、优惠利率、延长贷款期限、政府直接提供贷款担保等。二是税收政策支持。政府通过降低税率、税收减免、税收返还、加速折旧等方式降低项目公司的生产运营成本。三是贷款贴息。政府通过贷款贴息加大对社会资本的金融支持和优惠力度。

（3）其他补偿方式。其他补偿方式主要包括需求量变动补偿、运营期延长补偿、物业开发补偿等。其中，物业开发补偿是典型的资源补偿，主要针对公益性或者准经营性农业基础设施PPP项目，将其建设及运营与资源“捆绑”开发，从而吸引社会资本参与公益性或盈利难的准经营性农业基础设施建设。具体手段包括土地出让以及矿产、森林等自然资源转让。例如，宝应县省管湖泊退圩还湖PPP项目，建设投资为22.89亿元，采用“BOT＋EPC”方式实施，以资源补偿作为回报机制，运行情况良好。

（四）补偿效果逐渐发挥

国家在农业基础设施领域大力推行PPP模式以来，通过政策、资金、资源等对建设期和运营期社会资本参与PPP项目的投资运营进行利益补偿，一方面，有效激励了社会资本参与农业基础设施投资，增加了农业基础设施供给，促进了农业经济发展、农民收入提高。另一方面，保障了农业基础设施PPP项目的顺利运行，减轻了社会资本风险，有利于化解系统性风险。例如，Q市政府在渔乐园PPP项目建设初期对其进行补助，鼓励项目公司加强土地平整、灌溉排水、田间道路等基础设施建设，促进稻田虾蟹生产，增加收益 200 多万元。S 市高标准农田 PPP 项目，采取政府补助和财政贴息相结合的方式，鼓励项目公司对未利用土地资源进行改造，新增用地 7 000 多亩，估算收益上亿元。

二、农业基础设施 PPP 投资利益补偿机制运行面临的问题

（一）合作目标差异导致履约风险增加

政府和社会资本在农业基础设施 PPP 项目中的角色定位、利益诉求不同，其合作动机和目标存在明显差异。政府部门的首要目标是通过与社会资本开展合作，引入社会资金，缓解财政投资不足，同时利用社会资本的技术和管理优势提高农业基础设施运营效率，为社会提供优质的公共产品和服务。而社会资本的首要目标是通过与政府合作，利用政府的政策、资源、信用优势，在特许期内尽可能多地获得投资回报。

因此，政府为了在初期吸引社会资本参与农业基础设施 PPP 项目建设，提高项目落地率，往往会过度保证和承诺，这不仅提高了政府履约成本，也增加了履约责任和风险。特别是当政府承诺的购买数量和价格难以兑现时，信用风险就会发生，不仅影响政府信用，还会导致不必要的法律纠纷和财政赔偿。而社会资本方为了争取与政府的合作机会，可能在前期夸大自身实力。进入运营期以后，当社会资本方发现项目特许经营的竞争优势和垄断优势不明显，难以实现投资回报时，它们往往会想方设法增加收益项目或要求提前终止项目，甚至破产，大大增加了项目风险。

（二）投资回报率和特许经营期与实际运行存在偏差

合理的投资回报率不仅是社会资本参与农业基础设施 PPP 项目的前提，还是项目顺利运营的保证。但是在 PPP 项目运营过程中，设定投资回报率与实际回报率存在偏差。

由于准经营性农业基础设施项目的公共产品性质和正外部性，以及可能带来的生态效益、社会效益，其经营收入难以弥补项目投资成本，在运营期

间存在财务可行性担忧。而且运营期间内外环境变化，特别是产品和服务价格、需求量、通货膨胀等因素，导致运营收益的不可测性。因此，对于实行政府付费或者可行性缺口补助的农业基础设施 PPP 项目，社会资本方对于投资回报率的关注更加明显。投资回报率与项目性质、运营管理水平有关，且投资回报率过低或过高都会影响社会资本方以及社会公众的利益和福利水平。

一般而言，社会资本方要求参与 PPP 项目的净收入（Y）大于或等于期望投资收益（S），假设项目投资回报率为 R，特许经营期为 T，投资金额为 I，则有：$Y \geqslant S = R \times T \times I$。可以看出，在特许经营期和投资额一定的情况下，投资回报率是决定项目收益的决定性因素，与投资收益率成正比。若社会资本在特许经营期内未实现预期收益，可以通过延长特许期实现收益增加，但是特许经营期的改变有严格的限制和程序，否则易造成管理不当和公共利益的损失。

在现实中，由于 PPP 模式实际运用类型的多样性，特许经营期与项目运营期的差别也比较明显（图 8－3）。如运用得最多的 BOT 模式，其特许经营期包括建设期和项目公司运营期，项目公司运营期满后全部交由政府运营管理。因此，对于社会资本方而言，SPV 在特许经营过程中，会最大化自身利益，若特许经营期内不能实现自身收益，则会认为预先签订的期限不合理，要求延长期限，造成不必要的纠纷。

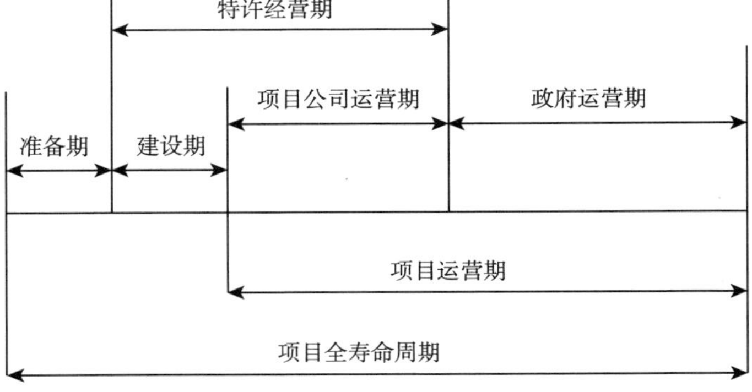

图 8－3　农业基础设施 PPP 项目各阶段关系

（三）补偿标准适应性欠佳

首先，补偿区间设计缺乏科学标准。根据 PPP 项目利益补偿目标，理论上政府补贴的最低值是以项目落地为前提采用净现值法计算的补贴值，最高值是以政府部门效用最大化为目标采用委托代理模型测算的补贴值。而在最低值和最高值之间，如何根据内外因素的变化进行动态调整，是实施利益补偿面临的难题。

其次，政府和社会资本双方在测算项目补贴值时结果存在差异。由于信息不对称，政府部门未能全盘考虑社会资本的风险偏好、努力系数和成本，导致政府部门最低收益预测值往往高于社会资本自身预测值。

再次，农业基础设施 PPP 项目支出不能逾越一般公共预算支出 10%的管理红线，当项目支出余额不足时，若仍采用原有最优补贴值，就可能因触及 10%的红线而无法通过财政可承受能力论证，导致农业基础设施 PPP 项目不能落地。

最后，年度补贴支出责任存在不确定性。财政部印发的财金〔2015〕21 号文件《政府和社会资本合作项目财政承受能力论证指引》（以下简称“21 号文”）规定：为了保证项目顺利运营，对政府付费进行全面管理，允许社会资本方在特许经营期内获得合理利润。假设折现年数为 n，财政运营补贴周期为财政提供运营补贴的年数。对于政府付费项目，在项目运营补贴期间，政府承担全部直接付费责任。政府每年直接付费数额包括：社会资本方承担的年均建设成本（折算成各年度现值）、年度运营成本和合理利润。其测算式为

$$\text{当年运营补贴支出数额}=\frac{\text{项目全部建设成本}\times(1+\text{合理利润率})\times(1+\text{年度折现率})^{n}}{\text{财政运营补贴周期（年）}}+\text{年度运营成本}\times(1+\text{合理利润率}) \quad (8-1)$$

对于可行性缺口补助项目，在项目运营补贴期间，政府承担部分直接付费责任。政府每年直接付费数额包括：社会资本方承担的年均建设成本（折算成各年度现值）、年度运营成本和合理利润，再减去每年使用者付费的数额。其测算式为

$$\text{当年运营补贴支出数额}=\frac{\text{项目全部建设成本}\times(1+\text{合理利润率})\times(1+\text{年度折现率})^{n}}{\text{财政运营补贴周期（年）}}+\text{年度运营成本}\times(1+\text{合理利润率})-\text{当年使用者付费数额}\quad(8-2)$$

总体而言，上述测算式衡量的是 PPP 项目运营期间政府补贴支出责任，但是不同年度，项目全部建设成本和年度运营成本可能因各种情况发生改变，各地的税收政策也会有所差异。此外，投资者税负不同，也会对利润率产生影响。

对于农业基础设施 PPP 项目来说，“21 号文”公式的运用有适应性难度。根据上述测算式结果，前期补贴较少而后期补贴较大。项目公司前期财务费用较多，但获得政府补贴少，这不仅影响社会资本方参与 PPP 项目的信心，而且会使项目公司处于亏损状态。项目公司后期财务费用降低但获得政府补贴增加，导致项目公司利润增长引起税负加重，间接减少了企业补贴额。因此，要明确各数据内涵，并综合考虑各地税收政策差异，因地制宜，因项制定补偿标准。

（四）补偿机制激励作用不明显

一般而言，政府作为补偿机制的主体，实行资金补偿、政策补偿或者资源补偿，其根本目的在于激励社会资本。例如，在建设阶段实行财政补偿，政府直接投资入股或者将项目周边土地和物业开发权转让给项目公司，意在鼓励社会资本加快项目建设，提高落地率。但在实践中，补偿机制的激励效果不是很明显。直接资金补偿可能会激励无效经营或导致其他不良后果，造成目标不易实现。在运营阶段，政府常对项目公司政策性亏损进行运营补偿，或者采用税收优惠、借款利息补贴、大修理基金不计提等方式，鼓励社会资本降低成本，提高效率。但是，由于现有补偿机制缺乏弹性，固定补偿在稳定社会资本心理预期的同时，存在“多亏多补，少亏少补”的弊端，可能会诱发道德风险和机会主义行为，如补贴资金未用于新技术、新设备和提高管理水平，激励效果不明显。

动态补偿方式虽然能将补偿额度与农业基础设施 PPP 项目的市场需求、

产出结果、社会资本履约等一系列情况结合起来，对激励社会资本提升效率起到一定作用。但是对于政府而言，未来可能产生的财政补偿数额很难准确预测，反过来也会影响激励效果的发挥。

第三节　增加农业基础设施 PPP 有效投资的利益补偿机制优化

一、农业基础设施 PPP 投资利益补偿机制优化的目标和原则

（一）农业基础设施 PPP 投资利益补偿机制优化的目标

农业基础设施 PPP 投资利益补偿机制是项目顺利、可持续开展的保障。因此，农业基础设施 PPP 投资利益补偿机制优化以“4E”原则为总标准，通过利益补偿实现经济性、效率性、效果性和公平性目标。具体而言，农业基础设施 PPP 投资利益补偿机制优化的首要目标是，通过利益补偿，使 PPP 项目满足财务评价要求，保障社会资本的合理回报。既能在初期阶段提高项目落地率，加快项目开工建设和投入运营，又能在建设运营阶段保障运营顺利开展。其次，通过补偿机制优化，促进社会资本利用自身资金、技术、管理优势开展技术创新、管理创新、设备改造升级和业务创新，降低成本，提高效率。最后，通过补偿机制优化，促进政府部门自身效用最大化。一是在财政许可情况下提高财政补偿有效性，二是在财政资金有限情况下正确处理好资金补偿与政策补偿关系，缓解财政资金不足。

（二）农业基础设施 PPP 投资利益补偿机制优化的原则

1. “谁受益，谁补偿”原则

合理界定农业基础设施 PPP 投资利益补偿主体，包括对使用者付费项目进行严格的核定，对可行性缺口补助中的政府责任进行合理界定，有利于进一步规范利益补偿机制。“谁受益，谁补偿”是确定利益补偿主体的前提。一般而言，准经营性农业基础设施 PPP 投资的补偿主体是政府，补偿客体是社会资本方即项目公司。但是，补偿主体是中央政府还是地方政府，或者中央政

府和地方政府一起补偿，需要根据项目性质进行综合考虑。一般农业基础设施PPP项目在地方政府所辖范围内，其补偿主体为地方政府；重大或区域性农业基础设施PPP项目具有区域性和外溢性，其补偿主体为中央政府和地方政府。

2. 静态与动态补偿相结合原则

静态补偿主要适用于建设期补偿，它通过资金投入或补贴加快项目落地。在运营阶段，内外环境的变化导致农业基础设施PPP投资的市场需求和价格发生改变，项目产出、提供的公共产品质量和服务水平也可能发生变化。此时如果采取静态补偿，不利于激发社会资本的积极性，且容易产生逆向选择和道德风险。因此，根据项目不同阶段特征，采取静态与动态相结合原则，有利于优化补偿机制，有效促进社会资本提升运行效率，改善服务水平。

3. 合理回报与政府财政能力兼顾原则

合理回报是稳定私人部门投资、促进项目可持续发展的关键。回报率过低，导致盈利性差，不利于项目开展和可持续发展。投资回报率过高，加大财政部门负担，暴利或者不合理的收益也容易导致社会不满。因此，应确保社会资本"盈利但不暴利"。在确保合理回报的基础上，兼顾政府财政承受能力，如果超出财政承受能力，反倒会增加财政负担和财政风险，违背PPP项目最初缓解财政资金压力的初衷。

4. 激励与约束相容原则

补偿机制要能够激励社会资本参与农业基础设施PPP投资建设，并进行技术创新、业务创新和管理创新。为了规避信息不对称带来的逆向选择、道德风险以及机会主义倾向，机制设计应以补偿性激励为主，以降低补偿标准的惩罚性措施为补充，充分考虑项目前期建设进度和质量、后期产出的服务标准和绩效水平，适时监督、跟踪、评价与调整，坚持激励性与约束性相结合原则，更好发挥政府补偿的效果。

二、农业基础设施PPP投资利益补偿机制优化的具体策略

（一）补偿方式优化

农业基础设施PPP投资的补偿方式主要为资金补偿，通过纵向及横向

财政转移支付、项目支持等方式实现，其次是政策补偿，采用税收或信贷相关优惠政策进行补偿。随着经济社会的发展，特别是信息技术的快速进步，补偿方式应进一步拓宽，采取现金补偿和非现金补偿相结合、行政性补偿和市场化补偿相结合、纵向补偿和横向补偿相结合的方式。例如，采取智力技术性补偿，为受偿者提供技术指导和智力支持；结合实物补偿，为受偿者提供相应物质资源、先进设备等。

从补偿时间来看，宜采取建设期补偿与运营期补偿相结合的方式。运营期补偿是目前农业基础设施 PPP 项目最常见的补偿方式，有利于鼓励企业降低生产管理成本，提高运营积极性。建设期补偿适用于部分前期资金需求大、中后期经济强度大的工程项目。两种方式相结合可以更好解决农业基础设施初期投入大、后期运行收益不确定性的风险。资源补偿是针对准经营性和公益性农业基础设施建设期和运营期补偿的很好探索，捆绑开发有利于吸引社会资本参与投资建设。总的来说，以运营期间接补偿为主，结合资源补偿的方式，能在减轻政府财政资金压力的同时，更好盘活资源，提高社会资本经营管理效率。

（二）补偿标准优化

农业基础设施 PPP 投资类型多样，其补偿方式也存在差异。对于资金补偿而言，其补偿标准的设定缺少弹性，适应性不足，可以借鉴城市水环境治理中的补偿机制优化设计，设置基本标准与示范标准（陈超，2019）。基本标准并非最小补贴额，而是针对农业基础设施 PPP 投资的基本目标即“4E”来设定。经济效益可以衡量，但生态效益、社会效益、公平性等难以量化，因此可以设定一个最小的生态和社会效益目标，如增加农业基础设施供给数量、提高供给质量、改善生态环境等，根据最小目标制定补偿的基本标准。在此基础上，为实现理想目标，即经济效益最大化和社会效益、生态效益、公平性等均达到理想目标的示范标准，可通过加入激励系数，对社会资本投资者形成激励。这种方式不仅能达到政府公共部门的要求，还能提高社会资本运营效率，获取更多利润，实现双赢。

（三）补偿区间优化

根据21号文以及PPP项目中政府和社会资本合作的目标，理论上根据净现值法计算的PPP项目通过价值论证的补贴值是最低补贴值，以政府部门效用最大化为目标基于委托代理模型测算的补贴值是最高补贴值。但是项目运营期间如何根据运营情况的变化在最高值和最低值之间选择一个科学的计算模型和方法供政府部门决策参考？合理的补偿区间既不会因超出财政补贴最高值而降低自身效用、加大财政压力，也不会因接近财政补贴最低临界点而降低社会资本积极性，起不到激励参与、降低成本和提高生产效率的目的。因此，下面尝试从资金补偿角度构造一个合理的运营补贴区间，为政府部门在项目运营期间根据内外影响因素的变化对社会资本进行合理补贴提供参考。

1. 基本假设

从农业基础设施PPP项目参与主体角度，所有与项目相关的公共部门都称为政府部门，私人部门都归为社会资本方。从全生命周期角度，鉴于PPP项目利益补偿主要在执行阶段即建设期和运营期进行，所以本部分只针对建设期和运营期进行研究。因为建设期没有现金流入，只有成本支出，所以补贴区间只研究有现金流入和流出的运营阶段，而不考虑建设期。

农业基础设施PPP项目资本金为政府部门和社会资本投入资金总和，且根据PPP项目投资要求，项目资本金占项目投资额的比例大于等于20%，即项目资本金比例$m \in [20\%, 100\%]$。

农业基础设施PPP项目总投资额（I）、年度折现率（r）、项目合理利润率（Rs）均为静态值，不会因运营期内银行基准利率变化而产生变化。

从风险偏好考虑，基于政府部门作为农业基础设施PPP投资的发起方且农业基础设施本身具有一定的公益性和外部性等事实，假设政府部门风险偏好为中性。而社会资本方具有典型“经济人”特征，想要获取最大投资回报，取得利润最大化，对风险表现为敏感和厌恶，假设其风险偏好程度$g \in [0, 1]$。

2. 基于项目净现值的最低补贴值测算

（1）项目建设期。农业基础设施PPP项目在建设期内没有营业收入和现金流入，只有现金流出，即项目净现值实际为成本支出。假设建设期（T_0）的项目总投资（I）均匀分布，且年度折现率（n）不变，则农业基础设施 PPP 项目建设期累计项目净现值为

$$NPV_0 = -\sum_{i=0}^{T_0} \frac{I}{T_0 (1+n)^i} \tag{8-3}$$

（2）项目运营期。农业基础设施 PPP 项目运营期净现值表现为现金流入减去现金流出的余额。现金流入主要包括：农业基础设施 PPP 项目提供公共产品和服务的运营收入（XY），政府提供的财政补贴（S），使用者提供的付费收入以及其他零星收入（b）。其中，运营收入（XY）是农业基础设施 PPP 项目提供公共产品和服务数量（X）与其单位运营收入（Y）的乘积。

现金流出主要包括：农业基础设施 PPP 项目提供公共产品和服务的运营成本（Xy），社会资本维持农业基础设施 PPP 项目正常运营所需固定成本（c）。其中，运营成本（Xy）是农业基础设施 PPP 项目提供公共产品和服务数量（X）与其单位运营成本（y）的乘积，且 $Y>y>0$，$b\geqslant 0$，$c>0$。

假设特许协议中规定政府部门对于农业基础设施 PPP 项目提供公共产品和服务数量的担保值为 $\overline{X}$，运营过程中可能出现农业基础设施 PPP 项目实际提供的公共产品和服务数量 X 大于 $\overline{X}$ 或者小于等于 $\overline{X}$ 两种情况。当 $X>\overline{X}$ 时，原补贴不变，现金流入为 $CR_i=XY+S+b$，现金流出为 $CC_i=Xy+c$；当 $X\leqslant\overline{X}$ 时，政府将会依据差额给予另外补贴，假设补贴价格为 p，满足 $0<p<Y-y$，则现金流入为 $CR_i=XY+p\times(\overline{X}-X)+S+b$，现金流出不变。下面分两种进行测算。

当 $X>\overline{X}$ 时，项目净现值（NPV_T）为项目运营期净现值（NPV_1）与建设期净现值（NPV_0）之和，即

$$\begin{aligned} NPV_T &= NPV_1 + NPV_0 = \sum_{i=T_0+1}^{T} \frac{CR_i - CC_i}{(1+n)^i} - \sum_{i=0}^{T_0} \frac{I}{T_0 (1+N)^i} \\ &= T_0 \times [(1+n)^{T-T_0} - 1] \times \frac{[(Y-y)X+S+b-c]}{T_0 \times n \times (1+n)^T} \\ &\quad - \frac{I \times [(1+n)^{T+1} - (1+n)^{T-T_0}]}{T_0 \times n \times (1+n)^T} \end{aligned} \tag{8-4}$$

当 $X\leqslant\overline{X}$ 时，由于获得额外补贴，现金净流入发生改变，项目净现值相应地发生变化，即

$$NPV_T=\sum_{i=T_0+1}^{T}\frac{(Y-y)X+p(\overline{X}-X)+S+b-c}{(1+n)^i}-\sum_{i=0}^{T_0}\frac{I}{T(1+n)^i}$$
$$=T_0\times(1+n)^{T-T_0}\times\frac{[(Y-y)X+p\times(\overline{X}-X)+S+b-c]}{T_0\times n\times(1+n)^T}$$
$$-\frac{I\times[(1+n)^{T+1}-(1+n)^{T-T_0}]}{T_0\times n\times(1+n)^T} \qquad (8-5)$$

社会资本方参与农业基础设施 PPP 投资的意愿主要由是否获得行业平均收益率（Rs）决定。假设项目公司中社会资本股权占比为 m，$m\in(0.5,1)$；社会资本收益分配比例为 β_s，$\beta_S\in(m,1)$。则有

$$\beta_S\times NPV_T-I\times m\times R_S\geqslant0 \qquad (8-6)$$

当 $X\geqslant\overline{X}$ 时，将式 8－4 代入式 8－6 计算得到补贴值 S 为

$$S\geqslant-(Y-y)X+c-b+\frac{I\times m\times R_S\times n\times(1+n)^T}{\beta_S[(1+n)^{T-T_0}-1]}$$
$$+\frac{I\times[(1+n)^{T+1}-(1+n)^{T-T_0}]}{T_0[(1+n)^{T-T_0}-1]} \qquad (8-7)$$

则当农业基础设施 PPP 项目提供公共产品和服务的数量大于担保值时，政府部门提供的最低补贴值 $\overline{S}$ 为

$$\overline{S}=-(Y-y)X+c-b+\frac{I\times m\times R_S\times n\times(1+n)^T}{\beta_S[(1+n)^{T-T_0}-1]}$$
$$+\frac{I\times[(1+n)^{T+1}-(1+n)^{T-T_0}]}{T_0[(1+n)^{T-T_0}-1]} \qquad (8-8)$$

当 $X\leqslant\overline{X}$ 时，将式 8－5 代入式 8－6 计算得到补贴值 S 为

$$S\geqslant(y+p-Y)X-p\overline{X}+c-b+\frac{I\times m\times R_S\times n\times(1+n)^T}{\beta_S[(1+n)^{T-T_0}-1]}$$
$$+\frac{I\times[(1+n)^{T+1}-(1+n)^{T-T_0}]}{T_0[(1+n)^{T-T_0}-1]} \qquad (8-9)$$

则当农业基础设施 PPP 项目提供公共产品和服务的数量小于或等于担保值时，政府部门提供的最低补贴值 $\overline{S}'$ 为

$$\overline{S}'=(y+p-Y)X-p\overline{X}+c-b+\frac{I\times m\times R_S\times n\times(1+n)^T}{\beta_S[(1+n)^{T-T_0}-1]}$$

$$+\frac{I\times[(1+n)^{T+1}-(1+n)^{T-T_0}]}{T_0[(1+n)^{T-T_0}-1]} \quad (8-10)$$

3. 基于效用函数理论的最高补贴值测算

农业基础设施 PPP 投资中，政府和社会资本方实质上存在一种委托代理关系，委托方为政府公共部门，代理方为社会资本。现有研究发现，委托代理关系的发展和好坏取决于各自效用（Ho，2006；Wellenius，2004；高颖等，2015）。政府部门效用主要取决于自身收益，而社会资本效用由于风险偏好的存在，除自身收益外，还需要减去风险成本，通过努力获取其最低合理效用值（Holmstrom et al.，1987；Juan et al.，2008；马若微等，2019）。

假设社会资本的努力程度为 r，则农业基础设施 PPP 项目提供公共产品和服务数量 $X=r+Z$，其中，$Z\sim N(0,\ \delta^2)$，服从随机变量为 δ^2 的正态分布；努力成本为 $C(r)=\frac{1}{2}r^2$。由以上假设可以得出社会资本的风险成本为 $C(f)=\frac{1}{2}f\beta_S^2\delta^2$。

设政府部门、社会资本的收益分别为 Z、R，根据 Holmstrom（1987）的效用函数理论，政府效用函数为 $EU(Z)=U(Z)=Z$，则有

$$U=(1-\beta_S)\times NPV_T-\sum_{i=T_0+1}^{T}\frac{S}{(1+n)^i}-a\times I\times(1-m) \quad (8-11)$$

其中，$1-\beta_S$、$a\times I\times(1-m)$、$\sum_{i=T_0+1}^{T}\frac{S}{(1+r)^i}$ 分别表示政府部门收益分配比例、股权支出和运营期直接财政补贴的净现值。

根据 Holmstrom（1987）的效用函数理论，假设社会资本收益值为 R，社会资本效用函数为 $U(R)=-r-\beta_S\times R$，因为其表现为风险厌恶，则有等价式 $EU(R)=R-C(g)$，得到社会资本效用函数为

$$EU=\beta_S\times NPV_T+\sum_{i=T_0+1}^{T}\frac{S}{(1+n)^i}-C(r)-C(f)-a\times I\times m \quad (8-12)$$

社会资本的最低效用值用 $\overline{U}$ 表示，则可以分别得到社会资本参与约束和激励相容约束表达式 8－13 和 8－14，并与 maxEU 一起构建测算模型，得

$$\begin{cases} \beta_S \times NPV_T + \sum_{i=T_0+1}^{T} \frac{S}{(1+n)^i} - C(r) - C(f) - a \times I \times m \geqslant \overline{U} & (8-13) \\ \arg\max\left[\beta_S \times NPV_T + \sum_{i=T_0+1}^{T} \frac{S}{(1+n)^i} - C(r) - C(f) - a \times I \times m\right] & (8-14) \\ \max EU & (8-15) \end{cases}$$

当 $X > \overline{X}$ 时，将式 8－4 代入式 8－14，并求社会资本努力程度 r 的一阶偏导数，得到社会资本最优努力水平 r^* 为

$$r^* = \frac{(Y-y) \times [(1+n)^{T-T_0} - 1]}{n(1+n)^T} \times \beta_S \qquad (8-16)$$

将式 8－4、8－16 分别代入式 8－15，并求社会资本收益分配比例 β_S 的一阶偏导数，得到社会资本最优收益分配比例 β_S^* 为

$$\beta_S^* = \frac{(Y-y)^2 \times [(1+n)^{T-T_0}]^2}{(Y-y)^2 \times [(1+n)^{T-T_0}]^2 + f \times \delta^2 \times [n \times (1+n)^T]^2} \qquad (8-17)$$

再将式 8－4、8－16、8－17 代入式 8－13 中，得到社会资本最高补贴值与最优收益分配比例 $S^*(\beta_S^*)$，其表达式为

$$S^*(\beta_S^*) = \frac{1}{[(1+n)^{T-T_0} - 1] \times (1+\beta_S^*)} \times \left(\begin{array}{l} \frac{f \times \delta^2 \times [n \times (1+n)^T]^2 - (Y-y)^2 \times [(1+n)^{T-T_0} - 1]^2}{2n \times (1+n)^T} \times \beta_S^{*2} \\ + \left\{ \frac{I \times [(1+n)^{T+1} - (1+n)^{T-T_0}]}{T_0} + \frac{(c-b) \times}{[(1+n)^{T-T_0} - 1]} \right\} \times \beta_S^* \\ + (a \times I \times m + \overline{U}) \times n \times (1+n)^T \end{array} \right) \qquad (8-18)$$

当 $X \leqslant \overline{X}$ 时，根据以上方法同理可以得到社会资本最优努力水平 $r^{*\prime}$ 为

$$r^{*\prime}=\frac{(Y-y-p)\times[(1+n)^{T-T_0}-1]}{n\times(1+n)^T}\times\beta_S \tag{8-19}$$

社会资本最优收益分配比例 $\beta_S^{*\prime}$ 为

$$\beta_S^{*\prime}=\frac{(Y-y-p)^2\times[(1+n)^{T-T_0}-1]^2}{(Y-y-p)^2\times[(1+n)^{T-T_0}-1]^2+f\times\delta^2\times[n\times(1+n)^T]^2} \tag{8-20}$$

社会资本最高补贴值与最优收益分配比例 S^* （$\beta_S^{*\prime}$）的其表达式为

$$S^*(\beta_S^{*\prime})=\frac{1}{[(1+n)^{T-T_0}-1]\times(1+\beta_S^{*\prime})}\times\left\{\begin{array}{l}\dfrac{f\times\delta^2\times[n\times(1+n)^T]^2-(Y-y-p)^2\times[(1+n)^{T-T_0}-1]^2}{2n\times(1+n)^T}\times\beta_S^{*\prime 2}\\+\left\{\dfrac{I\times[(1+n)^{T+1}-(1+n)^{T-T_0}]}{T_0}+(c-b-p\times\bar{X})\times[(1+n)^{T-T_0}-1]\right\}\times\beta_S^{*\prime}\\+(a\times I\times m+\bar{Y})\times n\times(1+n)^T\end{array}\right\} \tag{8-21}$$

4. 农业基础设施 PPP 项目运营期补贴区间分析

通过以上分析可知，当 $X>\bar{X}$ 时，最低补贴值为 $\bar{S}$，最高补贴值为 $S^*(\beta_S^*)$，当 $S^*(\beta_S^*)\geqslant\bar{S}$ 时，农业基础设施 PPP 投资运营补贴区间为［$\bar{S}$，$S^*(\beta_S^*)$］。

当 $X\leqslant\bar{X}$ 时，最低补贴值为 $\bar{S}'$，最高补贴值为 $S^*(\beta_S^{*\prime})$，当 $S^*(\beta_S^{*\prime})\geqslant\bar{S}'$ 时，农业基础设施 PPP 投资运营补贴区间为［$\bar{S}'$，$S^*(\beta_S^{*\prime})$］。政府可在保证项目顺利落地的基础上，根据实际情况视自身财力在区间内浮动，以增加自身效用。

以上均是基于最低补贴值大于等于 0 的情况，若小于 0，情况则会完全不一样。

若最低补贴值 $\bar{S}<0$ 或 $\bar{S}^{*\prime}<0$，则表示农业基础设施 PPP 投资政府补贴为负数，即政府不仅不用给予补贴，相反还能收取费用以确保社会公众利益。

此外，一般情况下，均默认最低值小于最高值，但是也可能会存在最低值大于最高值的例外情况，即 $S^*(\beta_S^*)<\bar{S}$ 或 $S^*(\beta_S^{*\prime})<\bar{S}'$。此时，政府部门给予社会资本的财政补贴值超过了使其自身利益最大化的补贴值，政府部

门将不再适用原有补贴区间，其补贴方案只能选择最低补贴值 $\overline{S}$ 或 $\overline{S}'$。

需要说明的是，补贴区间范围并非一成不变，当农业基础设施 PPP 项目单位运营成本、项目建设期、公共产品和服务数量担保值发生变化时，补贴区间整体范围将扩大或缩小。第一，如果项目单位运营成本增加，最低与最高补贴值均会相应增加，但前者的增加速度快于后者，因此，项目补贴区间的整体范围将进一步变窄。

第二，项目建设期 T_0、年度折现率 n 的增加，会导致与项目单位运营成本增加一样的结果，即项目补贴区间的整体范围将进一步变窄。

第三，政府部门为农业基础设施 PPP 项目提供的公共产品和服务担保值 X 的增加，会使项目最低与最高补贴值减少，且前者减少速度慢于后者，因此，项目补贴区间的整体范围也将进一步变窄。

（四）补偿流程优化

对农业基础设施 PPP 投资进行补偿，首先，应根据项目性质进行初步判断，对于经营性项目采用使用者付费方式，公益性项目采取政府付费方式。大部分农业基础设施 PPP 项目属于准经营性项目，采用可行性缺口补助方式。其次，进行财务测算，满足补偿条件时启动补偿流程。最后，分析补偿因素，确定补偿目标和补偿客体，选择补偿方式（图 8－4）。在项目前期，选择建设期补偿、运营期补偿或者两者结合的方式。项目进入运营期，则以 PPP 项目合同约定的补偿方式为主，并根据具体项目所处的政策环境、地区财政可承受能力、社会公众的支付意愿和能力等进一步判断特许期延长、价格调整以及需求量变动的补偿。补偿额度的测算基于 21 号文和现金流，需充分考虑财政的承受度，若无法承受，需重新选择。

三、农业基础设施 PPP 投资利益补偿机制优化的政策建议

（一）加强补偿机制的顶层设计，强化法律和制度保障

农业基础设施 PPP 项目利益补偿具有复杂性和动态性，应加强顶层设计，做到法制化、规范化、制度化和科学化，对补偿范围、对象、方式、标

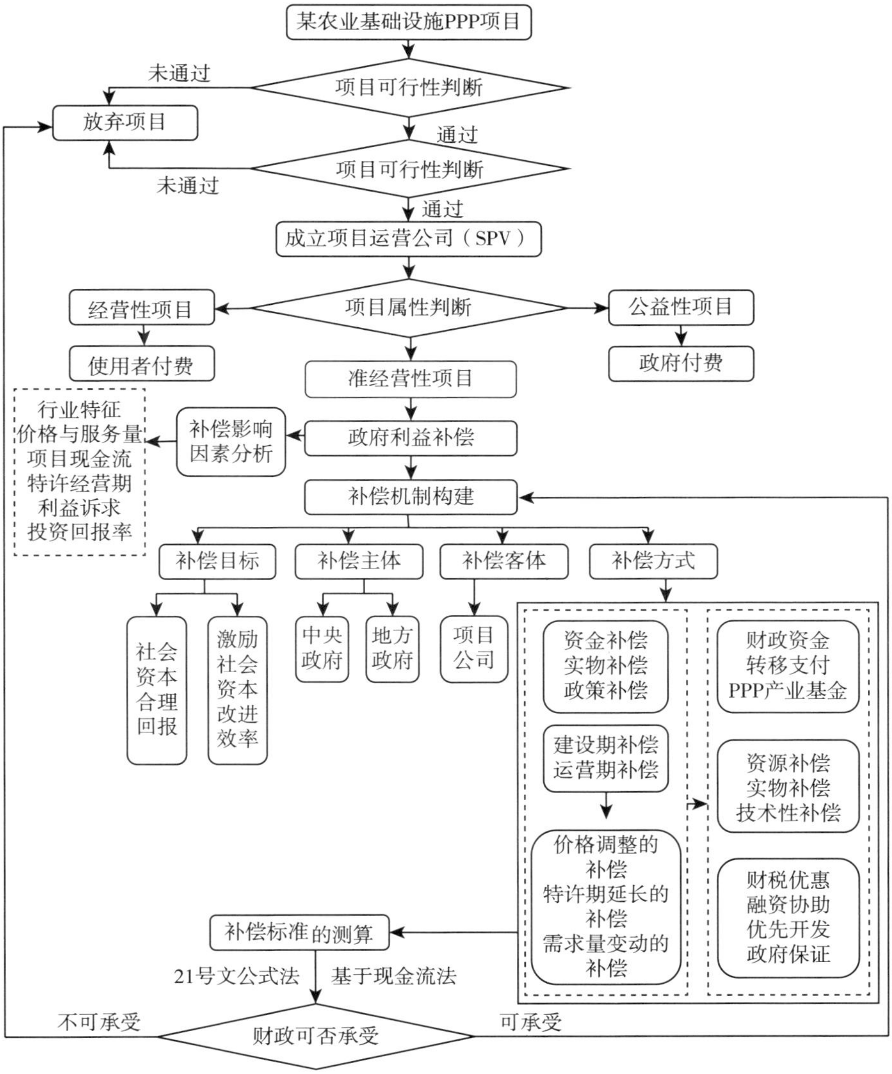

图 8-4 农业基础设施 PPP 项目政府利益补偿流程

准、考核等加以规范。构建 PPP 项目规范、透明、健康发展的制度环境，确保补偿机制有效稳定实施，从而保障多元主体参与。

PPP 项目领域多样，具体项目性质、用途、目标也存在差异，因此，相关政府部门应根据实际情况，因地制宜，加强制度设计和创新。例如，在资源补偿方面，PPP 项目土地资源政策既不能违背政府土地政策，特别是基本农田法律红线，又要增加社会资本的积极性，减轻政府财政负担，所以应在制度设计上加强创新，鼓励农业基础设施 PPP 项目进行捆绑招标、作价入股或出让金入股的探索。此外，补偿金额的设计，应充分考虑项目运营绩效评价结果，在激励社会资本完成绩效目标的同时，确保政府履行承诺。

（二）设立 PPP 项目补偿基金，发挥财政引导作用

农业基础设施 PPP 项目相对于其他领域 PPP 项目而言，数量少，落地率低，准经营性和公益性项目多。因此，政府补偿成为这些项目落地和运营的重要推动力，而补偿资金来源是政府财政部门需要重点考虑的问题之一。一方面，应扩大补偿资金来源，并将其统一集中管理。例如，在中央及地方政府财政预算拨款的基础上，吸纳社会融资、非政府组织捐赠、个人捐款等资金。另一方面，在此基础上，设立农业基础设施 PPP 项目补偿基金，并成立相应机构，对农业基础设施 PPP 项目补偿基金进行统一管理、统一评价、统一发放、统一运营，提升补偿基金的合法性、合规性以及使用效率。

（三）探索以奖代补模式，增强激励效果

以奖代补模式是在财政投资的一些领域，以财政资金使用绩效评价为依据，对绩效评价结果好的项目进行一定奖励。但该模式一般只奖不罚，以额度形式而不是比例形式执行，由于缺少弹性，激励效果不是很明显。农业基础设施 PPP 项目规模大，运用此模式一是可激励社会资本参与，提高项目落地率，这与前补偿模式有关。二是可激励社会资本在项目运营过程中节约运营成本，提高经营管理效率。

相较前补偿模式，后补偿模式的激励作用更加明显。为了促进社会资本提高效率，可将运营期补偿额度与绩效评价挂钩，综合考虑项目性质、规模、阶段、模式等因素，建立奖惩机制，提高操作的规范性，进而提升农业基础设施 PPP 项目实施效率和实施质量，特别是激励社会资本参与投资并提高效率。

可以在补偿标准中加入激励系数。对于成本较低的项目，应加入正激励

系数以示奖励；对于成本过高的项目，应下浮系数或者用负系数以示惩罚。以工程建设成本平均摊销值为基数，补偿标准＝工程建设成本平均摊销值×（1＋激励系数）。工程建设成本平均摊销值是贴现后的年度建设成本（如式 8－22），激励系数以百分数表示，分正负，分别代表正向激励和反向惩罚。激励系数必须与农业基础设施 PPP 项目建设效果密切相关，只有在符合项目目标时，项目公司才能获得每年的平均建设成本补偿。运营效果好，不仅符合经济效益，而且社会效益、生态效益均能实现绩效目标，即在有效投资的情况下，激励系数越大，获得补偿越多。否则，激励系数为负值，补偿标准将低于工程建设成本平均摊销值。

$$\text{工程建设成本平均摊销值}=\frac{[\text{工程总投资}\times(1+\text{贴现率})]^{\text{折现年数}}}{\text{工程运营周期（年）}} \tag{8-22}$$

（四）加强监督和风险管理，提升政府补偿绩效

PPP 模式是政府与社会资本建立的长期合作关系，其合作期限通常比较长，除另有规定外原则上不低于 10 年，最长不超过 30 年。相对而言，项目建设期较短，在建设期对建设质量、成本等加以监督评价较为便捷，但项目进入特许经营期以后，政府和社会公众往往容易放松对项目的监督，重建设、轻监管的现象同样存在。在运营过程中，政府监管部门、社会公众以及委托第三方应对项目进行全方位、全过程监管，监管和绩效评价结果要与补偿政策和补偿金额挂钩，资金补偿应严格纳入财政预算。此外，加强风险管理，重在全方位预防，加强监管有利于防范社会资本方在运营过程中的市场风险、财务风险、管理风险，也有利于防范政府政策风险。加大监管力度可把风险扼杀在萌芽状态，有利于提高财政补偿绩效。

第四节　本章小结

本章基于农业基础设施 PPP 投资的特点，对其利益补偿的需求进行分析，农业基础设施公共产品属性导致的本质性需求、农业基础设施投资经济

外部性产生的内在性需求、农业基础设施 PPP 项目投资回报机制产生的引致性需求以及项目可持续发展的保障性需求奠定了农业基础设施 PPP 项目利益补偿供给的必要性。

虽然经过近几年的发展，农业基础设施 PPP 投资利益补偿主体逐渐规范、补偿客体投资运营良好、补偿方式日益多元、补偿效果逐渐发挥，但是农业基础设施 PPP 项目利益补偿机制的运行面临着一些困境，如合作目标差异导致履约风险增加，投资回报率和特许经营期与实际运行存在偏差，补偿标准适应性欠佳，补偿机制激励作用不明显等。

因此，进一步优化利益补偿机制，有利于增加农业基础设施 PPP 有效投资。本章在进一步明确目标和原则的基础上，从补偿方式、补偿标准、补偿区间、补偿流程四个方面提出具体举措，并在此基础上，从加强补偿机制的顶层设计，设立 PPP 项目补偿基金，探索以奖代补模式，加强监督和风险管理等方面提出政策建议。

第九章　增加农业基础设施 PPP 有效投资的协同治理机制研究

协同治理是增加农业基础设施 PPP 有效投资的基础和保障。多元主体协同治理有利于处理好政府与社会资本之间的关系，合理分担风险、均衡分配利益、提升合作有效性。在农业基础设施 PPP 投资过程中，多元主体协同治理的理论依据和现实基础是什么？关系如何？协同治理的主要内容以及在具体实施过程中面临哪些困境？本章主要讨论农业基础设施 PPP 投资的协同治理问题，旨在构建协同治理机制，以增加农业基础设施 PPP 有效投资。

第一节　农业基础设施 PPP 投资多元协同治理的理论逻辑与现实基础

一、农业基础设施 PPP 投资多元协同治理的理论逻辑

（一）多中心治理：治理主体的多元性

多中心治理理论由美国政治经济学家奥斯特罗姆夫妇于 1990 年正式提出。该理论认为在一定范围内多元主体基于关系、信任及自定制度可以实现民主自治，强调不同地位和属性的多元主体或独立组织可在一定规则和制度的安排下，以协同合作方式有效解决集体行动困境，进而实现整体利益最大化（Oakerson et al.，2011；Berardo et al.，2016）。多中心治理理论的核心思想包括以下几个方面：第一，多中心治理意味着公共产品或公共事务的生产者或提供者可以多样化，政府、市场、公民等多元主体共同参与以共同实现生产和供给。第二，多中心治理意味着在多元主体共同参与的基础上，需

要应用多种治理手段，以提高供给效率。第三，多中心治理意味着多元主体角色的正确定位，作为行政主管部门的政府要做好职能、管理方式的转变。政府从以前的单一主体变为主体之一，其主导地位、管理地位发生改变，更多地作为多中心制度框架和行为规则的制定者，管理方式也主要由直接管理变为间接管理。第四，多中心治理意味着在公共事务领域中政府、市场、公民共同参与，协商、互动、合作，形成双向或多维度的管理过程。

因此，治理主体多元化是多中心治理的基础，体现多中心治理的属性，也是协同治理的前提条件。随着公共管理理论的演进和多中心治理理论的运用，在公共产品提供和公共事务治理过程中，除政府这一传统主体外，市场、社会和公民等多元主体都能以不同的形式和身份参与其中，以实现有效供给。

（二）协同治理：治理过程的协同性

协同治理是多中心治理的结果也是其内在要求，强调不同属性和地位的多元主体在治理过程中的互动与协调配合，即在社会经济生活中通过公共部门、私营部门以及公民等多元主体间的协同来提升整体公共服务水平和社会福利（Cristofoli et al.，2017）。

从广义的角度，协同治理主体包括政府、公众、非政府组织、媒体等全部可能的行为人，主体之间通过协商、咨询、交流等多种方式达成共识，实现单一主体难以实现的目标即达到“1＋1＞2”的协同效果，其核心在于协同治理过程中多元主体的良性互动和协商合作。宏观上，PPP反映治理理念、价值和体系构建；中观和微观上，PPP是公共治理的具体实践（崔运武，2019）。协同治理是多元主体合作效率提升的必要条件。通过多中心理论与协同治理理论的分析可以看出，多元主体协同治理首先要求参与主体多元化，这是农业基础设施PPP投融资模式的特征之一；其次，强调多元主体间的行为互动、协调、合作。在农业基础设施PPP项目运行期间，多元主体的参与、互动、协同，可助力实现目标，提高治理效应。反过来，合作共赢，治理效应提高又会促进各主体之间的协同、合作、互补，促进多中心治理，从而形成良性循环（图9-1）。

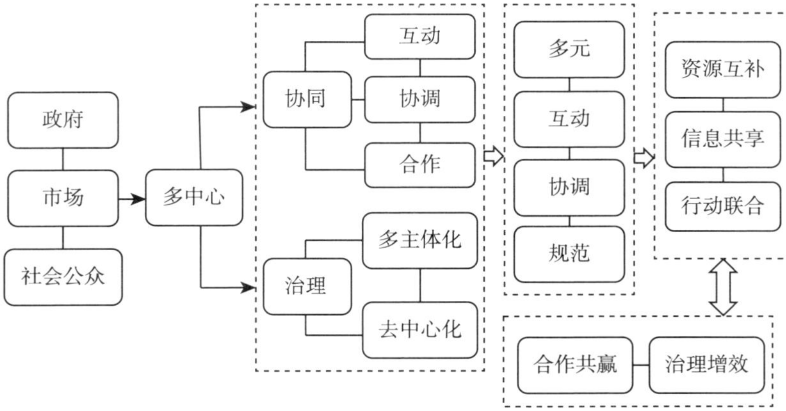

图 9-1　农业基础设施 PPP 投资多元协同治理的理论逻辑框架

二、农业基础设施 PPP 投资多元协同治理的现实基础

（一）农业基础设施 PPP 投资主体的多元化

主体多元化是农业基础设施 PPP 投资多元协同治理的前提和现实基础。PPP 模式作为一种新型投融资方式，在农业基础设施领域得到广泛应用。中国的 PPP 经历了主动反应—积极推动—全面主导的政策变迁过程（崔运武，2019），随着农业基础设施建设由政府主导逐步过渡到多种投融资模式并行，近年来，农业基础设施 PPP 项目得到较大力度发展。农业基础设施 PPP 项目是基于政府与社会资本合作的一种项目类型，尽管 PPP 模式的具体运用方式不一，但公私双方合作形成伙伴关系是其内在属性。公私双方牵涉的主体很多，本书第二章中根据利益相关者理论，把农业基础设施 PPP 项目的利益相关者根据地位、作用、关联度不同，分为核心利益相关者、一般利益相关者和边缘利益相关者。其中，核心利益相关者包括地方政府、企业、农户和农村社区；一般利益相关者包括中央政府、政策性和商业性金融机构；边缘利益相关者包括社会公众、媒体。从投资主体的角度，本节将农业基础设施 PPP 投资多元主体锁定在公共部门的中央政府与地方政府，私人部门的市场主体企业，以及第三方的社会公众包括农户、农村社区。他们的地位

不同，诉求、使命均存在差异，行为响应亦各异（表9-1），因此，实现行动协同是多元投资主体的目标。

1. 公共部门：中央政府和地方政府

公共部门包括中央政府和地方政府。一般而言，政府部门作为行政主管部门和公共服务的提供者，在农业基础设施建设中扮演着建设资金提供者、政策法规制定者、社会关系和利益协调者以及监管者的角色。

（1）中央政府。基于全社会发展规划和宏观经济目标的实现，中央政府不仅要全盘考虑全国范围内农业农村基础设施的布局和规划，重点项目的实施，也要满足社会公众对农业基础设施建设的不同需求，推动实现社会福利最大化。在PPP项目投资发展过程中，中央政府的行为响应主要体现在总体布局、法律法规制定、信息提供、政策支持等方面。例如，规划农业基础设施建设中适宜推广PPP模式的重点领域，出台规范化的法律法规，根据农业基础设施PPP项目特点制定相应支持政策，完善财政部PPP项目库建设等。在资金供给方面，中央政府可通过直接投资或者间接财政支持如各项财政补贴、税收优惠等为农业基础设施PPP项目建设和运行提供物质基础和保障。

（2）地方政府。相较中央政府，各级地方政府与农业基础设施联系更加紧密。宏观上，其行为动机主要是促进区域内社会福利最大化；微观上，还包括追求自身效用最大化和提升人民群众的满意度。地方政府的行为响应体现在：一是执行中央政府各项政策规定，选择、推广农业基础设施PPP项目；二是因地制宜，制定地方规章，吸引、鼓励社会资本参与农业基础设施建设，构建多方位、多层次社会资本参与体系；三是创新农业基础设施PPP项目运行机制，如部门协调推进机制、绩效考核机制、合理回报机制等，提高项目经营效益。此外，受区域经济发展目标的内在驱动以及政绩考核的外在需求，地方政府可能存在“重招商轻监管”“重建设轻运营”现象，对项目可持续性产生影响。

2. 社会资本方：企业

企业是私人部门的代表，它作为社会资本方，是农业基础设施PPP项目中公共部门的合作伙伴。企业以投资者身份出现，具备作为市场主体的根本属性，行为动机是实现企业利润最大化。企业的行为响应由项目性质及盈利性大小决定。主要体现在：对于经营性项目，其参与动机与合作意愿强烈，因为此类项目不仅能拓宽投资渠道，还可以获得利润；对于准经营性项目，其参与动机较弱，投资行为及强度取决于政府政策支持以及项目回报机制的设定；对于公益性项目，其参与时主要考虑 PPP 项目运行模式的设定，以及政府付费的多少。在有利可图的情况下，企业会积极寻求合作机会参与其中。此外，农业基础设施 PPP 项目运行周期长，受自然风险影响较大，一旦面临亏损或获利未能达到预期目标的情况，企业往往会选择终止合同、提前退出或单方毁约、提出更高要求。

3. 社会公众：农村社区和农户

（1）农村社区。农村社区是具有自治性和群众性的非政府性基层组织，在农业基础设施建设过程中发挥着重要补充作用。由于其自有资金的有限性，人力、物力的局限性，大多数情况下农村社区不能直接参与 PPP 项目投资，所以本书不将其视作公共部门主体。农村社区往往以农业基础设施 PPP 项目的监督者、协调者身份出现。其行为动机体现在满足社区成员福利最大化。作为最基层的自治组织之一，农村社区对农业及其基础设施情况了解充分，对农户需求、农村乡贤、农业精英以及在外成功人士的情况比较清楚，可在政府部门、企业和农户之间起到桥梁、纽带作用。农村社区一方面响应上级政府号召或接受政府部门委托，组织农户支持、参与农业基础设施 PPP 项目；另一方面，可以在土地流转、征用、租赁等方面起到协调作用，为企业在农业基础设施 PPP 项目用地中提供便利。

（2）农户。农户是农业基础设施 PPP 项目的消费者和受益者，也可能是农业基础设施 PPP 项目的建设者和投资者。但由于农业基础设施 PPP 项目规模大，农户一般情况下以消费者、受益者、监督者的身份存在。作为理性经济人，农户出于自身利益诉求，其行为动机具有经济利益最大化和效用最大化的双重特征。一方面，在免费享用的同时，农户希望获得最大满足感即最佳效用；另一方面，农户希望在少付费或基本不付费的情况下实现经济利益最大化，即最大限度提高自身收入水平。

农业基础设施 PPP 项目一般规模很大，外部性强。从行为响应的角度，一方面，农户认为政府提供农业基础设施是其基本职责所在，倾向于等待项目建成后免费使用或低价使用相关产品和服务。另一方面，农户作为劳动力资源和生产要素拥有者之一，可以通过劳动力参与、土地流转等方式参与其中，获取生产要素报酬，获得直接经济收益。因此，农户对农业基础设施PPP项目的需求强烈，积极性较高。此外，农户可在农业基础设施PPP项目运行过程中，对其运作情况和质量进行监督。

表9-1 农业基础设施PPP投资多元主体表现

部门属性	主体	角色定位	投资动机	行为响应
公共部门	中央政府	建设资金提供者、政策法规制定者、社会关系和利益协调者、监管者	实现社会福利最大化	项目总体布局、法律法规制定、PPP项目库建设、信息提供、政策支持等方面
	地方政府	建设资金提供者、地方规章制定者、社会关系和利益协调者、监管者	实现辖区内社会福利最大化、人民群众满意度和自身效用最大化	执行中央政府各项政策规定，选择、推广项目；因地制宜，制定地方规章，构建多方位、多层次社会资本参与体系；创新农业基础设施PPP项目运行机制
私人部门	企业	政府公共部门的合作者、项目投资者、经营管理者	实现企业利润最大化	根据项目属性被动或积极参与其中；与政府签订PPP特许经营协议；投入资金；负责项目运营管理
社会公众	农村社区	协调者、监督者	满足社区成员福利最大化	了解农户信息，协调政府、企业和农户之间关系；对PPP项目实施情况、质量等进行监督
	农户	消费者、受益者、监督者	实现自身经济利益最大化和效用最大化	项目建成后免费使用或低价使用相关产品和服务；以劳动力、土地等参与其中，获取生产要素报酬；对项目运作情况和质量进行监督

（二）农业基础设施PPP投资多元主体单方治理的失灵

1. “经济人”特征与政府失灵

政府失灵理论由公共选择学派提出，该理论认为政府在行使职能过程中，与厂商、消费者相似，也是一个以追求自身利益最大化为目标的“经济人”。从政府与市场的关系来看，理论上，政府的职能范围限定在市场不能做、市场不愿意做、市场做不好或做不了等市场失灵的领域。在现实生活中，由于自身行为的局限性或者经济、政治、社会因素的影响，政府行为往往存在越位、缺位并存的现象，并不能完全克服市场失灵，减少市场效率损失，反而可能出现政府失灵，阻碍和限制市场功能发挥。例如，在农业基础设施PPP项目识别阶段，政府官员可能出于政绩工程或升迁等考虑，夸大项目的盈利性或者虚夸财政资金的支持力度，加大财政负担，导致后期项目运营出现问题。在项目采购阶段，地方政府往往关注的是大型的、能凸显政绩的项目建设，而与农户切身需求相关的一些中小型项目却时常没能得到识别和采购。在项目运营阶段，一些地方政府要么完全退出，任由社会资本运作；要么以政府行政管理者身份干预SPV的运营，双方理念和地位差异导致企业经营管理不畅。

由此可以看出，不管是中央政府还是地方政府在治理过程中均可能出现失灵或者失效，导致农业基础设施PPP项目运营管理不完善甚至失败。因此，在PPP项目治理过程中引入市场竞争机制，并加强社会公众、第三方机构的外部监督，有利于解决政府失灵。

2. “公共产品”属性与市场失灵

市场失灵是指市场不能有效配置商品或劳务的现象。西方经济理论认为只有完全竞争市场可以实现现有技术条件下的资源最优配置，即帕累托最优。然而在现实经济中，充分满足完全竞争市场所严格要求的假设条件是罕见的，是经济学家的“乌托邦”。因此，与市场有效一样，市场失灵是一种客观存在。市场失灵可以分为市场低效和市场无效两种情况。对于农业基础设施PPP项目而言，市场失灵主要表现为低效。例如，垄断、公共产品、外部性和信息不对称的存在导致市场运行缺乏效率，出现市场失灵。

首先，农业基础设施是一种公共产品，公共产品属性的存在容易导致农业基础设施PPP项目中的价格机制失效，诱发搭便车行为，进而导致市场失灵。例如，在农业基础设施PPP项目治理过程中，参与主体往往倾向于等待其他主体投资建设、参与治理而自己免费享用。其次，由于正外部性的存在，私人投资者收益外溢，导致私人收益小于社会收益，且难以通过市场方式弥补，最终造成投资不足。最后，如第八章所述，农业基础设施项目在采取 PPP 模式供给时，需要政府采取政策激励、资金补贴等方式鼓励社会资本参与或者采取使用者付费方式让社会资本能够在一定期限内收回成本并获取一定收益。但事实上，农业基础设施 PPP 项目在治理过程中会出现市场主体运营困难、资金配套不到位、经营管理不善等情况，导致市场主体因盈利能力不足而提前退出或者违约。

3. “第三方”治理与志愿失灵

志愿失灵理论认为在政府失灵与市场失灵的基础上，非政府组织等第三方在开展志愿活动中可能存在失灵（Salamon，2002），该理论为非政府组织在治理中只能居于辅助地位提供依据。相较政府的强制性和市场主体的营利性而言，独立于政府和市场之外的“第三方”具有自愿性和公益性特征。其获取资源的方式主要是社会捐赠、自我捐赠、政府资助和收费等。第三方的发展、壮大及行动效果受社会主义市场经济发展程度、民主法制完善程度、公民意识、社会自治以及其自身独立性的影响。虽然近年来我国第三方部门发展规模不断扩大，运作日益规范，但整体上数量少，势力弱，自主性不强。此外，由于缺乏强制性，第三方部门的执行力和约束力不足，且运行过程中容易受道德、情感以及政策、资源的影响，其作用发挥大打折扣。

因此，正如市场失灵和政府失灵一样，“第三方”也不是万能的，其自身存在志愿失灵问题，因此，借助政府与市场的力量，三者形成合作关系，相互依赖、优势互补，有利于提高治理效率，共同完成农业基础设施 PPP 项目的有效供给。

三、农业基础设施 PPP 投资多元主体协同治理关系模型构建

从前文论述可以看出，单中心治理各有缺陷和不足。政府机制以社会效益为核心，伴随越位和缺位现象，容易造成效率损失；市场机制以“成本-效益”为核心，容易导致公共性缺失和社会效益不足；社会机制以自愿性、

非营利性为原则，缺乏约束力和可持续性。而多中心治理结合三者的优势，扬长避短，相互补充，既发挥政府权威性、公共性优势，又利用市场反应快、效率高，第三方独立性强的特点，协同、合作、共治，助力农业基础设施PPP项目有效性提高。

在协同治理关系模型中（图9-2），政府处于主导地位，连接着社会公众和企业。政府以全社会福利或区域社会福利最大化为目标，是协同治理的宏观指导者。政府的公信力、权威性对项目协同治理起到决定性影响，发挥合作、引导、监管作用，体现协同治理的“高度”。

企业在协同治理关系模型中处于核心地位，是协同治理的载体。企业以经济效益为目标，通过合作伙伴关系参与投资、运营、管理，其资金、技术、先进的管理理念对项目治理起到关键性作用，体现协同治理的“深度”。

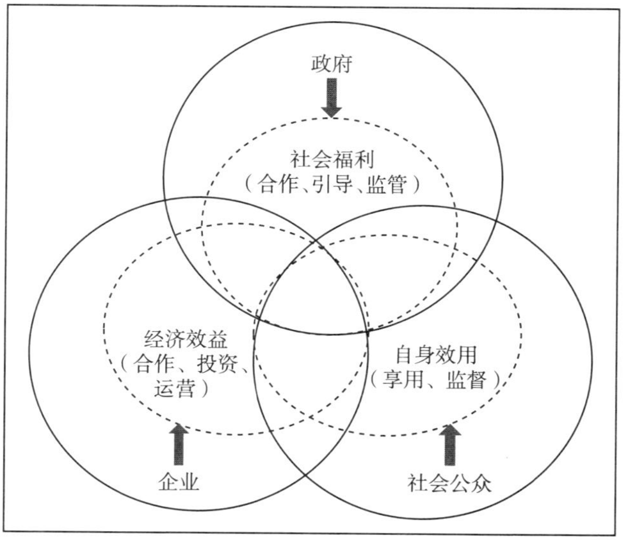

图9-2　农业基础设施PPP投资多元主体协同治理关系模型

社会公众在协同治理关系模型中处于辅助地位，是协同治理的补充者。农村社区、农户等社会公众出于自身效用的考虑，在享用项目成果的同时，对项目质量和进展情况进行监督，有利于提高项目质量和效益，对项目治理起到辅助性作用，体现协同治理的“宽度”。

政府、企业、社会公众三者在农业基础设施PPP项目投资过程中相互联系、相互影响、互动合作、协同治理，在实现各自目标的同时，促进社会公共福利水平的提高。

第二节 基于SFIC模型的农业基础设施PPP项目协同治理分析——以Y省GJ市特色农业生态园基础设施建设PPP项目为例

一、SFIC模型及其优化

SFIC模型是由Ansell和Gash对137个协同治理案例采用“逐渐逼近”策略进行分析而构建的一种非种而是属的协同治理框架。该模型包含Starting Conditions、Facilitative Leadership、Institutional Design、Collaborative Process四大要素，即起始条件（S）、催化领导（F）、制度设计（I）、协同过程（C），各要素之间相互联系、相互促进、优势互补，共同实现协同效果的提高。在SFIC协同治理模型中，协同过程处于核心地位（图9-3）。

（一）起始条件（Starting Conditions）：基础

起始条件包括权力（利）、资源、信息的不对称，合作、冲突史以及协同动机三个方面，对协同过程及其效果产生影响。首先，各参与主体权力（利）、资源的不对等及信息的不对称是协同治理中常见的现象，政府公共部门和私人部门的地位差异往往会导致信任危机，能力不足、时间不足也会诱发懈怠情绪，阻碍协同过程的正常开展。其次，协同动机居于起始条件的中心位置，了解各参与主体的协同动机及其影响因素非常必要。一方面，主体不同，权力（利）、资源、信息的不平等和不对称会影响协同动机。另一方面，各主体之间若存在合作经历，相互之间早期的了解、信任有利于协同过程的推进，而纠纷史的存在会阻碍协同过程，导致恶性循环。

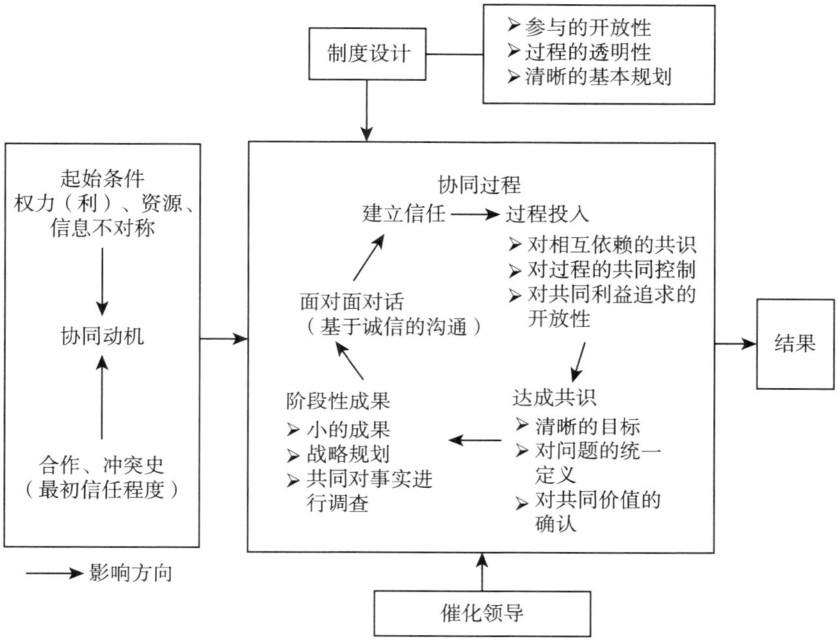

图 9-3　SFIC 协同治理模型

资料来源：Ansell，Chris，Alison Gash，2007. Collaborative governance in theory and practice [J]. Journal of Public Administration Research and Theory (18)：543-571.

（二）催化领导（Facilitative Leadership）：关键

催化领导在协同治理过程中对平衡多元主体之间的权力（利）、利益关系起到关键作用，特别是起始条件不好，如权力（利）、资源明显不对称，协同动机不强或存在矛盾冲突时，催化领导因素则应行使领导力，发挥有效激励、凝聚共识的特殊作用。此外，领导力在规则制定、建立信任、促进对话中发挥引导作用，有利于加强协同管理、形成共识、平衡权力（利）关系，为实现协同合作、多方共赢创造条件。

（三）制度设计（Institutional Design）：保障

制度设计是协同治理模型的第三个要素，是协同程序正当性与合法性的保障，也是协同过程顺利进行的基本行为规范。首先，制度设计的参与主体应具有开放性和包容性，特别是相关主管部门、核心利益相关者代表的参与有利于实现制度设计的全面性、适用性和战略性，是协同治理成功的重要因素。其次，制度设计过程的规范性、透明性、公开性，是制度本身合理、合法的有效保证。

（四）协同过程（Collaborative Process）：核心

协同过程在SFIC协同治理模型中处于核心地位，决定着协同治理效果。协同过程包括面对面对话、建立信任、过程投入、达成共识和阶段性成果五个方面，它们相互作用、相互影响，构成一个循环过程。第一，面对面对话。这是一切合作的基础和开始，只有诚意沟通、交流，了解彼此的想法、动机、利益诉求，找到合作基点和利益平衡点，才能避免信息不对称带来的矛盾和冲突。第二，建立信任。在面对面对话的基础上，彼此逐渐了解，增加信任，并不断强化信任。这是项目顺利进行和可持续的关键。第三，过程投入。过程投入意味着信任基础之上协同共识达成后对协同过程的共同控制，而各主体之间过程投入的程度与起始条件有关，特别是与权力（利）大小、资源多少，以及协同动机的强烈程度有关。第四，达成共识。形成清晰的目标、对问题的统一定义和对共同价值的确认。在此基础上，取得阶段性成果。协同过程是一个由不同环节组成的不断循环过程，各个节点存在不同问题，各主体在对话、信任、投入的过程中就相关问题达成共识，统一定义，共同确认，最终促成协同成果的实现。

在SFIC模型中，起始条件、催化领导、制度设计共同作用于协同过程，助力于阶段性成果的产出。而成果的实现又会给协同过程注入活力，不断反复，实现良性循环。

SFIC模型中缺少对协同结果的评价以及对协同过程的监督，而评价和监督是协同过程顺利性和协同结果有效性的保障。所以本节借鉴赵金丽（2019）对SFIC模型的优化，增加监督和反馈评估环节（图9-4），提出监督协同的观点，以期推进协同过程的规范和目标的实现，增加协同产出，增强协同效果。

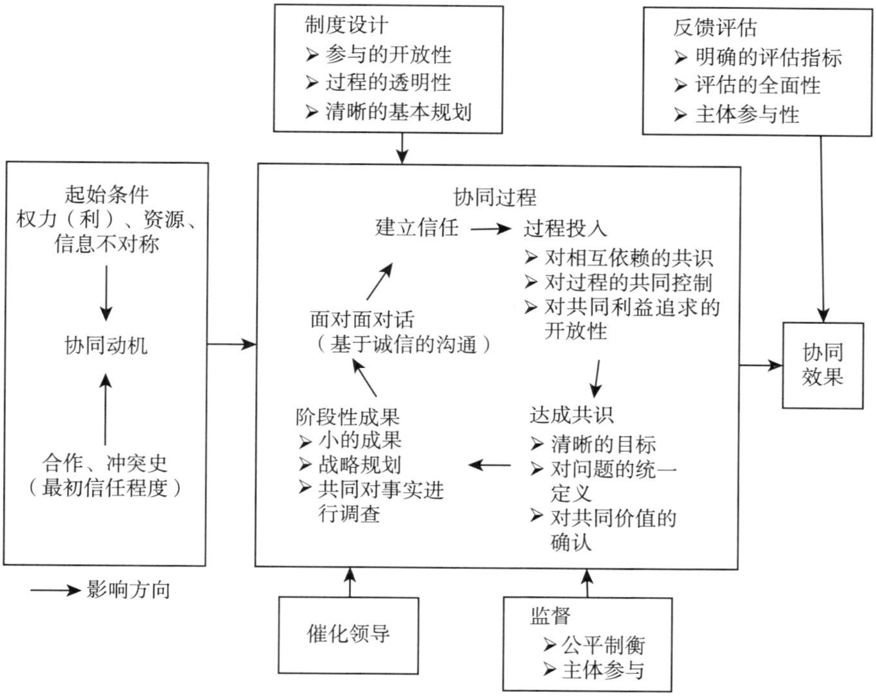

图 9－4　SFIC 协同治理模型的优化

二、基于 SFIC 模型的 Y 省 GJ 市特色农业生态园基础设施建设 PPP 项目协同治理分析

（一）项目概况

1. 项目建设主要内容

Y 省 GJ 市特色农业生态园基础设施建设 PPP 项目位于国家现代农业示范区内，是百万亩高原特色农业示范区的典型代表。项目占地面积 3 018 亩，辐射带动面积 7 500 亩，总投资近 60 332 万元。项目建设核心内容主要为农业生态园基础设施，包括新建高效节水灌溉管网、田间生产道路、输水沟渠、沼气池以及相关附属配套设施等。捆绑（辅助）建设内容包括生态农业示范区、生态农业养殖区、观光农业旅游区三大项目，用以提高

项目经济效益，减轻运营期财政支出压力。项目具体建设内容如表9－2所示。

表9－2　GJ市特色农业生态园基础设施建设PPP项目建设内容

序号	项目组成部分及名称	项目具体内容
1	农业生态园基础设施	含高效节水工程、土地平整工程、道路工程、给排水工程、供电工程、沼气池以及其他配套基础设施的建设
1.1	高效节水工程	本项目高效节水工程即GJ市大屯镇西部高原特色农业示范区高效节水灌溉工程，是以GJ市特色农业生态园为核心示范区（3 018亩）、周边连片（4 482亩）为带动示范区的水利配套专项工程。主要可分为泵站工程、输水工程和田间工程
1.2	土地平整工程	该工程分为三大子工程：土地平整工程、灌溉与排水工程、田间道路工程。建设规模224.213 8公顷，通过土地整治，得到新增耕地25.868 3公顷，新增耕地率11.54%
2	生态农业示范区	占地2 455亩，含水果种植区、花卉种植区、蔬菜种植区、示范展示区、产品加工区、农事体验区、瓜果长廊和包装车间
3	生态农业养殖区	占地200亩，主要为水产养殖区和家畜养殖区
4	观光农业旅游区	占地250亩，设游客服务中心、婚纱摄影与传媒影视基地、垂钓与嬉水荷塘、农业科普馆、现代农业博览馆、农业技术研究培训中心等功能区

资料来源：财政部PPP中心。

2. 项目资金筹措方案

本项目采用竞争性磋商采购方式选择合作社会资本。采购人为GJ市农业局，云南鑫德招标咨询有限公司受GJ市农业局委托，组织对本项目进行竞争性磋商，物有所值评价结论为通过。项目成交单位为红河州万家鼎农业产业发展有限公司。项目总投资为60 331.63万元，政府方出资代表在项目公司中的持股比例为2%，社会资本持股比例为98%。资金筹措方式为自筹、融资、银行贷款。项目注册资本金为18 000万元，约占总投资的30%。其中，政府自筹360万元，占注册资本金的2%；社会资本占注册资本金的98%，剩余70%投资额由国内银行贷款筹集（表9－3）。

3. 项目运作方式

GJ市特色农业生态园基础设施建设PPP项目发起方为GJ市人民政府，

发起时间为 2016 年 3 月 1 日，项目成交时间为 2016 年 6 月 16 日，成交速度很快。PPP 的具体运作方式采用 BOT，即建设—运营—移交，回报方式为使用者付费。项目合作期为 15 年，其中建设期为 3 年，运营期为 12 年。该项目主要经济技术指标如表 9－4 所示。

表 9－3　GJ 市特色农业生态园基础设施建设 PPP 项目资金来源情况

项目	金额（万元）	资金性质	占比（%）	金额（万元）	类别	金额（万元）	占本金比（%）	资金来源
总投资	60 331.63	注册资本金	30	18 000	政府	360	2	自筹
					社会资本	17 640	98	自筹、融资
		其他	70	42 331.63	社会资本			银行贷款

数据来源：财政部 PPP 中心。

表 9－4　GJ 市特色农业生态园基础设施建设 PPP 项目主要经济技术指标

指标名称	基本情况
投资额	60 331.63 万元
建设规模	项目规划面积约 3 018 亩，辐射带动面积 7 500 亩
具体运作方式	BOT
建设期	3 年
合作期	15 年（包括建设期 3 年）
注册资本金及比例	项目注册资本金 18 000 万元，政府自行出资 360 万元，占股 2%；社会资本股东出资 17 640 万元，占股 98%
收入来源	生态农业示范区、观光农业旅游区的门票收入，水产养殖、家畜养殖收入，有机认证收入，物业管理收入，其他经营收入和服务性收费

项目合作期内，由社会资本与政府方出资代表组建的项目公司承担项目的融资、设计、建造、运营、维护以及向当地的农民专业合作社或农民提供专业服务等工作，承担所有的相关运营费用并从中获取一定的经济收益。政府主要参与定价服务管理、服务质量监管等工作。在项目合作期结束后，项目公司按照农业生态园 PPP 项目合同的约定无偿将项目移交给 GJ 市人民政府指定机构，在保证所移交的资产通过性能验收，处于正常使用、正常磨损状态的基础上，由政府方面的公司进行生态园的经营运转工作。

4. 项目运作情况

GJ 市特色农业生态园基础设施建设项目现正处于运营期，虽然目前社会资本方资金出现了困难，运营情况不容乐观。但前期阶段的项目建设对农业基础设施提供和农业现代化发展起到了很好的促进作用。

首先，提升了农业基础设施质量和公共服务水平。特色农业生态园基础设施建设项目以农业基础设施建设为核心，按照合同约定开展项目建设，夯实了现代农业建设的基础。在运营过程中以科技为依托，发展智慧农业，并引进专业力量，加强辅助项目的运营管理，提升了农业基础设施服务水平。

其次，为农业现代化发展提供样板。PPP 模式下，生态农业示范区构建了新型农业经营体系、产业体系、科技支撑体系和基础保障体系，对于推进农业供给侧结构性改革、促进绿色农业发展起到了很好的示范作用。生态农业养殖区、观光农业旅游区以市场为导向，以生产专业化、程序系列化、质量标准化、养殖商品化、管理智能化为技术要求，在提高产品竞争力、促进企业增收增效的基础上，探索出了一条特色农业现代化道路，为一二三产业融合提供了样板。

最后，对现代农业发展和农民增收起到积极促进作用。2018 年，GJ 市农业总产值为 27.14 亿元，同比增长 6%，2019 年继续保持 6.3%的同比增速。特别是农产品加工业发展非常迅速，2019 年 GJ 市农产品加工产值同比增长 27.3%，大大提高了农产品的附加值。另外，特色农业生态园基础设施建设 PPP 项目在运营过程中，实行“企业（龙头企业）＋合作社＋农户＋基地”的合作模式，龙头企业为政府和社会资本共同成立的项目运营公司（SPV）。龙头企业的带动实现了公司、农民专业合作社、农户、基地的有机结合，最终实现了农业增效、农户增收致富。

（二）GJ 市特色农业生态园基础设施建设 PPP 项目协同治理困境

GJ 市农业生态园基础设施建设 PPP 项目在前期建设过程中，表现较好，取得了一定成效，但目前运营出现了困难，面临协同治理的困境。下面根据 SFIC 优化模型进行分析。

1. 多元主体协同治理动力不足

PPP 项目合作伙伴关系中，最显著的特点体现在政府公共部门以公共价值、社会福利为导向，而企业等私人部门以逐利为导向。由于双方地位、权力（利）、资源的差异，其理念、文化、行为方式等方面均会存在不同甚至可能发生冲突。GJ 市特色农业生态园基础设施建设项目作为 PPP 项目的代表，协同治理的动力来源于多方主体的推动，主要包括政府、企业、农户（合作社）以及农村社区等。

首先，GJ 市政府作为行政部门，处于相对主导地位，推行特色农业生态园基础设施建设 PPP 项目。其主要目的是以新发展理念为方向，以产业转型升级为目标，加快农业现代化进程，实现农业高质量发展，在帮助企业获利增效的基础上，提高农业基础设施建设总体水平和社会福利水平。因此，政府部门对加快农业现代化发展，实现农业产业转型升级具有强烈的愿望和合作动机。但受官本位思想的影响以及契约意识、制度约束的缺乏，协同动力受到影响。

其次，对于合作企业而言，其协同动机是实现利润最大化，具体表现为在合作期内能够收回成本和获取收益，至少实现合同约定的 6.8%的收益目标。作为社会资本，红河州万家鼎农业产业发展有限公司在运营过程中，通过对捆绑项目生态农业示范区、生态农业养殖区、观光农业旅游区三大项目的运作，向使用者收取费用。一方面，企业有强烈的投资盈利欲望，但凭借自身资金优势、技术优势和管理优势，时常忽视政府的理念和制度，缺少自觉合作的意识。另一方面，企业为了快速盈利，往往会忽视前期基础设施投资，而趋向于开展获利快的项目建设。

最后，农户与农村社区作为社会公众的代表，在认知能力、学习能力、行动能力等方面天生存在不足，参与意识薄弱，彼此间合作意识淡薄，协同理念欠缺，导致 PPP 项目协同动力不足和协同合力难以持续。

2. 政府催化协同力量有待加强

GJ 市特色农业生态园基础设施建设 PPP 项目涉及政府、企业、金融机构、社会公众等众多利益相关者，涵盖经济、社会、政治、文化、生态等诸多领域，牵涉面广且复杂。在 PPP 项目投资运营过程中，政府因拥有公共资源和公共权力而无形中处于强势地位。根据SFIC模型，领导力对协同多方关系起到平衡作用。因此政府明晰自己的行为边界和提升行动效能，对于处理好企业和社会公众的关系、提升领导力来说非常重要。但是，项目运行期间，也出现以下不足：

首先，政府行政效能欠佳。虽然近年来通过机构改革和行政体制机制创新，政府行政效率和公共服务水平大大提升，但是相对企业的高效化运作而言，政府行政效能依然存在很大的提升空间。少数政府部门之间存在权责不清、交叉重复与推诿缺位现象，办事效率有待提高。

其次，动员参与效果不佳，政府引导力不强。GJ市特色农业生态园基础设施建设PPP项目的核心内容是农业生态园基础设施，公共性和外部性强。由于农业基础设施项目本身的高投入和相对较低收益，社会资本的参与意愿不足。农村社区和农户的参与意愿也未能得到充分调动。特色农业生态园基础设施建设项目的捆绑内容是三大辅助项目，辅助项目可以收取一定的费用，因此社会资本往往加大投入力度和超前投入，导致农业生态园基础设施项目投入不足。

最后，政府复合型领导人才缺乏。PPP项目涉及工程管理、项目融资、金融、法律、财务管理等学科，需要跨部门、跨行业的复合型领导人才。而PPP项目的负责人和工作人员一般是从各部门选调出来的，缺乏系统性的知识架构，受自身专业知识、领导素养的影响，在PPP项目执行中领导力不足。

3. 制度协同完备性、保障性较弱

在SFIC模型中，制度设计有利于维护项目协同程序的合法性和规范性。参与的开放性、过程的透明性以及清晰的基本规划是制度设计的基本要素，也是优秀制度的必备条件。在GJ市特色农业生态园基础设施建设PPP项目中，制度作为政府和社会资本合作的依据及行为准则，是多元主体协同治理的保障。但项目实际运行中存在制度协同完备性、保障性较弱的问题。

首先，相关法律制度不完善。关于PPP项目的很多制度安排都是以政策、规章的形式存在，没有专门的PPP法律，制度约束性不强。其次，制度规则不健全，缺乏开放性。PPP 项目牵涉的土地面积大，此项目占地面积 3 018 亩，辐射带动面积 7 500 亩，拆迁以及建设用地有可能涉及农村土地红线问题。用地管制规则不健全，制度保障不充分导致部分建设用地的需求得不到满足。最后，在制度设计过程中，部分利益相关者或参与主体被排除在决策机制之外，决策程序和结果不公开，导致部分制度存在片面性。PPP 项目投资额大，运行周期长，在制度不完善或存在缺陷的情况下，多元主体为追求各自利益最大化很容易产生机会主义行为，从而造成问题频发。

4. 协同过程有效性需要提升

协同过程是 SFIC 模型的核心，直接决定着协同治理的效果。它包括基于诚信开展面对面谈话，通过多种形式不断沟通交流建立起信任，彼此分析各自的诉求和相互合作的基础，对目标、问题、价值达成共识，形成阶段性成果，如此不断反复。因此，协同过程是 PPP 项目协同治理不断循环和深入的复杂过程，其前提是沟通交流，关键是建立信任。

在特色农业生态园基础设施建设的实际工作中，政府、企业和农民等治理主体缺少有效沟通，信息不对称，信息交流不畅，很容易增加交易成本和加大 PPP 模式的实施难度，造成协同行动遇阻。一方面，地方政府的权威性和自利性倾向往往导致其不能与其他参与主体平等协商，忽视企业诉求和公众需求，进而可能诱发企业和社会公众对政府的信任危机。另一方面，因为项目利益相关者众多，关系复杂，诉求多样，所以需要动员各方面力量达成共识，以减少合作风险。但政府的强势主导地位，往往使得其他主体参与不足，项目决策、论证等环节效果不佳，增加了项目风险。

5. 监督评价机制不完善

监督评价是协同治理不可或缺的重要环节，是项目可持续发展的重要保障。对协同过程进行监督有利于公平、公开、公正，确保协同过程的有序性，提高信任度，达成共识。对协同效果进行评价有利于项目进一步完善提高。

首先，物有所值（Value for Money，VFM）评价存在不足。目前，VFM 评价主要在项目识别或准备阶段采用定性评价方式展开，一般由财政部

PPP 中心会同行业主管部门利用第三方专业机构和专家力量进行。打分“通过”即 60 分以上的项目可以采用 PPP 模式，并进入下一阶段财政承受能力论证。这种方法简单易行，但主观性较强，基本数据采集或统计分析值得反思，项目参数和指标体系也有待进一步商榷。特别是极少运用定量评价，对 VFM 评价也缺少有效的政府监管方法。

其次，参与不足与监管不力并存。在特色农业生态园基础设施建设 PPP 项目运行过程中，政府既以合作者身份又以监管者身份存在，社会公众也参与监督，社会监督与政府监管相辅相成，形成公平制衡。但是，在项目执行过程中，公众参与监督不足，政府监管也往往流于形式或存在监管不力现象。一方面，PPP 项目牵涉多个政府部门，制度安排上一些职责划分存在交叉或真空现象，导致各管理主体各自为政，监管重复或不彻底。另一方面，PPP 项目具有专业性、复杂性和长周期，但专业性人才不足，第三方监管的独立性不强，导致监管能力不足。

最后，绩效评价的适应性不强。评价机制与监管机制相结合，有利于提高项目效率，促进项目可持续发展。虽然国家从政府层面出台了有关 PPP 项目绩效评价的操作指引，但在实际工作中，特别是项目开展初期，往往适应性不强，具体指标的设定也具有随意性和不规范性，导致绩效评价结果的全面性和客观性欠佳。

第三节　农业基础设施 PPP 投资协同治理路径及机制构建

目前，我国乡村振兴制度框架和政策体系基本形成，随着乡村振兴局的挂牌成立，乡村振兴工作得到进一步重视和加强。到 2035 年，我国乡村振兴取得决定性进展，农业农村现代化基本实现。农业基础设施 PPP 投资作为乡村振兴的重要内容和农业农村现代化的基础性条件，将发挥重要作用。因此，如何促进农业基础设施 PPP 项目的可持续发展，吸引更多社会资本进入农业基础设施领域，并发挥社会公众的辅助功能，加强多元主体协同治理十分重要。协同治理路径和机制如图 9－5。

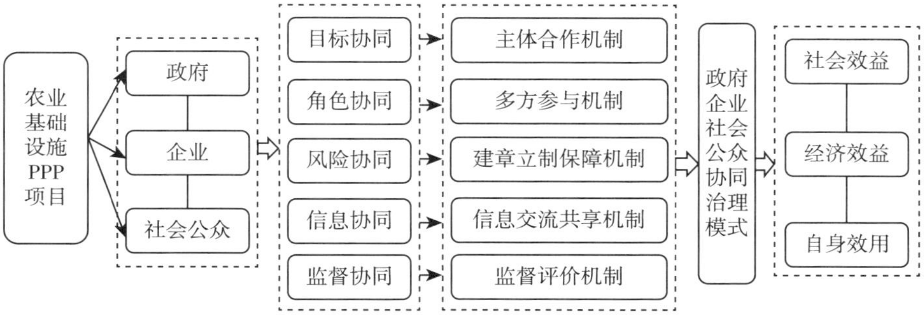

图 9-5 农业基础设施 PPP 投资协同治理路径及机制构建

一、基于 SFIC 优化模型的农业基础设施 PPP 投资协同治理路径

（一）树立合作共赢理念，实现目标协同

政府、企业、社会公众在各自利益诉求的基础上，树立合作共赢的理念，经过充分协商和沟通，共同确立治理目标，达成协同合作的共识，并以此为导向开展良性竞争和公平合作，以实现“1+1>2”的协同效果。

（二）树立多元联动思维，实现角色协同

加强农业基础设施建设涉及农业、农村、农民各个方面，是农业现代化和乡村振兴的基础和保障。在达成共识的基础上，各方应做好角色转变，整合各方面资源，实现协同联动。政府实现“管理者”向“合作者”的角色转变，企业实现“纯粹的企业家”向“好伙伴企业家”的转变，社会公众从袖手旁观、尽享成果向支持者、监督者转变，更好发挥政府、企业、社会公众特别是农村社区等基层组织的优势，实现多元联动、互助共长，降低治理成本。

（三）加大制度和契约约束，实现风险协同

制度是 PPP 项目合作的规范和保障，契约是合作双方必须遵守的约定。加大制度和契约约束，有利于防范因制度、政策等变动带来的风险，提高风

险把控能力，在制度协同的基础上实现风险协同。

（四）强化信息交流沟通，实现信息协同

多元主体间资源共享，信息互通，打破信息壁垒，实现动态流动和实时整合，有利于降低机会主义行为，减少成本损失（任志涛等，2020）。合作双方不仅要共同沟通、交流、协商合作目标，而且要在项目运行过程中就项目进展情况，面临的问题以及解决方案不断沟通，实现信息互通协同。

（五）树立全方位多层次监管理念，实现监督协同

全方位多层次监管是 PPP 项目健康可持续发展的必要条件。基于全生命周期进行监督，包括识别、采购、运营阶段，特别是建设阶段，对资金、项目本身加强监管，做到内部监督与外部监督相结合，相互监督与社会监督相结合，有利于实现激励相容。

二、农业基础设施 PPP 投资协同治理机制的构建

（一）建立主体合作机制，增强合作动力

1. 强化价值认同和目标认同

目标协同是实现协同治理的前提，其目标导向是兼顾各利益方的实际得失。作为 PPP 项目，公私双方形成伙伴关系是其首要特征，而价值认同和目标认同是良好伙伴关系的基础，也是实现协同主体行为一致性的基础。在农业基础设施 PPP 项目运营的大环境中，各利益相关者的行为动机和行为响应存在差异，利益冲突有其客观性和必然性。如何既能保证社会福利最大化，又能满足各利益相关者的利益诉求是 PPP 项目建立的根本目的和可持续发展的保证。

只有在企业总体运行良好的基础上实现政府公共利益、企业私人利益、农村社区和农户利益三者的统一，才能最终提升公共产品和公共服务的质量，实现社会福利最大化。因为，只有在保证企业有利可图、经营状态良好的基础上，才能保证项目可持续发展，农业基础设施等公共产品才能发挥作用。

2. 明确规范的权责和角色定位

农业基础设施 PPP 项目不仅牵涉政府和社会资本公私两大部门，还涉及诸多利益相关者如社会公众。政府部门是唯一的公共部门，角色相对复杂，不仅是项目的发起者、合作者，也是项目的监管者，更重要的是其本身行政管理者的身份属性。政府不同部门应界定好财权、事权与责任，不越位不缺位，该履职时高效运作，该退出时适时退出，严格按照合同约定和特许协议进行管理。企业作为农业基础设施 PPP 项目中公共部门的合作者，以实现盈利为主要目标，其主要职责包括投资、运营、管理。而社会公众中的农村社区，主要扮演协调者角色，处理好农户与政府、企业的关系。农户作为农业基础设施项目的受益者，具有部分社会监督职能。

3. 激励约束相容的利益联结安排

一般情况下，对于企业和农户而言，影响其行为决策的先决条件是成本和收益，自身利润和收益的提高是达成协同治理的根本动力。因此，要促使企业和社会公众参与其中，首先要激发内驱力。政府的政策激励、资金支持不可或缺，同时要将政府政策、资金的外部激励转化为企业的内在利益。此外，在经济利益驱动的同时，需建立相应的惩罚机制，实现激励约束相容。例如，违约、破坏生产、影响环境的行为应受到行政处罚、经济制裁，以及列入企业不良信用记录。

4. 提升合作力度和效果

在价值认同和目标认同的基础上，应进一步加大合作力度，提高各主体参与的积极性、主动性和创造性。主体合作机制要实现农业基础设施 PPP 项目由“管理”向“治理”的蜕变，合作是关键。在合作过程中，政府作为协同治理的主体之一，在加强与企业合作的同时，应引导、宣传、鼓励农户和农村社区参与协同治理。此外，政府还应增强与企业、农户之间的相互信任，提升协同治理效果。

（二）共建多方参与机制，提高政府催化引导力

1. 鼓励多方参与，实现角色功能耦合

政府在 PPP 项目协同治理过程中，居于主导地位。政府应发挥其引导

作用，鼓励企业、社会公众、非政府组织等多方参与，充分发挥 PPP 项目多方参与、伙伴关系的特质，最大程度上实现差异角色的功能耦合。政府机构是主导部门，在完成合作投资的基础上，发起、引导、监督项目，具有执行力好、信任度高的优势。企业独立性强、经营管理效率高，以效率优先，负责项目运营管理，获取利润。公众在消费、受益的基础上，具有分散、自由独立的特质，可监督农业基础设施 PPP 项目的执行。将三者的优势结合起来，合理角色定位，明晰职责，协同发挥各自角色的职能优势，有利于项目顺利推进。

2. 加大政府政策引领和支持

一般而言，出于农业基础设施的特性，其 PPP 项目的发起由政府来执行。也就是说政府在农业基础设施 PPP 项目中居于主导地位。由于农业基础设施的相对低收益和高风险，社会资本参与农业基础设施 PPP 项目的意愿不及参与城市市政基础设施等项目积极主动。因此，政府政策引领既有利于提高社会资本的合作意愿和参与积极性，又有利于项目顺利、可持续发展。具体可言，政府应做好三个方面的工作。首先，拓宽政策发展空间，不断进行政策创新，建立良好的利益联结合作关系，加大对社会资本方的支持和引导。其次，加大宣传和引导力度，提高基层组织和农户的参与度和关注度。最后，提高农户素质，加强宣传培训，发挥其特有的文化、资源优势，建设新时代农民队伍，激发农户的内在积极性，增强其辅助功能。

3. 提高政府效能和领导力

在农业基础设施 PPP 项目中，加强催化领导，要发挥政府公共政策作用，实现社会资本与国家战略以及方针政策的有效衔接，实现国家利益、社会福利与经济效益、个人效用三者利益的有效结合。如果一方出现问题，项目就难以持续发展。因此，一要提高政府效能，优化办事流程，提高办事效率，发挥政府表率作用。在 PPP 项目全生命周期过程中，政府在承担农业基础设施供给的同时，是各种政策优惠、财政补贴等制度的供给者，提高政府效能有利于项目执行和各种政策的落实。二要提升政府领导力。为避免“命令-服从”的弊端，政府应通过人才引进等方式，培养领导型与专业化相结合的人才，并处理好集权与分权关系，统筹决策权、定价权与监督权等。

（三）完善建章立制保障机制，减少违约风险

1. 协同主体共同融入制度设计

制度是农业基础设施 PPP 项目顺利实施的保障，也是各方共同参与协同治理的基础。因此，制度设计首先要遵循公平、公正、公开原则，鼓励政府、企业、农户等协同主体共同融入制度设计中，平等交流沟通，参与商讨和设计，加深对规章制度的认同感，减少因不了解、不认同等造成的违规违章行为，加快推动农业基础设施 PPP 项目协同治理进程。

2. 健全制度规则增强透明度

制度优势是提升农业基础设施 PPP 项目治理效能的前提和保障。治理效能的提高又能反过来强化制度保障。行得通、能管用、发展好是评价优秀制度的三个基本标准。在制度设计过程中提高主体参与的开放性、过程的透明性有利于提高制度优势。例如，农业基础设施 PPP 项目用地牵涉农业用地，特别是耕地红线。一方面要满足合同约定的建设用地需求，另一方面要确保耕地管制规则不受触犯。健全制度规则，增强规则透明度，可减少机会主义行为的发生。

3. 设定专项法规确保责权利落实

目前还没有专门针对 PPP 项目的法律，有关农业基础设施 PPP 项目的各项规定也都是以条例、规章的形式存在。加强 PPP 专项法规的制定，保证项目实施过程中各环节操作有法可依，有利于加强法律约束，确保实施过程规范化、严格化、制度化，以及各方责权利的落实。

（四）强化信息交流共享机制，推进和谐共赢

1. 畅通诉求表达渠道

信息沟通是一切工作的前提，有效沟通是农业基础设施 PPP 项目成功、顺利实施和运行的关键。在农业基础设施 PPP 项目全生命周期过程中，特别是在前期项目采购阶段，政府和社会资本双方的诉求表达，以及合作意向达成都建立在充分沟通的基础之上，相互信任的建立也离不开沟通。在项目运行过程中，面对不断变化的社会、经济形势以及技术上的创新，各方也需

要不断交流，减少因误会带来的风险。因此，畅通的渠道和表达交流平台是信息交流共享不可或缺的条件。在项目建设初期，政府应通过座谈、走访、专题调研等方式了解各方的想法、意见，认真听取多方意见建议；在项目建设过程中，政府或 SPV 应定期或不定期组织召开项目建设会议，跟进项目进展，并帮助解决问题。

2. 推进信息分享和公开

信息经济学理论认为信息不对称容易导致逆向选择和道德风险。在农业基础设施协同治理中，政府作为公共部门对财政补贴、税收优惠、环保制度等政策比较清楚，把这些信息及时分享、传达有利于企业作出正确决策。企业对自身运营能力、财务状况十分了解，及时和政府部门沟通有利于其准确定位，作出战略行动。农村社区和农户对当地自然资源、人文历史等比较熟悉，这类信息的提供有利于政府和企业在项目实施过程中尽量处理好与当地老百姓的关系，开展好项目建设。三方充分的信息分享和公开有利于减少机会主义行为，实现多方共赢，促进项目可持续发展。

3. 建立客观公正的信息反馈评估和争端解决机制

通过信息分享和公开，形成内部沟通、信息流动的良性循环，提高相互信任度，有利于集体行动的促成和协同治理的推进。同时，应对信息进行反馈评估，提高信息质量，在此基础上，建立客观公正的争端解决机制。在信息沟通遇阻或失败导致争端发生时，以事实为依据、法律为准绳，解决各方争端，也有利于提高协同治理效率。

（五）完善监督评价机制，促进项目高质高效

1. 建立相对独立完备的监管体系

农业基础设施 PPP 项目规模大，牵涉面广，建立相对独立、完备的监管体系，加强内外监管，是其顺利实施和可持续发展的保证。在 VFM 定性与定量相结合评价、监管的基础上，一方面，应加强内部监督。内部监督具有针对性、及时性的优点，有利于保证政府公共部门和社会资本双方正常工作的开展和权力（利）义务的实现。另一方面，加强外部监督。发挥第三方监管作用，利用其客观、公正、专业性强的特点，提高监管质量，保证项目

实施的独立高效。

2. 实行全过程动态监管与评价

目前 PPP 模式的政府监管主要分为准入监管和绩效监管。前者体现在对项目前期的立项、社会资本选择进行监管，采用 VFM 定性或定量评价方法，专家打分通过的项目就可进行财政承受力评估，然后进入 PPP 项目采购、运营阶段。后者体现在项目建设运营时期的监管，具体指对项目运行期内社会资本的运营方案、项目实施过程、产品和服务质量等进行监管。后期绩效监管往往重结果、轻过程，容易出现问题且难以解决。在项目运行的不同阶段，监管重点存在差异。例如，在设计阶段，监管重点是总投资额、项目质量、环保要求、整体功能展示、新技术和新材料运用等。在施工阶段，监管重点是现场进度、质量抽检与设计吻合度等（张紫薇，2018）。动态监管有利于保障政府与社会资本共同签订的 VFM 目标值的实现，当社会资本 VFM 实际值与 VFM 目标值出现偏差时，迅速分析、纠偏，同时对项目实施中的重大问题及时处理、跟踪，实现事中监管和主动控制（图 9－6）。

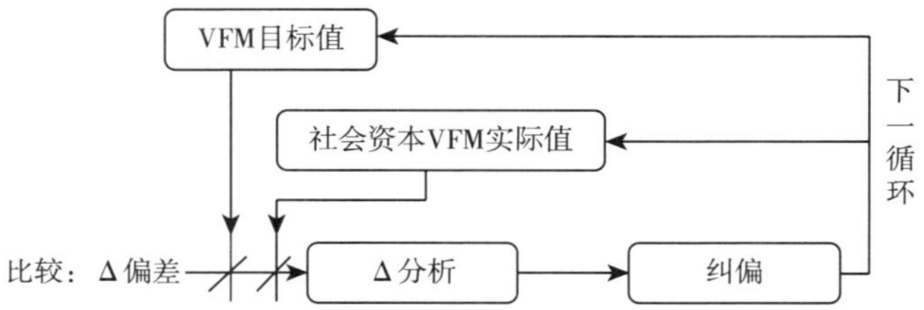

图 9－6　农业基础设施 PPP 项目实施阶段动态监管

3. 优化监管评价体系

在 PPP 项目评价中，目前 VFM 动态监管评价相对抽象，且未考虑公众使用体验（周昌仕，李超龙，2021）。农户和农村社区是农业基础设施 PPP 项目的直接受益者，农户满意度是项目评价的重要方面。因此，可以结合平衡计分卡方法，围绕满意度、财务能力、内部管理、学习与成长四个维度来构建评价体系，使各方都能及时获取项目信息，并参与评价（图 9－7），同时还要定期通报评价结果，纳入绩效考核。

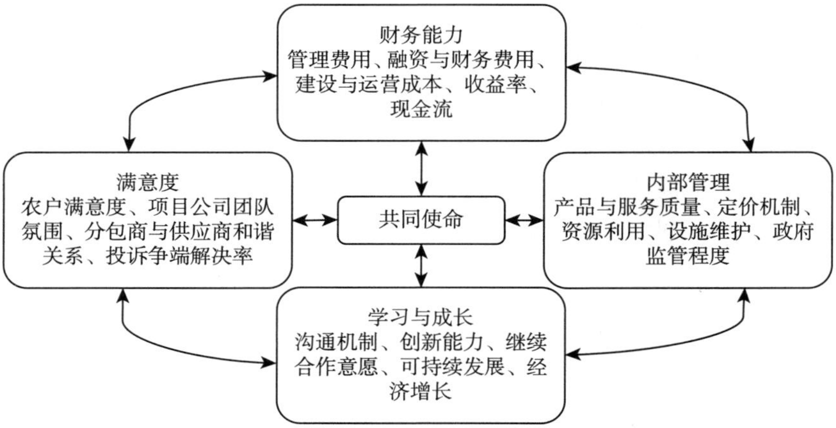

图9-7　平衡计分卡（BSC）评价机制

第四节　本章小结

协同治理是农业基础设施PPP投资的基础和保障，强调治理主体的多元性和治理过程的协同性。目前，我国农业基础设施PPP投资多元协同治理具有很好的现实基础，农业基础设施PPP投资主体日益多元化，包括政府公共部门、企业等社会资本方，农村社区和农户等社会公众。因为多元投资主体具有不同的特征和利益诉求，所以存在单方面治理失灵，如“经济人”特征与政府失灵、“公共产品”属性与市场失灵、“第三方”治理与志愿失灵等，因此构建并处理好农业基础设施PPP投资多元主体协同治理关系十分重要。

SFIC协同治理模型包括起始条件、催化领导、制度设计、协同过程四个要素，各要素之间相互联系、相互促进、优势互补，共同实现协同效果的提高。Y省GJ市特色农业生态园基础设施建设PPP项目核心内容主要为农业生态园基础设施，捆绑（辅助）建设内容包括生态农业示范区、生态农业养殖区、观光农业旅游区三大项目。PPP的具体运作方式采用BOT，即建设—运营—移交，回报方式为使用者付费。项目成交时间为2016年6月16日，合作期为15年，其中建设期为3年，运营期为12年，现正处于运营期，虽然前期运营良好，但目前社会资本方资金出现了困难，运营情况不容乐观，出现了协同治理困境，主要表现在多元主体协同治理动力不足，政府催化协同力量有待加强，制度协同完备性、保障性较弱，协同过程有效性需要提升，监督评价机制不完善。

基于此，本章进一步优化 SFIC 模型，从目标协同、角色协同、风险协同、信息协同、监督协同五个方面提出协同治理的路径。最后，本章从建立主体合作机制，增强合作动力；共建多方参与机制，提高政府催化引导力；完善建章立制保障机制，减少违约风险；强化信息交流共享机制，推进和谐共赢；完善监督评价机制，促进项目高质高效五个方面构建农业基础设施 PPP 投资协同治理机制，以促进农业基础设施 PPP 项目有效投资提高。

第十章 研究结论与政策建议

农业基础设施是促进农业现代化、保障国家粮食安全的重要基础和先行资本，是实施乡村振兴战略和美好乡村建设的有力支撑，有助于农业增效、农民增收、农村繁荣。PPP 模式作为新型投融资模式，其在农业基础设施领域的广泛运用，有利于提高农业基础设施数量和质量。构建和优化增加农业基础设施 PPP 有效投资的实现机制，提高农业基础设施 PPP 投资有效性，具有十分重要的意义。本书遵循提出问题、认识问题、分析问题、解决问题的思路，运用经济学、管理学、投资学、社会学的相关知识，在对农业基础设施 PPP 投资进行理论和实践分析的基础上，从宏观实证与微观案例的视角对有效投资进行评价，进而提出增加农业基础设施 PPP 有效投资的机制构建及优化建议。为了更系统、清晰地表述相关结论，本章将进一步概括和提炼本书的主要观点，并根据研究结论提出相关政策建议。

第一节 研究结论

通过研究，本书得出如下结论。

第一，农业基础设施 PPP 有效投资是 PPP 项目个体有效和农业基础设施 PPP 投资整体有效的和谐统一。农业基础设施作为农业发展的先行资本，是发展现代农业、兴农强农富农的前提和保障。PPP 模式作为政府和社会资本合作模式，具有伙伴关系、利益共享、风险分担三个基本特征。要实现农业基础设施 PPP 项目有效投资，在微观层面，农业基础设施项目要通过 PPP 模式的规范运用，做到伙伴关系良好、风险分担合理、利益分配均衡，以实现农业基础设施 PPP 项目有效投资目标，即经济性、效率性、效果性、公平性的和谐统一。在宏观层面，要通过农业基础设施 PPP 投资，促进农业经济发展，农民收入提高，社会福利增加，并充分考虑经济效益、社会效益、生态效益三者的有机结合。在追求 PPP 项目个体有效的基础上实现农业基础设施 PPP 投资整体有效，是农业基础设施 PPP 有效投资的应有之义。

第二，农业基础设施本身投资增效与 PPP 投资增效的双重叠加助力农业基础设施 PPP 有效投资。PPP 模式在农业基础设施领域的广泛运用，实现了政府机制与市场机制的耦合，较好解决了政府与市场双重失灵的问题，有利于增加农业基础设施有效投资。农业基础设施发挥成本效应、规模效应、结构效应和技术效应促进农业经济增长、农户增收致富。引入 PPP 模式发挥竞争效应、激励效应、协同效应，可提高农业基础设施项目的经济性、效率性、效果性、公平性。农业基础设施 PPP 投资使得两种效应相互叠加，并相互作用，增加农业基础设施有效投资。

第三，在我国农业基础设施 PPP 投资实践良好的基础上采取进取型战略是比较理想的选择。我国农业基础设施 PPP 投资正处于稳步发展期，项目数量与规模大幅度增长，应用领域日益广泛，项目执行稳步推进，运作方式日益成熟。但还面临如数量偏少、规模偏小，投资结构不够优化，项目运作方式较单一，回报机制市场化程度低等一系列问题，因此，加强有效投资具有十分重要的意义。随着中国特色社会主义进入新时代，农业现代化加速向前推进，农业基础设施投资呈现新的特征与趋势。在国家的大力支持下，农业基础设施 PPP 投资环境进一步优化，但还面临着一些挑战。SWOT 定性和定量分析表明我国农业基础设施 PPP 投资宜实施争取型战略中的进取战略。

第四，我国农业基础设施 PPP 投资总体效率还存在较大提升空间，并受到多重因素影响。对我国 20 个省份 780 个样本项目的实证研究表明，从静态来看，我国农业基础设施 PPP 投资综合效率总体上较低，纯技术效率相比综合效率有所提高，规模效率表现最好。分区域来看，农业基础设施 PPP 投资综合效率东部＞中部＞西部。从动态来看，2015—2019 年我国农业基础设施 PPP 投资全要素生产率及其分解值虽然波动较大，但整体上呈上升趋势，以每年 5.5%的速度增长。其中，东部和中部地区波动较大，而西部地区发展相对平稳，保持低速缓慢增长态势。从影响因素来看，经济发展水平、市场经济环境和项目合作时间未能通过显著性检验，政府财政供给能力、城乡一体化程度促进农业基础设施 PPP 有效投资，法律制度环境、PPP 项目规模对农业基础设施 PPP 有效投资呈负向影响。

第五，MS 水库农业基础设施 PPP 项目投资有效性表现良好。经济性、效率性、效果性和公平性即“4E”是农业基础设施 PPP 项目有效投资评价的目标维度。本书根据问卷调查数据基于层次分析法和熵权法计算农业基础设施 PPP 项目有效投资评价指标的综合权重。“4E”权重的排序为效果性＞效率性＞经济性＝公平性，在指标层中，排在前 5 位的分别是社会效益＞产品质量及服务水平＞可持续发展能力＞社会资本投资回报＞经济效益，其中，社会效益、产品质量及服务水平权重占 10%以上，可持续发展能力权重接近 10%，排在后面的如生态效益、政府投资回报、合作伙伴满意度、规章制度完备性等权重均在 3%左右，占比低且非常接近。本书进一步采用模糊综合评价法对 MS 水库 PPP 项目进行实证分析，得出 MS 水库 PPP 项目有效投资综合评价良好，从有效投资的“4E”维度来看，该项目 4 项指标均处于良好等级，其中经济性、效果性表现更佳。加强项目监管，提升项目质量和投资回报，全面考虑综合效益和影响，完善多元协调体系等有利于进一步增加农业基础设施 PPP 项目有效投资。

第六，构建风险防范机制是实现农业基础设施 PPP 有效投资的关键。农业基础设施 PPP 投资风险具有复杂多样、阶段性明显、系统性强、防控难度较大的特点，本书对农业基础设施 PPP 投资风险进行识别并评估，得出农业基础设施 PPP 投资整体风险度为 7.995 8，处于中等水平。在一级指标中，运营风险的风险度最大，处于较高风险水平，风险度排名第二的指标是金融风险，接近中等风险和较高风险的临界值 10，风险较高。排名紧随其后的是建设风险、市场风险、管理风险，风险度均在 6 以上，处于中等风险的较低水平。政治风险和信用风险排名靠后，属于较低风险。环境风险的风险度最低，不及运营风险和金融风险的一半。根据投资阶段以及风险因素在政府和社会资本之间进行风险分担，其权重、类型和等级存在较大差异。因此，应根据各阶段各种风险类型及权重的实际情况，从提高风险防范战略认识、构建多维立体保障机制、加强项目投资管理、创新体制机制等方面来加强农业基础设施 PPP 投资风险防范，以增加农业基础设施 PPP 有效投资。

第七，优化利益补偿机制是实现农业基础设施 PPP 有效投资的核心。农业基础设施公共产品属性导致的本质性需求、农业基础设施投资经济外部性产生的内在性需求、农业基础设施 PPP 项目投资回报机制产生的引致性需求以及项目可持续发展的保障性需求奠定了农业基础设施 PPP 投资利益补偿的必要性。虽然经过近几年的发展，农业基础设施 PPP 投资利益补偿机制运行良好，但还面临一些困境，如合作目标差异导致履约风险增加，投资回报率和特许经营期与实际运行存在偏差，补偿标准适应性欠佳，补偿机制激励作用不明显等。因此，进一步优化利益补偿机制，明确补偿目标和原则，对补偿方式、补偿标准、补偿区间、补偿流程进行优化，并在此基础上加强补偿机制的顶层设计，设立 PPP 项目补偿基金，探索以奖代补模式，加强监督和风险管理，可以增加农业基础设施 PPP 有效投资。

第八，构建多元主体协同治理机制是实现农业基础设施 PPP 有效投资的基础和保障。多中心治理和协同治理理论奠定了农业基础设施 PPP 投资多元协同治理的理论逻辑，政府失灵、市场失灵与志愿失灵的存在为农业基础设施 PPP 投资多元协同治理提供了现实基础。构建并处理好农业基础设施 PPP 投资多元主体协同治理关系十分重要。根据 SFIC 协同治理模型，Y 省 GJ 市特色农业生态园基础设施建设 PPP 项目运营情况不容乐观，出现了协同治理困境，主要表现在多元主体协同治理动力不足，政府催化协同力量有待加强，制度协同完备性、保障性较弱，协同过程有效性需要提升，监督评价机制不完善等方面。因此，本书从目标协同、角色协同、风险协同、信息协同、监督协同五个方面提出协同治理的路径，从建立主体合作机制，共建多方参与机制，完善建章立制保障机制，强化信息交流共享机制，完善监督评价机制五个方面构建农业基础设施PPP投资协同治理机制，以增加农业基础设施PPP项目有效投资。

第二节　政策建议

在国家大力推进乡村振兴战略，加快农业农村现代化的进程中，推进政府和社会资本合作，大力推广PPP模式在农业基础设施领域的运用不仅有利于拓宽资金来源，破解投融资困难，而且为保障国家粮食安全、促进农民增收、实现农业现代化、推进乡村振兴提供动力。PPP视阈下增加农业基础设施有效投资是一个系统工程，需要相关部门的协同配合和一系列政策安排。下面在前期各章节的基础上，进一步归纳总结，提出如下对策建议，以促进PPP视阈下增加农业基础设施有效投资机制的高效运作。

一、进一步明晰公私双方角色及权责关系

PPP模式作为一种创新型项目融资方式，不仅有利于结合政府与社会资本的优势，促进资源优化配置，形成“1＋1＞2”的协同效应，而且有助于发挥社会治理机制的职能，促进政府职能转变，提高政府治理效能。一方面，明确公私双方角色定位。农业基础设施PPP投资涉及公私双方以及众多的利益相关者和参与主体，政府作为公共部门，在参与农业基础设施PPP投资的过程中，应正确定位，转换角色，实现从行政管理者、裁判员向建设资金提供者、政策法规制定者、社会关系和利益协调者以及监管者的角色转变。社会资本作为私人部门的代表，不仅是投资者、经营者，还是农业基础设施PPP项目中公共部门的合作伙伴，伙伴关系决定其生产、经营、管理必须符合PPP契约规定。另一方面，践行权责利关系。在农业基础设施PPP项目投资过程中，以伙伴关系为前提，遵循风险分担、利益共享原则，践行各自的权、责、利，有利于进一步发挥政府催化引导作用，充分激发社会资本参与农业基础设施PPP投资的积极性，加快农业基础设施建设步伐，推进乡村振兴和农业现代化进程。

二、持续深化完善农业基础设施 PPP 投资政策支持体系

加大 PPP 投资的政策支持力度，引导型、建设型、激励型政策并用，整合资源，改革和完善政策支持体系。首先，灵活运用财政补贴政策。考虑到农业基础设施的公共产品性质以及农村地域的特殊性，政府部门应根据项目不同补偿方式灵活运用财政补贴手段，加大资金支持力度。对于使用者付费和可行性缺口补助项目，根据实际情况，因项施策，加大财政补贴力度，给予项目较好的成长空间和可持续发展潜力。其次，建立健全税收制度和税收优惠政策。从 PPP 项目全生命周期的角度，建立统一的 PPP 项目税收政策，提高税收政策的系统性。同时，针对具体的农业基础设施 PPP 项目，加大税收优惠力度，保持税收政策的协调性和灵活性。再次，加大金融政策支持。鼓励商业性金融机构、开发性金融机构和农业发展银行等政策性金融机构予以 PPP 项目资金支持和利率优惠。从次，完善相关配套政策。从土地保障、行政审批、工商服务等方面营造有利于 PPP 项目运行的制度环境，引导、激励社会资本参与农业基础设施 PPP 项目。最后，建立农业基础设施 PPP 项目动态调整的政策机制。针对突发性事件、不可抗力事件导致落地后的农业基础设施 PPP 项目不能继续进行的问题，政府应根据实际情况进行调整、提升和优化，促进项目的可持续发展。

三、加速推进农业基础设施 PPP 投融资机制创新

PPP 模式在农业基础设施领域不断得到推广和应用，在乡村振兴领域大有可为。由于农业基础设施的地域特性和本身属性，社会资本参与积极性较低、投融资风险较大。不断创新 PPP 投资机制，盘活存量资产，扩大增量资产，有利于提高农业基础设施 PPP 投资有效性。首先，在大力推广运用 BOT 模式的基础上，灵活运用其他方式或将 BOT 与其他方式相结合，提高项目运作效率。其次，创新债权、股权、资产支持计划，实行“PPP＋自组织”模式、“股权投资＋施工总承包”模式、“生态环境导向的开发模式

(EOD)＋PPP”模式、“设计—采购—施工总承包＋融资”（EPC＋F）模式等多元化投融资模式。最后，考虑资产证券化、设立产业基金等方式，组建资产管理公司，盘活存量 PPP 资产，形成财政资金与社会资本的良性循环。

四、不断优化农业基础设施 PPP 投融资环境

良好的投融资环境是激发社会资本参与积极性，促进项目运营管理和可持续发展的重要保障。首先，进一步建立健全金融市场体系。加大对 PPP 项目的融资支持力度，建立政府和社会资本合作的金融保障，增强金融业信息透明度，加强金融监管，降低项目融资风险。其次，完善相应法律法规。做好 PPP 专用法律法规与其他规章制度如价格制度、招投标制度的衔接，避免冲突。再次，推进农业基础设施 PPP 平台数字化共享，实现全生命周期信息的公开化、透明化。最后，提高政府现代化治理能力，保持政策的公开、透明、稳定和可持续，加强项目监管，提高 PPP 项目的质量和效果，促进 PPP 项目可持续发展，实现政府、社会资本和社会公众等 PPP 利益相关者共赢。

五、充分发挥政府和社会资本协同合作效应

政府和社会资本是农业基础设施 PPP 模式的核心利益相关者，加强协同治理，发挥双方协同合作效应，是提升项目有效投资的关键。首先，强化信息交流共享。在构建和完善风险防范机制、利益补偿机制和协同治理机制的基础上，进一步处理好各方关系，提升信息交流与信息共享力度，加强目标协同、角色协同、制度协同、信息协同，提高农业基础设施 PPP 项目协同效应。其次，完善制度安排和监督评价。在政府和社会资本协同合作的基础上，引入第三方机构，对农业基础设施 PPP 项目进行全生命周期督导，降低机会成本和交易成本。最后，提高社会资本的主观能动性。在政府公共部门的催化引导下，发挥社会资本的积极性、主动性和创造性，兼顾经济效益、社会效益、生态效益，实现效率性、经济性、效果性以及公平性提升。

六、加大农业基础设施 PPP 投资人才培养力度

在乡村振兴战略快速推进的背景下，PPP 模式在农业基础设施领域快速发展，农业基础设施 PPP 项目高速增长，需要一大批高素质人才投身农业基础设施 PPP 领域，促进 PPP 模式的推广运用，提高项目运行效率。以特定技能和专门知识为基础的专业人才是 PPP 事业发展的核心支撑，应通过引进、培养、孵化等措施加强人才保障，缓解高层次专业人才的缺失和不足。首先，统筹 PPP 人才队伍建设规划。既瞄准急需紧缺人才培养又兼顾人才队伍整体素质提升，培养大批既懂 PPP 专业知识又熟悉农业基础设施领域的专业型、创新型、前瞻性人才，并将他们安排到相关工作岗位上，提高 PPP 项目运营、治理能力。其次，创新 PPP 人才培养模式。一方面，实施系统培训和集中强化培训相结合。选拔业务功底好、发展潜力大的中青年骨干进行集中强化培训，对于一般工作人员进行 PPP 认知能力、知识技能、操作水平提升等日常培训和宣传教育。另一方面，实行校企合作、政企校合作，联合培养，把专业教育与生产实践有机结合，将教学活动、课程体系、教育管理环节渗透到 PPP 项目生产经营活动中，使学生毕业后就能直接进入相关单位开展专业性工作，提高人才适应性。再次，深入开展 PPP 人才培养的国际合作与交流。采取“引进来”和“走出去”相结合的方式，聘请国外优秀专家到我国进行工作的同时，选派专业人员赴国外系统深入学习和考察，学习国外成熟的 PPP 理念、规则、操作规程，借鉴先进经验。最后，加大 PPP 人才开发投入力度。设立专门的 PPP 人才发展基金，为 PPP 人才的培养研修、创新攻关以及经验交流等活动提供资金支持。

附录一：农业基础设施 PPP 项目有效投资评价的调查问卷

尊敬的先生/女士：

您好！非常感谢您能在百忙之中参与此次问卷填写。本次调查旨在对农业基础设施 PPP 项目有效投资指标的重要性进行评价，调查内容仅供研究使用，答项无对错之分，请您放心作答。非常感谢！

祝身体健康、万事顺意！

第一部分：个人信息（请选择序号）

1. 您目前或曾经所在单位的性质？（　　）

1. 政府职能部门；　2. 企业；　3. 金融机构；

4. 高校；　5. 农业农村部门

2. 您的学历层次？（　　）

1. 硕士研究生及以上；　2. 大学本科；　3. 专科；

4. 高中；　5. 其他

3. 您对农业基础设施投资或 PPP 项目相关工作的了解程度？（　　）

1. 非常了解；　2. 比较了解；　3. 一般了解；

4. 部分了解；　5. 稍微了解

4. 您参与农业基础设施投资或 PPP 项目相关工作的年限？（　　）

1.15 年以上；　2.10～15 年；　3.5～10 年；

4.1～5 年；　5.1 年以内

第二部分：农业基础设施 PPP 项目有效投资评价指标的重要性

请您根据农业基础设施 PPP 项目投资的实际情况，对各一级指标和二级指标的两两重要性程度进行评价，其中比较量度如下表：

各级指标重要性比较取值及标准

取值	取值标准
1	i 与 j 同等重要
3	i 比 j 略微重要
5	i 比 j 较为重要
7	i 比 j 非常重要
9	i 比 j 绝对重要
2、4、6、8	上述判断中间值
倒数	i 与 j 重要性的倒数

1. 请您对下列一级指标的两两重要性程度进行评价

	经济性	效率性	效果性	公平性
经济性	—			
效率性	—	—		
效果性	—	—	—	
公平性	—	—	—	—

注：表中“—”为不可选择项。

2. 请您对下列各二级指标的两两重要性程度进行评价

（1）经济性：

	项目资金合规性	预算执行准确度	按期竣工偏差度	政府财政承受能力
项目资金合规性	—			
预算执行准确度	—	—		
按期竣工偏差度	—	—	—	
政府财政承受能力	—	—	—	—

注：表中“—”为不可选择项。

（2）效率性：

	产品质量及服务水平	社会资本投资回报	政府投资回报	涉农项目吸引力提升度
产品质量及服务水平	—			
社会资本投资回报	—	—		
政府投资回报	—	—	—	
涉农项目吸引力提升度	—	—	—	—

注：表中“—”为不可选择项。

（3）效果性：

	利益相关方满意度	经济效益	社会效益	生态效益	可持续发展能力
利益相关方满意度	—				
经济效益	—	—			
社会效益	—	—	—		
生态效益	—	—	—	—	
可持续发展能力	—	—	—	—	—

注：表中“—”为不可选择项。

（4）公平性：

	市场环境公平性	收益分配公平性	规章制度完备性	合作伙伴满意度
市场环境公平性	—			
收益分配公平性	—	—		
规章制度完备性	—	—	—	
合作伙伴满意度	—	—	—	—

注：表中“—”为不可选择项。

附录二：MS 水库 PPP 项目有效投资评价的调查问卷

尊敬的先生/女士：

您好！非常感谢您能在百忙之中参与此次问卷填写。本次调查旨在对MS 水库 PPP 项目有效投资的评价指标进行测评，调查内容仅供研究使用，答项无对错之分，请您放心作答。非常感谢！

祝身体健康、万事顺意！

第一部分：个人信息（请选择序号）

1. 您现从业领域？（　　）

1. 政府职能部门；　2. 项目公司；　3. 咨询公司；

4. 高校；　5. 其他

2. 您的学历层次？（　　）

1. 硕士研究生及以上；　2. 大学本科；　3. 专科；

4. 高中；　5. 其他

3. 您对农业基础设施投资或 PPP 项目相关工作的了解程度？（　　）

1. 非常了解；　2. 比较了解；　3. 一般了解；

4. 部分了解；　5. 稍微了解

4. 您参与农业基础设施投资或 PPP 项目相关工作的年限？（　　）

1. 15 年以上；　2. 10～15 年；　3. 5～10 年；

4. 2～5 年；　5. 1 年以内

第二部分：MS水库PPP项目有效投资评价指标模糊评价

MS水库PPP项目有效投资评价指标体系中各指标的评价等级设定为“优、良、中、较差、差”5个不同的等级，请在相应等级下打“√”。

MS水库PPP项目有效投资模糊评判表

指标	各评语等级				
	优	良	中	较差	差
项目资金合规性					
预算执行准确度					
按期竣工偏差度					
政府财政承受能力					
产品质量及服务水平					
社会资本投资回报					
政府投资回报					
涉农项目吸引力提升度					
利益相关方满意度					
经济效益					
社会效益					
生态效益					
可持续发展能力					
市场环境公平性					
收益分配公平性					
规章制度完备性					
合作伙伴满意度					

附录三：农业基础设施 PPP 投资风险的调查问卷（专家卷）

尊敬的先生/女士：

您好！非常感谢您能在百忙之中参与此次问卷填写。本次调查旨在了解农业基础设施 PPP 投资各个阶段存在的风险情况。调查内容仅供研究使用，答项无对错之分，请您放心作答。非常感谢！

祝身体健康、万事顺意！

第一部分：个人信息（请选择序号）

1. 您目前或曾经所在单位的性质？（　　）

1. 政府职能部门；　2. 高校；　3. 企业；
4. 金融机构；　5. 咨询机构

2. 您的身份？（　　）

1. 政府机构工作人员；　2. 专家、学者；　3. 企业工作人员；
4. 金融机构工作人员；　5. 其他

3. 您的学历层次？（　　）

1. 博士研究生；　2. 硕士研究生；　3. 大学本科；
4. 专科；　5. 其他

4. 您对农业基础设施投资或 PPP 项目相关工作的了解程度？（　　）

1. 非常了解；　2. 比较了解；　3. 一般了解；
4. 部分了解；　5. 稍微了解

5. 您参与农业基础设施投资或 PPP 项目相关工作的年限？（　　）

1. 15 年以上；　2. 10～15 年；　3. 5～10 年；

4.2～5年；　　　　5.1年以内

第二部分：农业基础设施PPP投资风险发生情况

下面是根据查阅文献及访谈等方式初步得到的风险识别WBS－RBS矩阵表。请您判断各阶段是否存在相应风险，如果存在请标注“1”，如果不存在或可能性极小则请标注“0”。

WBS－RBS		识别阶段	准备阶段		采购阶段			执行阶段				移交阶段	
		项目评价与论证	项目分析研究	方案编制与审核	项目建设清单	编制招标文件	谈判与合同签署	资金投入	项目建设	项目运营	项目监督	资产清算与评估	资产交割
政治风险	法律法规风险												
	政策调整风险												
	政府决策风险												
	寻租风险												
金融风险	融资风险												
	利率汇率风险												
	通货膨胀风险												
市场风险	退出壁垒风险												
	市场需求风险												
	市场竞争风险												
环境风险	环境保护风险												
	社会矛盾风险												
	不可抗力风险												
信用风险	社会资本方违约风险												
	政府违约风险												
	第三方违约风险												
建设风险	质量风险												
	完工风险												
	技术风险												
	成本超支风险												

（续）

WBS - RBS		识别阶段	准备阶段		采购阶段			执行阶段				移交阶段	
		项目评价与论证	项目分析研究	方案编制与审核	项目建设清单	编制招标文件	谈判与合同签署	资金投入	项目建设	项目运营	项目监督	资产清算与评估	资产交割
运营风险	营销风险												
	规范运营风险												
	运营收益风险												
管理风险	经营管理风险												
	监督管理风险												
	人才管理风险												

附录四：农业基础设施 PPP 投资风险评价的调查问卷

尊敬的先生/女士：

您好！非常感谢您能在百忙之中参与此次问卷填写。本次调查旨在对农业基础设施 PPP 投资的风险进行评价，包括风险因素重要性、发生可能性、损失程度等。调查内容仅供研究使用，答项无对错之分，请您放心作答。非常感谢！

祝身体健康、万事顺意！

以下为问卷内容，分三部分。第一部分为个人信息，第二部分为农业基础设施 PPP 投资风险因素的重要程度评价，第三部分为农业基础设施 PPP 投资风险发生可能性及损失程度评价。

第一部分：个人信息（请选择序号）

1. 您目前或曾经所在单位的性质？（　　）

   1. 政府职能部门；　2. 高校或咨询机构；　3. 企业；
   4. 金融机构；　5. 农业农村部门

2. 您的身份？（　　）

   1. 政府机构工作人员；　2. 专家、学者；　3. 企业工作人员；
   4. 金融机构工作人员；　5. 农户

3. 您的学历层次？（　　）

   1. 硕士研究生及以上；　2. 大学本科；　3. 专科；
   4. 高中；　5. 其他

4. 您对农业基础设施投资或 PPP 项目相关工作的了解程度？（　　）

1. 非常了解；　2. 比较了解；　3. 一般了解；

4. 部分了解；　5. 稍微了解

5. 您参与农业基础设施投资或 PPP 项目相关工作的年限？（　　）

1. 15 年以上；　2. 10～15 年；　3. 5～10 年；

4. 1～5 年；　5. 没参与

第二部分：农业基础设施 PPP 投资风险因素的重要程度评价

请您根据农业基础设施 PPP 投资的实际情况，对各一级风险因素和二级风险因素的两两重要性程度进行评价，其中比较量度如下表：

风险因素重要性比较取值及标准

取值	取值标准
1	i 与 j 同等重要
3	i 比 j 略微重要
5	i 比 j 较为重要
7	i 比 j 非常重要
9	i 比 j 绝对重要
2、4、6、8	上述判断中间值
倒数	i 与 j 重要性的倒数

1. 请您对下列各一级风险因素两两重要性程度进行评价

	政治风险	金融风险	市场风险	环境风险	信用风险	建设风险	运营风险	管理风险
政治风险	—							
金融风险	—	—						
市场风险	—	—	—					
环境风险	—	—	—	—				
信用风险	—	—	—	—	—			
建设风险	—	—	—	—	—	—		
运营风险	—	—	—	—	—	—	—	
管理风险	—	—	—	—	—	—	—	—

注：表中“—”为不可选择项。

2. 请您对下列各二级风险因素的两两重要性程度进行评价

（1）政治风险：

	法律法规风险	政策调整风险	政府决策风险	寻租风险
法律法规风险	—			
政策调整风险	—	—		
政府决策风险	—	—	—	
寻租风险	—	—	—	—

注：表中“—”为不可选择项。

（2）金融风险：

	融资风险	利率汇率风险	通货膨胀风险
融资风险	—		
利率汇率风险	—	—	
通货膨胀风险	—	—	—

注：表中“—”为不可选择项。

（3）市场风险：

	退出壁垒风险	市场需求风险	市场竞争风险
退出壁垒风险	—		
市场需求风险	—	—	
市场竞争风险	—	—	—

注：表中“—”为不可选择项。

（4）环境风险：

	环境保护风险	社会矛盾风险	不可抗力风险
环境保护风险	—		
社会矛盾风险	—	—	
不可抗力风险	—	—	—

注：表中“—”为不可选择项。

（5）信用风险：

	社会资本方风险	政府违约风险	第三方违约风险
社会资本方违约风险	—		
政府违约风险	—	—	
第三方违约风险	—	—	—

注：表中“—”为不可选择项。

（6）建设风险：

	质量风险	完工风险	技术风险	成本超支风险
质量风险	—			
完工风险	—	—		
技术风险	—	—	—	
成本超支风险	—	—	—	—

注：表中“—”为不可选择项。

（7）运营风险：

	营销风险	规范运营风险	运营收益风险
营销风险	—		
规范运营风险	—	—	
运营收益风险	—	—	—

注：表中“—”为不可选择项。

（8）管理风险：

	经营管理风险	监督管理风险	人才管理风险
经营管理风险	—		
监督管理风险	—	—	
人才管理风险	—	—	—

注：表中“—”为不可选择项。

第三部分：农业基础设施 PPP 投资风险发生可能性及损失程度评价

列表中风险发生可能性（***P***）、风险所造成的损失程度（***Q***）均用 1～5

表示，具体见下表。

风险发生可能性大小及损失程度含义及取值表

*P*值含义	*P*取值	*Q*值含义	*Q*取值
发生可能性极小	1	损失程度极小	1
发生可能性较小	2	损失程度较小	2
发生可能性一般	3	损失程度一般	3
发生可能性较大	4	损失程度较大	4
发生可能性极大	5	损失程度巨大	5

下面请您对农业基础设施PPP投资风险可能性及损失程度进行评价，在相应的数值下打“√”。

农业基础设施PPP投资风险可能性及损失程度评价

风险类型	风险因素	风险发生可能性（*P*）					风险所造成的损失程度（*Q*）					备注
		1	2	3	4	5	1	2	3	4	5	
政治风险	法律法规风险											
	政策调整风险											
	政府决策风险											
	寻租风险											
金融风险	融资风险											
	利率汇率风险											
	通货膨胀风险											
市场风险	退出壁垒风险											
	市场需求风险											
	市场竞争风险											
环境风险	环境保护风险											
	社会矛盾风险											
	不可抗力风险											
信用风险	社会资本方违约风险											
	政府违约风险											
	第三方违约风险											

（续）

风险类型	风险因素	风险发生可能性（***P***）					风险所造成的损失程度（***Q***）					备注
		1	2	3	4	5	1	2	3	4	5	
建设风险	质量风险											
	完工风险											
	技术风险											
	成本超支风险											
运营风险	营销风险											
	规范运营风险											
	运营收益风险											
管理风险	经营管理风险											
	监督管理风险											
	人才管理风险											

参 考 文 献

白新华，李启明，2019. 基于SWOT分析推进农业基础设施PPP投资的路径选择［J］. 农业经济（10）：3－5.

包月红，高芸，赵芝俊，2017. 农业研发领域的公私合作伙伴关系［J］. 农业技术经济（1）：75－84.

蔡保忠，曾福生，2018. 农业基础设施的粮食增产效应评估：基于农业基础设施的类型比较视角［J］. 农村经济（12）：24－30.

蔡东方，2019. PPP对基础设施效率的促进作用研究：基于"一带一路"沿线国家的实证检验［J］. 技术经济与管理研究（7）：1－10.

曹博，赵芝俊，2017. 引入PPP模式的高标准农田建设及财政支持体系创新［J］. 地方财政研究（4）：99－105.

曹慧，2019. 农业领域推进政府和社会资本合作的态势与取向观察［J］. 改革（2）：64－73.

曹启龙，周晶，盛昭瀚，2016. 基于声誉效应的PPP项目动态激励契约模型［J］. 软科学，30（12）：20－23.

曹启龙，周晶，盛昭瀚，2017. PPP项目中政府补偿与社会资本投资运营决策研究［J］. 运筹与管理，26（12）：1－8.

曾福生，蔡保忠，2018. 农村基础设施是实现乡村振兴战略的基础［J］. 农业经济问题（7）：88－95.

曾福生，李飞，2015. 农业基础设施对粮食生产的成本节约效应估算：基于似无相关回归方法［J］. 中国农村经济（6）：4－12，22.

陈灿，罗必良，2011. 农业龙头企业对合作农户的关系治理［J］. 中国农村观察（11）：46－57.

陈超，2019. 气候影响下城市水环境治理PPP模式补偿机制优化策略研究［J］. 生态经济，35（8）：171－175.

陈都，2017. 中国高铁基础设施PPP项目模糊综合绩效评价研究：以京沪高铁项目为例［J］. 理论月刊（12）：128－134.

陈龙，2019. 以有效投资稳定经济增长［J］. 人民论坛（17）：74－75.

陈婉玲，胡莹莹，2020. 我国PPP模式的功能异化、根源与解决方案［J］. 上海财经大学学报，22（3）：111－123.

陈晓红，郭佩含，2016. 基于实物期权的PPP项目政府补偿机制研究［J］. 软科学，30（6）：26－29.

陈银鹅，王丹，2017. 社会资本参与城乡基础设施建设营运的机理与对策［J］. 经济纵横（1）：101－104.

陈志敏，张明，司丹，2015. 中国的PPP实践：发展、模式、困境与出路［J］. 国际经济评论（4）：68－84，5.

程曦，2014. 基于利益相关者满意的PPP项目目标体系研究［J］. 项目管理技术，12（11）：72－76.

邓娇娇，严玲，吴绍艳，2015. 中国情境下公共项目关系治理的研究：内涵、结构与量表［J］. 管理评论，27（8）：213－222.

邓晓兰，鄢伟波，2018. 农村基础设施对农业全要素生产率的影响研究［J］. 财贸研究，29（4）：36－45.

邓新星，2017. 农村基础设施建设中PPP模式的应用研究：以海南国际旅游岛新农村为例［D］. 武汉：华中师范大学.

翟媛，2017. 关于准公益性和公益性水利项目PPP回报机制的探索［J］. 水利规划与设计（6）：150－153.

董晓艳，2019. 田园综合体PPP项目风险管理研究：基于融资主体的视角［D］. 青岛：青岛科技大学.

杜亚灵，寇越，柯丹，2019. PPP项目效率的构念建立及维度划分：基于扎根理论的探索性研究［J］. 科技管理研究，39（13）：229－235.

杜杨，丰景春，2017. 基于公私不同风险偏好的PPP项目政府补偿机制研究［J］. 运筹与管理，26（11）：190－199.

樊千，邱晖，2015. PPP的本质、产生动因及演化发展动力机制［J］. 商业研究（5）：137－143.

方俊，黄慧，陈正福，等，2020. 长江经济带综合交通枢纽PPP项目运营绩效评价研究：以杭州市铁路南站为例［J］. 建筑经济，41（10）：73－77.

费振国，2007. 我国农业基础设施融资研究［D］. 杨凌：西北农林科技大学.

丰景春，郑传斌，鹿倩倩，等，2019. 关系治理与契约治理导向匹配状态的量化研究：以公私合作模式下A地铁项目为例［J］. 运筹与管理，28（1）：158－165.

凤亚红，李娜，左帅，2017. PPP项目运作成功的关键影响因素研究［J］. 财政研究（6）：

51－58.
高颖，张水波，冯卓，2015. PPP项目运营期间需求量下降情形下的补偿机制研究［J］. 管理工程学报，29（2）：93－102.
郭瑞玮，李瑞芬，2018. 农业基础设施建设投资基金的需求和预期效益研究［J］. 农村金融研究（8）：65－68.
郭永田，龙文军，2015. 加快推进农业PPP投资［J］. 农村工作通讯（22）：23－25.
哈维·罗森，特德·盖亚，2009. 财政学［M］. 郭庆旺，赵志耘，译. 8版. 北京：中国人民大学出版社.
韩美贵，蔡向阳，徐秀英，等，2016. 不同类型农村基础设施建设的PPP模式选择研究［J］. 工程管理学报，30（4）：90－94.
郝二虎，胡凯，陈小萍，2015. 农村基础设施存量的增收效应：基于全国30个省级面板数据的分析［J］. 农村经济（4）：64－68.
何平均，2012. 中国农业基础设施供给效率研究［M］. 北京：经济科学出版社.
何平均，2014. 农业基础设施项目融资的适应性及政策思路［J］. 农业经济与管理（3）：16－21.
何平均，龚婧，2017. 农业基础设施PPP模式的实践、困境和出路：以湖南省为例［J］. 经济论坛（10）：128－131.
何平均，刘思璐，2018. 农业基础设施PPP投资：主体动机、行为响应与利益协调［J］. 农村经济（1）：76－81.
何平均，刘思璐，2018. 农业基础设施PPP投资战略及其路径选择［J］. 农业经济与管理（1）：67－75.
何平均，彭沛，2016. 协同视角下农业基础设施投资的“三维”机制研究［J］. 经济论坛（11）：78－81，92.
何平均，朱诗尧，2019. 基于Fuzzy－AHP的社会资本参与农业PPP项目风险评价［J］. 江苏农业科学，47（19）：342－346.
何寿奎，张丽蓉，2012. 多元供给模式下农村水利建设利益补偿机制研究［J］. 中国农村水利水电（12）：36－39.
何天翔，张云宁，施陆燕，等，2015. 基于利益相关者满意的PPP项目利益相关者分配研究［J］. 土木工程与管理学报，32（3）：66－71.
何伟怡，何瑞，2016. 农业节水灌溉工程边界失谐的治理研究：基于PPP模式下柔性退出壁垒［J］. 干旱区资源与环境，30（3）：182－188.
胡向东，王晨，王鑫，等，2018. 国家农业综合开发田园综合体试点项目分析［J］. 农业经济问题（2）：86-93.

贾康，孙洁，2009. 公私伙伴关系（PPP）的概念、起源、特征与功能［J］. 财政研究（10）：2-9.

柯永建，王守清，2011. 特许经营项目融资（PPP）：风险分担管理［M］. 北京：清华大学出版社 .

赖红兵，鲁杏，2020. 我国农业现代化发展与农村水利建设关系的研究［J］. 中国农业资源与区划，41（2）：66-74.

兰兰，高成修，2013. 基于 AHP 的 PPP 绩效评估体系研究［J］. 湖南大学学报（人文社会科学版），31（3）：115-119.

李谷成，尹朝静，吴清华，2015. 农村基础设施建设与农业全要素生产率［J］. 中南财经政法大学学报（1）：141-147.

李涵，滕兆岳，伍骏骞，2020. 公路基础设施与农业劳动生产率［J］. 产业经济研究（4）：32-44，128.

李杰，2018. 我国农村基础设施建设对贫困地区的减贫效应研究［D］. 西安：西北大学 .

李瑋，2020. 协同治理中的“合力困境”及其破解：以京津冀大气污染协同治理实践为例［J］. 行政论坛，27（5）：146-152.

李俊鹏，冯中朝，吴清华，2019. 农田水利设施的粮食生产成本节约效应研究［J］. 改革（6）：102-113.

李梅，傅东平，2016. 刍议民间资本投资农村基础设施建设的困境及对策［J］. 价值工程，35（1）：234-235.

李亚丽，杨成胜，2019. 产业扶贫的协同治理逻辑及实践路径［J］. 地方财政研究（2）：64-69，112.

李燕，成德宁，郑鹏，2017. 农业基础设施对农业产出的影响及其区域差异：基于 2004—2013 年中国 232 个地级市的分析［J］. 广东财经大学学报，32（6）：106-113.

李宗坤，王特，葛巍，等，2020. 基于 WBS-RBS 和 AHP 的港珠澳大桥人工岛建设风险分析［J］. 郑州大学学报（工学版），41（3）：62-66.

廉超，2017. PPP 模式助推精准扶贫、精准脱贫［J］. 贵州社会科学（1）：152-157.

梁楠，2016. 社会资本参与水利项目的补偿机制研究［J］. 水利经济（1）：31-34.

廖振中，刘嘉，罗佳意，2018. 政府与社会资本合作（PPP）的检视：一个文献综述［J］. 财经科学（3）：80-92.

刘宏，孙浩，李宗活，2017. PPP 模式下政府与投资方项目风险管理演化博弈分析［J］. 系统科学学报，25（2）：102-105，111.

刘青云，2018. PPP项目战略联盟对资本结构及绩效的影响［D］. 西安：西安建筑科技大学.
刘青云，赵小龙，2018. PPP项目战略联盟、资本结构与绩效关系研究［J］. 企业管理（12）：101-102.
刘穷志，芦越，2016. 制度质量、经济环境与PPP项目的效率：以中国的水务基础设施PPP项目为例［J］. 经济与管理，30（6）：58-65.
刘穷志，彭彦辰，2017. 中国PPP项目投资效率及决定因素研究［J］. 财政研究（11）：34-46，84.
刘穷志，张莉莎，2020. 财政承受能力规制与PPP财政支出责任变化研究［J］. 财贸经济，41（7）：5-20.
刘天军，2008. 农业基础设施项目管理研究［D］. 杨凌：西北农林科技大学.
刘天军，侯军岐，费振国，2012. 农业基础设施项目投资主体定位研究：基于市场化指数模型的定量分析［J］. 华中农业大学学报（社会科学版）（6）：15-19.
刘薇，2015. PPP模式理论阐释及其现实例证［J］. 改革（1）：78-89.
刘晓凯，张明，2015. 全球视角下的PPP：内涵、模式、实践与问题［J］. 国际经济评论（4）：53-67，5.
马若微，王桂晨，2019. PPP项目运营期补贴区间量化研究［J］. 中央财经大学学报（8）：20-30.
倪筱楠，肖梦瑶，刘凯，2019. "一带一路"倡议下PPP模式在农业基础设施建设中的应用［J］. 农业经济（6）：24-25.
彭彦辰，2018. PPP项目技术效率及影响因素研究：基于中国水务基础设施PPP项目数据［D］. 武汉：武汉大学.
乔虹，2017. 我国各省份PPP模式推进效率测度研究：基于AHP分析法［J］. 财经论丛（9）：38-44.
秦小迪，2019. 农村基础设施的减贫效应研究：基于民族与非民族地区的比较分析［J］. 中南财经政法大学研究生学报（1）：94-100.
任喜萍，2017. 基于DEA方法的我国城市基础设施投资效率评价研究［J］. 经济体制改革（5）：49-54.
任晓红，但婷，王春杨，2018. 农村交通基础设施对农村居民收入的门槛效应分析［J］. 经济问题（5）：46-52，63.
邵潇，2019. 巩固投资成效提升有效投资水平［J］. 浙江经济（14）：37-39.
孙慧，申宽宽，范志清，2012. 基于SEM方法的PPP项目绩效影响因素分析［J］. 天津大学学报（社会科学版）(11)：514-519.

孙早，杨光，李康，2015. 基础设施投资促进了经济增长吗？来自东、中、西部的经验证据[J]. 经济学家 (8)：71-79.

唐祥来，杨娟娟，2012. 农业基础设施建设 PPP 模式的投资激励决策机制 [J]. 农业技术经济 (10)：112-119.

陶丽琴，2020. 莽山 PPP：水利投融资体制改革的探索 [N]. 中国水利报 6-5 (1).

汪立鑫，左川，李苍祺，2019. PPP 项目是否提升了基础设施的产出效率？[J]. 财政研究 (1)：90-102.

汪文雄，钱圣，杨钢桥，2013. PPP 模式下农地整理项目前期阶段效率影响机理研究 [J]. 资源科学 (2)：341-352.

王春福，2008. 农村基础设施治理 PPP 模式研究 [J]. 农业经济问题 (6)：64-67.

王定祥，刘娟，2019. 乡村振兴中现代农业基础设施投资机制与模式 [J]. 农村经济 (3)：80-87.

王佳音，2019. 基于讨价还价博弈模型的农业 PPP 项目风险分担机制研究 [D]. 兰州：兰州财经大学.

王建球，2016. 莽山水库 PPP 项目建设经营模式探索与实践 [J]. 湖南水利水电 (3)：90-92.

王守清，张博，程嘉旭，等，2020. 政府行为对 PPP 项目绩效的影响研究 [J]. 软科学 (3)：1-5.

王欣，陈丽珍，2010. 基于 AHP 方法的 SWOT 定量模型的构建及应用 [J]. 科技管理研究，30 (1)：242-245.

王旭东，苏鹏程，易涵，等，2019. 水环境综合整治 PPP 项目运营期绩效评价研究 [J]. 中国农村水利水电 (11)：139-144.

王洋，王军武，2020. 基于投影寻踪的综合管廊 PPP 项目绩效评价研究 [J]. 建筑经济，41 (10)：88-92.

王玉霞，孟繁锦，2020. PPP 风险分担管理与民营企业参与度研究 [J]. 经济问题 (6)：56-63.

王卓甫，侯嫚嫚，丁继勇，2017. 公益性 PPP 项目特许期与政府补贴机制设计 [J]. 科技管理研究，37 (18)：194-201.

吴孝灵，黄丹丹，刘小峰，2016. 考虑私人不同风险投资行为的 PPP 项目补偿契约研究 [J]. 运筹与管理，25 (4)：179-186.

吴孝灵，周晶，彭以忱，等，2013. 基于公私博弈的 PPP 项目政府补偿机制研究 [J]. 中国管理科学，21（S1）：198-204.

武献华，董晓伟，2018. 政府介入项目行为对PPP项目效率的影响：基于激励的中介效应的实证研究［J］. 投资研究，37（11）：145-159.

项英辉，乌立慧，2020. 交通基础设施PPP项目执行阶段绩效评价［J］. 地方财政研究（8）：24-34.

肖海翔，2007. "公私部门伙伴关系"模式：新农村基础设施供给的新选择［J］. 财经理论与实践（2）：19-22，39.

辛冲冲，陈志勇，2017. 我国财政支农支出与农业经济增长：基于LMDI分解法的研究［J］. 上海经济研究（3）：78-86.

徐一元，2018. 公私合作（PPP）项目利益相关者利益协调机制研究［D］. 青岛：青岛理工大学.

严华东，2017. 准经营性基础设施PPP项目补偿方式比较及选择［J］. 地方财政研究（6）：100-105.

严华东，丰景春，2020. 乡村振兴背景下我国农业农村领域PPP模式的适用范围、交易设计及政策建议［J］. 农村经济（2）：14-22.

严华东，丰景春，薛松，等，2016. 准经营性基础设施PPP项目补偿机制的一个框架设计［J］. 地方财政研究（4）：28-33，39.

杨钧，李建明，罗能生，2019. 农村基础设施、人力资本投资与农业全要素生产率：基于空间杜宾模型的实证研究［J］. 河南师范大学学报（哲学社会科学版），46（4）：46-52.

杨旻，2017. PPP项目运行中的风险与防范机制构建［J］. 经济研究参考（45）：33-38，87.

叶晓甦，石世英，刘李红，2017. PPP项目伙伴主体、合作环境与公共产品供给的关系研究：基于结构方程模型的分析［J］. 北京交通大学学报（社会科学版），16（1）：45-54.

叶晓甦，熊含梦，2013. 我国西部地区PPP项目合作效率关键因素研究［J］. 工程管理学报，27（6）：81-86.

游达明，黄睿妮，2016. PPP模式中公私双方努力水平与收益分配均衡决策研究［J］. 财务与金融（3）：66-72.

于宗绪，马东春，范秀娟，等，2020. 基于AHP法和模糊综合评价法的城市水环境治理PPP项目绩效评价研究［J］. 生态经济，36（10）：190-194.

余晓钟，张丽俊，郎文勇，2017. 伙伴关系视角下PPP项目风险控制模型研究［J］. 贵州社会科学（6）：116-120.

詹卉，2020. "PPP+自组织"：农业基础设施供给机制的创新［J］. 财政研究（6）：121-

129.
张海星，2014. 基于 DEA 方法的政府基础设施投资效率评价 [J]. 宁夏社会科学 (4)：40-47.
张晋武，齐守印，2016. 公共物品概念定义的缺陷及其重新建构 [J]. 财政研究 (8)：2-13.
张牧扬，卢小琴，汪峰，2019. 地方财政能够承受起 PPP 项目财政支出责任吗？基于 2010—2018 年 PPP 项目的分析 [J]. 财政研究 (8)：49-59.
张萍，崔新坤，2020. 农业领域 PPP 项目融资困境与对策 [J]. 沈阳农业大学学报（社会科学版），22 (2)：145-150.
张涑贤，杨元元，王文隆，2020. 公私合作伙伴之间关系态度对项目绩效的影响研究：一个有中介的调节作用 [J]. 重庆理工大学学报（自然科学），34 (1)：263-270.
张万宽，杨永恒，王有强，2010. 公私伙伴关系绩效的关键影响因素：基于若干转型国家的经验研究 [J]. 公共管理学报，7 (3)：103-112，127-128.
张宵慰，2008. 农业基础设施民间资本投资研究 [D]. 杨凌：西北农林科技大学.
张学昌，2016. 农业基础设施投资的 PPP 模式：问题、框架与路径 [J]. 农村经济 (9)：98-103.
张紫薇，2018. PPP 项目 VFM 评价流程与其动态监管方式 [J]. 管理评论，30 (10)：270-278.
赵成峰，2017. 我国 PPP 发展历程和法规政策基本取向 [J]. 宏观经济观察 (10)：32-38，48.
赵金丽，2019. 基于 SFIC 模型的精准扶贫中多元主体协同治理研究 [D]. 秦皇岛：燕山大学.
赵鑫鹏，2020. 基于 DEA-Tobit 模型的河北省科技金融效率分析 [D]. 石家庄：河北经贸大学.
郑传斌，丰景春，薛松，等，2018. PPP 关键成功因素对绩效影响的实证研究：以付费类型和关系态度为调节变量 [J]. 软科学，32 (4)：124-128，134.
郑宏运，李谷成，2020. 城乡政策偏向对农业资源配置效率的影响研究 [J]. 农业技术经济 (7)：79-92.
钟云，丰景春，薛松，等，2015. PPP 项目利益相关者关系演化动力的实证研究 [J]. 工程管理学报，29 (3)：94-99.
周昌仕，李超龙，2021. 基于 SFIC 模型的 BOT 协同治理困境及改进策略 [J]. 建筑经济，42 (2)：41-45.

周小付，萨日娜，2016. PPP的共享风险逻辑与风险治理［J］. 财政研究（4）：39-46.

周晓时，李谷成，吴清华，2017. 基础设施改善了农业技术效率吗？基于异质性随机前沿模型［J］. 农林经济管理学报，16（2）：191-198.

周学东，戴国海，2016. 关于供给侧改革、补短板与有效投资的思考［J］. 金融纵横（1）：4-12.

周应恒，胡凌啸，2016. 对我国农田基础设施建设的思考［J］. 华中农业大学学报（社会科学版）（2）：23-29，135.

朱晶，晋乐，2016. 农业基础设施与粮食生产成本的关联度［J］. 改革（11）：74-84.

Badr M A，Hussein S D A，2010. The farmer's participation and motivation mechanism in the irrigation management ［J］. Gesunde Pflanzen（1）：62.

Belassi W，Tukel O I，1996. A new framework for determining critical success /failure factors in projects ［J］. International Journal of Project Management，14（3）：141-151.

Bjärstig T，Sandström C，2017. Public-private partnerships in a Swedish rural context-A policy tool for the authorities to achieve sustainable rural development? ［J］. Journal of Rural Studies，49：58-68.

Bravo-Ortega C，Lederman D，2004. Agricultural productivity and its determinants：revisiting international experiences ［J］. Estudios de Economia，31（2）：133-163.

Chadwick E，1859. Results of different principles of legislation and administration in Europe，of competition for the field，as compared with competition within the field，of service ［J］. Journal of the Statistical Society of London，28（3）：381-420.

Chan A P C，Scott D S，Chan A P L，2004. Factors affecting the success of a construction project ［J］. Journal of Construction Engineering and Management，130（1）：153-155.

Chen P C，Yu M M，Chang C C，et al.，2008. Total factor productivity growth in China's agricultural sector ［J］. China Economic Review，19（4）：580-593.

Cheung Y K F，Rowlinson S，2011. Supply chain sustainability：a relationship management approach ［J］. International Journal of Managing Projects in Business，4（3）：480-497.

Chung D，Hensher D A，2015. Risk management in public-private partnerships ［J］. Australian Accounting Review，25（1）：13-17.

Daube D，Vollrath S，Alfen H W，2008. A comparison of project finance and the forfeiting model as Financing Forms for PPP projects in Germany ［J］. International Journal of Project Management，26（4）：376-387.

Demsetz H，1968. Why regulate utilities? ［J］. The Journal of Law and Economics，14（1）：

55 - 65.

Deng Z, Song S, Chen Y, et al., 2016. Private participation in infrastructure project and its impact on the project cost [J]. China Economic Review, 39: 63 - 76.

Djnkov S, Mcliesh C, Ramalho R M, 2006. Regulation and growth [J]. Economics Letters, 92 (3): 395 - 401.

Emmert. M, Crow M M, 1987. Public - private cooperation and hybrid organizations [J]. Journal of Management, 13 (1): 55 - 67.

Fan S, Hazell P, Thorat S, 2000. Government spending, growth and poverty in rural India [J]. American Journal of Agricultural Economics, 82 (4): 1038 - 1051.

Fare R, Grosskopfand S, Pasurka C, 1989. The effect of environmental regulations on the efficiency of electric utilities: 1969 versus 1975 [J]. Applied Economics, 21 (2): 225 - 235.

Fitzgerald T, Kuwayama Y, Olmstead S, et al., 2020. Dynamic impacts of U. S. energy development on agricultural land use [J]. Energy Policy (8): 137 - 148.

Fox W F, Porca S, 2011. Investing in rural infrastructure [J]. International Regional Science Review, 24 (1): 103 - 133.

Guild R L, 2000. Infrastructure investment and interregional development: theory, evidence, and implications for planning [J]. Public Works Management & Policy, 4 (4): 274 - 285.

Hart O, 2003. Incomplete contracts and public ownership: remarks and an application to public - private partnerships [J]. The Economic Journal, 113 (486): 69 - 76.

Hartwich F, et al., 2007. Building Public - Private Partnerships for Agricultural Innovation [M]. Washington, DC: International Food Policy Research Institute.

Ho S P, 2006. Model for financial renegotiation in public - private partnership projects and its policy implications: game theoretic view [J]. Journal of Construction Engineering and Management, 132 (7): 678 - 688.

Hodge G A, Greve C, 2007. Public - private partnerships: an international performance review [J]. Public Administration Review, 67 (3): 545 - 558.

Holmstrom B, Milgrom P, 1987. Aggregation and linearity in provision of intertemporal incentives [J]. Econometrica: Journal of the Econometric Society (5): 303 - 328.

Jaisinghani D, Tandon D, 2015. Yes Bank: bringing sustainability in agriculture through Public - Private Partnerships (PPPs) [J]. Emeralld Emerging Markets Case Studies, 5 (7): 1 - 12.

Jefferies M, 2006. Critical success factors of public private sector partnerships: a case study of the Sydney Super Dome [J]. Engineering, Construction and Architectural Management, 13 (5): 451 - 462.

Juan C, Olmos F, Ashkeboussi R, 2008. Private - public partnerships as strategic alliances: concession contracts for port infrastructures [J]. Transportation Research Record: Journal of the Transportation Research Board, 2062 (1): 1 - 9.

Kurttila M, Pesonen M, Kangas J, et al., 2000. Utilizing the analytic hierarchy process (AHP) in SWOT analysis: a hybrid method and its application to a forest - certification case [J]. Forest Policy and Economics, 1 (1): 41 - 52.

Lee J, Eom J K, Moon D S, et al., 2014. A Smart synthetic analysis system for efficient investment on transportation systems in Korea [J]. Procedia Computer Science, 32: 655 - 660.

Li Z K, Wang T, Ge W, et al., 2019. Risk analysis of earth - rock dam breach based on dynamic Bayesian network [J]. Water, 11 (11): 2305.

Love P E D, Liu J, Matthews J, et al., 2015. Future proofing PPPs: life - cycle performance measurement and building information modelling [J]. Automation in Construction, 56: 26 - 35.

Malmquist S, 1953. Index numbers and indifference surfaces [J]. Trabajos de Estadistica (4): 209 - 242.

Mamatzakis E C, 2003. Public infrastructure and productivity growth in Greek agriculture [J]. Agricultural Economics, 29 (2): 169 - 180.

Meng X, 2012. The effect of relationship management on project performance in construction [J]. International Journal of Project Management, 30 (2): 188 - 198.

Moszoro M, 2014. Efficient public - private capital structures [J]. Annals of Public and Cooperation Economics, 85 (1): 103 - 126.

Narayanamoorthy A, Hanjra M A, 2006. Rural infrastructure and agricultural output linkages: a study of 256 Indian districts [J]. Indian Journal of Agricultural Economics, 61 (3): 444 - 459.

Naridi M I, Nandi B, 2003. Telecommunications infrastructure and economic development [R]. Telecommunications Policy Working paper.

Ng A, Loosemore M, 2007. Risk allocation in the private provision of public infrastructure [J]. International Journal of Project Management, 25 (1): 66 - 76.

Onofri A, Fulginiti L E, 2008. Public inputs and dynamic producer behavior: endogenous growth in U. S. agriculture [J]. Journal of Productivity Analysis, 30: 13 - 28.

Oxley J E, 1999. Institutional environment and the mechanism of governance: the impact of intellectual property protection on the structure of inter - firm alliances [J]. Journal of Economic Behavior and Organization, 38 (38): 283 - 309.

Rangel T, Vassallo J M, Arenas B, 2012. Effectiveness of safety - based incentives in PPP: evidence from the case of Spain [J]. Transportation Research Part A: Policy and Practice (8): 1166 - 1176.

Saaty T, 1980. The analytic hierarchy process [M]. New York: McGraw Hill.

Scharle P, 2002. Public - private partnership (PPP) as a social game [J]. Innovation: the European Journal of Social Science Research, 15 (3): 227 - 252.

Şeker Ş, Özgürler M, 2012. Analysis of the Turkish consumer electronics firm using SWOT - AHP method [J]. Procedia - Social and Behavioral Sciences, 58: 1544 - 1554.

Sharma C, 2012. Determinants of PPP in infrastructure in developing economies [J]. Transforming Government: People, Process and Policy, 6 (2): 149 - 166.

Shrestha R K, Alavalapati J R R, Kalmbacher R, 2004. Exploring the potential for silvopasture adoption in south - central Florida: an application of SWOT - AHP method [J]. Agricultural Systems, 81 (3): 185 - 199.

Siemiatycki M, 2011. Public - Private partnership networks: exploring business - government relationships in United Kingdom transportation projects [J]. Economic Geography, 87 (3): 309 - 334.

Songco J A, 2002. Do rural infrastructure investments benefit the poor? Evaluating linkages: a global view, a focus on Vietnam [R]. World Bank Policy Research Working Paper.

Stifel D, Minten B, 2008. Isolation and agricultural productivity [J]. Agricultural Economics, 39 (1): 1 - 15.

Storto C L, 2013. Is PPP really leading to greater efficiency? That's what we learn from the experience in the Italian integrated water service industry [C]. IPF Innovation in Public Finance Conference.

Suprapto M, Bakker H L M, Mooi H G, et al., 2016. How do contract types and incentives matter to project performance? [J]. International Journal of Project Management, 34 (6): 1071 - 1087.

Sylvia R, Nick A, Alison K, 2013. Principles for building public - private partnerships to benefit food safety, nutrition, and health research [J]. Nutrition Today, 71 (10): 682 - 691.

Timmer P，2005. Agriculture and Pro－Poor Growth ［M］. Washington：Center for Global Development.

Treasury H M，2000. Public Private Partnerships：the Government's Approach ［M］. London：UK Treasury.

Wang H，Xiong W，Wu G，et al.，2018. Public－private partnership in public administration discipline：a literature review ［J］. Public Management Review，20 （2）：293－316.

Wanke P F，Barros C P，2015. Public－private partnerships and scale efficiency in Brazilian ports：evidence from two－stage DEA analysis ［J］. Socio－Economic Planning Sciences，51：13－22.

Weihrich H，1982. The TOWS matrix：a tool for situational analysis ［J］. Long Range Planning，15 （2）：54－66.

Williamson O E，1976. Franchise bidding for natural monopolies：in general and with respect to CATV ［J］. The Bell Journal of Economics，7 （1）：77－104.

Wong W K，Cheung S O，Yiu T W，et al.，2008. A framework for trust in construction contracting ［J］. International Journal of Project Management，26 （8）：821－829.

Yang J，2010. A Framework for stakeholder management in construction projects ［D］. Hong Kong：The Hong Kong Polytechnic University.

Zhang X B，Fan S G，2004. How productive is infrastructure? A new approach and evidence from rural India ［J］. American Journal of Agricultural Economics，86 （2）：492－501.